Lotze et son héritage

Son influence et son impact
sur la philosophie du XXe siècle

P.I.E. Peter Lang

Bruxelles · Bern · Berlin · Frankfurt am Main · New York · Oxford · Wien

Federico BOCCACCINI (dir.)

Lotze et son héritage

Son influence et son impact
sur la philosophie du XXe siècle

Philosophie & Politique
n° 26

Ouvrage publié avec le concours de l'Université de Liège et Euraxess – European Commission.

© P.I.E. PETER LANG S.A.

Éditions scientifiques internationales

Bruxelles, 2015

1 avenue Maurice, B-1050 Bruxelles, Belgique

www.peterlang.com ; info@peterlang.com

ISSN 1376-0920
ISBN 978-2-87574-278-0
eISBN 978-3-0352-6563-7
D/2015/5678/53

Information bibliographique publiée par « Die Deutsche Nationalbibliothek »

« Die Deutsche Nationalbibliothek » répertorie cette publication dans la « Deutsche Nationalbibliografie » ; les données bibliographiques détaillées sont disponibles sur le site http://dnb.de.

À Robert Brisart (1953-2015), *in memoriam*

Table des matières

Présentation

Federico BOCCACCINI

FNRS – Université de Liège, Liège (Belgique)

Le présent ouvrage est consacré au legs du philosophe allemand Rudolph Hermann Lotze (1817-1881). Figure centrale du panorama intellectuel et philosophique allemand au XIXe siècle, Lotze a eu un écho européen et américain digne, à son époque, de celui de Kant et de Hegel. Ce volume a pour ambition de constituer un ouvrage de référence pour les disciplines qui s'intéressent aussi bien à l'histoire intellectuelle qu'à l'histoire de la philosophie aux XIXe et XXe siècles, particulièrement l'héritage de la philosophie allemande. Bien que ce travail soit pionnier, car il est le premier entièrement consacré à ce sujet, l'ouvrage est conçu sous la forme de regards croisés entre le monde de Lotze et le nôtre ; il n'a donc pas l'intention de décrire de façon exhaustive l'héritage de Lotze. Nous n'avons pas voulu focaliser l'attention sur la philosophie de Lotze telle qu'il l'a conçue, mais bien plutôt telle que nous l'avons reçue, à travers les transformations et les interprétations d'autres philosophes qui – directement ou indirectement – se sont confrontés à son système, aux principes de sa logique, à sa métaphysique, à sa psychologie, à son esthétique et à son anthropologie.

En étudiant l'impact de l'œuvre de Lotze sur la philosophie du XXe siècle, notre but est de montrer ce qu'elle peut encore apporter au débat intellectuel contemporain. Certes, la catégorie historiographique d'« influence » est assez ambiguë. Établir la portée réelle d'un penseur sur un autre n'est jamais une opération évidente et elle peut se prêter à des manipulations idéologiques. La même ambiguïté concerne la catégorie d'« actualisation », ici délibérément évitée. Il s'agit plutôt de comprendre comment un concept est repris, transformé, mobilisé dans un autre contexte, tout en déterminant, à la fois, les limites par rapport à son impact sur un débat ou sur la philosophie d'un autre auteur. Comprendre l'héritage d'un philosophe signifie comprendre l'originalité et la portée de sa pensée, de sa recherche et de sa vision du monde.

1. Lotze en France

L'étude de Lotze représente une lacune de taille dans l'historiographie philosophique francophone et étrangère. C'est cette lacune que nous souhaitons combler. Il est curieux de constater qu'il n'existe pas une seule monographie récente, en français, consacrée à sa philosophie. Pour repérer un ouvrage dédié à sa pensée, il faut remonter au livre de Henri Schoen, *La Métaphysique de Hermann Lotze, ou la philosophie des actions et des réactions réciproques*, qui fut publié à Paris, chez Fischbacher, en 1901.

On peut en dire autant des traductions françaises de son œuvre, qui sont pour l'historien un outil scientifique précieux en vue d'évaluer la présence et l'influence d'un penseur sur un pays étranger. Si l'on excepte la traduction intégrale récente, par A. Dewalque, du chapitre deux du troisième livre de la *Logik* de 1874 – « Le monde des Idées » –, les traductions françaises sont anciennes. La réception de Lotze en France commence avec la traduction du premier livre de sa *Medicinische Psychologie, oder Psysiologie der Seele* (1852) par A. Penjon, parue en 1881 – *Principes généraux de psychologie physiologique* (Lotze, 1881/2006) –, auquel le traducteur fait suivre l'article « La métaphysique de Lotze », paru dans la *Revue philosophique* en 1886 (Penjon, 1886). En outre, nous avons une traduction, par A. Duvel, de la *Metaphysik* (1879), parue en 1883. Ces traductions sont particulièrement importantes, car elles furent revues et autorisées par le philosophe allemand, avec des corrections et des modifications qu'il a lui-même rédigées.

En ce qui concerne la critique francophone, il faut mentionner l'article d'Ernst Reinhardt, publié en 1877, « Hermann Lotze, sa vie et ses écrits », pour la *Revue philosophique de la France et de l'Étranger* (Reinhardt, 1877), revue où paraît également un important article de Lotze en français, « De la formation de la notion d'espace. La théorie des signes locaux » – un texte difficilement accessible que nous avons republié en annexe dans ce volume. Deux ans plus tard, Theodule Ribot consacrera presque quarante pages à la psychologie de Lotze dans son ouvrage *La Psychologie allemande contemporaine* (Ribot, 1879). On compte aussi deux articles de Charles Renouvier, le premier consacré à la doctrine de Lotze sur le thème de l'infini spatial et temporel (Renouvier, 1880a), le deuxième (Renouvier, 1880b) en réponse à l'article que Lotze a rédigé contre cette interprétation du philosophe français (Lotze, 1880). Tout cela nous donne la mesure d'une influence discrète mais profonde de Lotze sur le monde francophone. On relèvera encore, par ailleurs, le contact indirect entre Lotze et le jeune Jean Wahl comme un paragraphe de l'histoire de la philosophie française à écrire. Il faut rappeler, en effet, que le premier ouvrage de Wahl consacré à la philosophie de W. James – *Les*

Philosophies pluralistes d'Angleterre et d'Amérique (1920) – contient des pages sur Lotze (cf. Wahl, 2005).

2. Lotze hors de la France

La réception la plus durable et intéressante de la philosophie lotzéenne suit deux chemins. La première influence remarquable est celle exercée sur le monde philosophique germanophone de son temps, notamment sur la psychologie, la logique et la métaphysique allemande, tandis que la deuxième influence concerne l'Angleterre et les États-Unis.

2.1. *Lotze en Allemagne*

L'Allemagne, au XIXe siècle, fut un phare de la formation internationale grâce au développement incroyable que la recherche scientifique y connut. C'est pourquoi l'Allemagne attirait les jeunes philosophes de toute l'Europe et, également, de l'Amérique. L'Université de Göttingen devint un centre catalysant pour la recherche internationale. L'université de Lotze était l'université de Goethe, de Gauss, de Herbart, des frères Humboldt et des frères Schlegel, de Coleridge, de Riemann, de Hilbert et de Wilamowitz-Moellendorff. La figure de Lotze appartient précisément à ce que l'on peut nommer « le moment Göttingen » de l'histoire de la philosophie allemande et européenne. C'est à la recommandation du célèbre savant physiologiste de cette université, Rudolph Wagner, avec l'appui de Ritter, que Lotze, au commencement de l'année 1844, fut appelé à occuper à Göttingen, la chaire laissée vacante depuis trois ans par la mort de Herbart. Mais le pays de Goethe fut également celui où, après les systèmes idéalistes, une crise profonde fit basculer la philosophie face au succès des sciences (Freuler, 1997). C'est la raison pour laquelle hériter de Lotze revient à hériter de la question du naturalisme en philosophie[1]. Or, une des raisons du large consensus du propos philosophique de Lotze – surtout dans les pays protestants – dépend notamment de son idéalisme téléologique. Son propos était vu et interprété comme une réponse rationnelle à un matérialisme mécaniciste, qui n'arrivait pas à expliquer aussi bien l'élément de transformation du vivant que le principe d'autonomie dans l'action de la volonté humaine. Par contre, la conception de Lotze admettait une harmonie entre le monde de la nature – le monde nécessaire et mécanique de l'être – et le monde de la liberté – le monde nécessaire mais indéterminé du devoir-être. C'est pourquoi son chef-d'œuvre – *Mikrokosmus* (1856-1864) – se présente comme une anthropologie ou, plus exactement, une anthropologie philosophique,

---

[1] Comme le remarque Beiser (2013 : 128) : « Lotze was among the first generation of philosophers in Germany who had to confront the advent of a new radical naturalism, the likes of which Spinoza could only dream ».

conçue sous l'impulsion d'une nouvelle culture scientifique – et particulièrement de la psychologie scientifique –, ayant pour but de retrouver cette unité de la nature humaine que Kant avait séparée en deux parties – l'entendement et la raison –, paradigme qui avait tourmenté la pensée scientifique à l'Âge romantique, notamment les sciences de la vie (cf. Poggi, 2000 ; 2010), et que Hegel avait, pour sa part, si fortement méprisé. Le système de Lotze est un exemple éminent de cette recherche de l'unité entre le mécanicisme de la matière et le vitalisme du vivant, entre l'indifférence du cosmos avec sa régularité impérissable et les tourments, ainsi que les aspirations, des êtres humains, entre la généralité normative et la singularité irréductible du donné. L'œuvre de Lotze est située au sein de la modernité même et de ses conflits, qui se reflètent dans une période de « longue durée » qui va de la philosophie de la nature postnewtonienne à la *Naturphilosophie* de Schelling, question centrée sur l'effondrement du système mécanique et le surgissement de la sensibilité et du qualitatif, élément introduit par l'empirisme britannique (Gaukroger, 2010). Un conflit entre science et valeur imposé par la loi de Hume avec sa distinction infranchissable entre nature et morale, séparation encore au centre du débat contemporain (Putnam, 2002). Cette distinction concerne aussi le classement des sciences entre généralité et singularité, renouvelée et fixée par son élève Wilhelm Windelband (1848-1915) par sa célèbre séparation entre sciences nomothétiques et sciences idiographiques.

Il suffit de rappeler les mots qui concluent la première métaphysique de Lotze, pour montrer l'importance que la dichotomie entre fait et valeur revêt chez lui : « Le vrai commencement de la métaphysique est dans l'Éthique », affirmation qu'il corrige ensuite : « J'abandonne ce qu'il y a d'inexact dans cette expression ; mais j'ai toujours la conviction que je suis sur le droit chemin si je cherche, dans ce qui doit être, le fondement de ce qui est » (Lotze, 1883 : 7).

La plupart des contributions de cet ouvrage sont notamment consacrées à l'héritage allemand de la philosophie de Lotze. Denis Seron (*Lotze et la psychologie physiologique*) offre une analyse du rapport entre la psychologie lotzéenne et celle de Fechner et de Wundt, rapport qu'ouvre le dossier sur l'héritage du naturalisme en philosophie de l'esprit. De son côté, Denis Fisette (*La théorie des signes locaux de Hermann Lotze et la controverse empirisme-nativisme au XIXe siècle*) mesure l'impact de la théorie des signes locaux (*Localzeichen*) de Lotze, ainsi que le problème de la genèse de l'espace sur la psychologie phénoménologique de Carl Stumpf (1848-1936), question au centre du débat entre nativistes et empiristes en théorie de la perception pendant le XIXe siècle. Arnaud Dewalque (*Le monde du représentable : de Lotze à la phénoménologie*) donne une interprétation nouvelle de la logique de Lotze en montrant que sa notion de validité objective (*Geltung*) ne se borne pas aux seuls éléments logiques mais aussi à la structure immanente des phénomènes, en anticipant l'intuition à la base de la phénoménologie et notamment sa conception de l'*a priori* matériel. Ensuite Charlotte Morel (*Entre Kant et néo-kantisme : jugement éthique et jugement esthétique chez Lotze*) ouvre le dossier entre Lotze et le néokantisme par le biais de l'esthétique en clarifiant son influence sur Windelband et Lask. La question de l'idéalité, comme élément d'héritage de Lotze au jeune Husserl, est présentée par Maria Gyemant (*Ce que l'antipsychologisme husserlien doit à Lotze*), piste très importante ouverte après l'*Introduction* de Georg Misch à l'édition de la *Logique* en 1912 et confirmée aujourd'hui grâce aux manuscrits de Winthrop Pickard Bell (1884-1965), avec ses notes de cours sur la logique de Lotze prises lorsqu'il était un élève de Husserl à Göttingen en 1912, conservées à la Mount Allison University à New Brunswick, au Canada (cf. Bell & Bonneman, 2011). Enfin, Jocelyn Benoist (*Théorie des concepts sériels*) se penche sur la question de la délimitation des concepts chez Lotze, tout en montrant la richesse que l'analyse lotzéenne manifeste à la lumière du débat contemporain sur la théorie des concepts – débat qui, au sens large, découle de l'héritage frégéen en philosophie contemporaine.

En ce qui concerne Gottlob Frege (1848-1925), l'élève le plus célèbre de Lotze, il aurait sûrement mérité une contribution dans la section consacrée au legs allemand. Toutefois, nous avons choisi de ne pas insister sur cette relation principalement parce qu'il est difficile d'établir, sur la base des sources que nous avons aujourd'hui à notre disposition, une influence réelle du maître sur l'élève. Secondairement, parce que la question de l'origine historique de l'antipsychologisme et du platonisme conceptuel fregéens a déjà été débattue dans une dispute entre Hans Sluga et Michel Dummett. Selon Sluga, l'indépendance du concept de la psychologie est une idée présente chez Lotze (Sluga, 1975 ; 1980 ; 1984). Il reconnaît ainsi chez Lotze deux points repris ensuite par Frege : la nature atomistique de la réalité et le concept de validité (*Geltung*). Le premier aurait inspiré à Frege le principe de compositionalité, tandis que le deuxième, le concept de *Geltung*, aurait attiré l'attention du logicien sur l'antipsychologisme. En effet, Lotze, dans le troisième livre de sa *Logik* partiellement consacré aux Idées platoniciennes, a soutenu que la pensée n'est pas réductible au processus par lequel nous capturons les Idées. Selon lui, d'une part, les contenus de la pensée sont tout à fait indépendants des actes subjectifs de la pensée et, d'autre part, l'indépendance de tels contenus n'est pas une indépendance ontologique, mais possède le sens de la validité logique, c'est-à-dire de la *Geltung*. Les contenus de la pensée sont donc des formes indépendantes du sujet qui, bien qu'ils n'existent pas, possèdent néanmoins une validité. Le platonisme et le transcendantalisme de Frege seraient donc déjà présents *in nuce* dans la *Logik* de son maître.

Par conséquent, les nouvelles notions d'être-vrai et d'être-faux comme valeurs de vérité employées chez Frege sont, selon Sluga, anticipées par la notion lotzeénne de validité. L'interprète anglo-saxon majeur de l'œuvre de Frege, M. Dummett, a répondu de manière critique à cette relativisation historique du père de la logique contemporaine (Dummett, 1996 : VIII-IX ; 97-125). Selon Dummett, l'erreur de Sluga consiste à comparer la notion d'objectivité chez Frege avec celle de *Wirklichkeit* chez Lotze. En réalité, les deux philosophes visent deux choses différentes. L'usage, chez Lotze, des termes d'*objektiv* et de *wirklich* se superpose souvent de façon ambiguë : si, par l'adjectif *wirklich*, on comprend, en allemand, les objets physiques (que Dummett traduit en anglais par « actual » ou « real »), au contraire, Frege maintient la distinction entre les deux notions, attribuant à l'*objektiv* une fonction entièrement neuve. C'est ce nouvel usage de la notion d'objectivité qui fonde la révolution sémantique de la primauté du sens (*Sinn*), une idée complètement étrangère à Lotze. La dispute reste encore ouverte (Gabriel, 2002).

2.2. *Lotze en Angleterre et aux États-Unis*

La deuxième réception de la pensée de Lotze se développe en Angleterre et aux États-Unis. Elle a déjà été étudiée par le philosophe belge Philippe Devaux (Devaux, 1932), même si aujourd'hui elle mériterait une mise à jour. En témoignage de cette réception dans les pays de langue anglaise, on trouve la première traduction partielle en anglais – en fait, il ne s'agit que de 14 pages – par M. Eberhardt de *Mikrokosmus*. Cette traduction est parue dans la première revue de philosophie en langue anglaise du monde, *The Journal of Speculative Philosophy*, fondée par William Torrey Harris à St Louis, Missouri. Mais les toutes premières traductions en anglais de l'œuvre de Lotze appartiennent au Royaume-Uni ; elles témoignent efficacement de la pénétration de Lotze en Angleterre dans le milieu néo-idéaliste : *Logic, in three books: of Thought, of Investigation, and of Knowledge* (1874), texte édité et traduit de l'allemand par Bernard Bosanquet (1848-1923) et publié à Oxford chez Clarendon Press en 1884 et réédité rapidement en 1887. Ensuite, *Metaphysics, in three books: Ontology, Cosmology, and Psychology* (1879), édité et traduit toujours par Bosanquet (Oxford, Clarendon Press, 1884 ; [2]1887) et *Microcosmus: An Essay Concerning Man and His Relation to the World* (1856-58, 1858-64), traduit par E. Hamilton et E. E. C. Jones, (Edinburgh, T. & T. Clark, [1]1885 ; [4]1899).

La réception de Lotze en Angleterre est double. Si, d'un côté, Bosanquet, Thomas H. Green (1836-1882), Francis H. Bradley (1846-1924) et John McTaggart (1866-1925) seront les principaux artisans de la propagation rapide de sa doctrine, en accentuant les aspects idéalistes, de l'autre côté, James Ward (1843-1925), John Cook Wilson (1849-1915),

Samuel Alexander (1859-1938) et George F. Stout (1860-1944) seront plus intéressés aux éléments de réalisme présents chez Lotze.

Aux États-Unis, la philosophie de Lotze est introduite par le philosophe et théologien de Boston, Borden Parker Bowne (1847-1910), dans sa *Metaphysics: A Study in First Principles* (1882) dédicacé à « my friend and former teacher, Hermann Lotze », mais surtout par William James (1842-1910), Josiah Royce (1855-1916), John Dewey (1859-1952), Alfred N. Whitehead (1887-1974). Cette période qui fut nommée « le moment lotzéen » de la philosophie américaine (Kuntz, 1971 : 49). Le philosophe, psychologue et pasteur américain George T. Ladd (1842-1921) traduira en anglais les notes de cours de Lotze en six volumes *Outlines of Philosophy*, 1884-1887 – *Esthétique*, *Logique*, *Métaphysique*, *Philosophie pratique* et *Philosophie de la religion*. Ces deux derniers ouvrages connaîtront plusieurs éditions et aussi de nouvelles traductions en Angleterre.

Les deux dernières contributions à notre volume seront précisément consacrées à l'héritage de Lotze aux États-Unis, notamment à Harvard. Stefano Poggi et Michele Vagnetti (*James lecteur de Lotze*) présentent, dans leur étude, les points principaux de la réception de Lotze chez William James, tout en montrant, à la fois les différences entre le philosophe allemand et le père du pragmatisme américain. En revanche, Federico Boccaccini (*Lotze en Amérique : le renouveau réaliste chez Santayana*) explore l'interprétation réaliste de la philosophie de Lotze chez George Santayana (1863-1952).

Le volume présente aussi en annexe le texte de Lotze sur la théorie des signes locaux et deux traductions inédites en langue française. La première, par Arnaud Dewalque, est un chapitre du deuxième Livre de la logique, « La délimit⋯ ⋯ ⋯pts », qui est commenté par Jocelyn ⋯⋯ et Arnaud Dewalque dans leurs contributions respectives. La deuxième, par Charlotte Morel, est un extrait de l'esthétique, « Sur le concept de beauté ».

Enfin, notre espoir est que l'état des lieux présenté dans ce volume favorisera la connaissance de Lotze et l'étude d'un défenseur de la philosophie exacte, décidé à être attentif aux résultats des sciences naturelles, même s'il a toujours conservé à l'égard de ces dernières une certaine prudence. Sa philosophie s'inspire par la volonté de ne jamais contrarier les résultats des disciplines scientifiques avec, à la fois, le désir de sauvegarder les intuitions à la base du sentiment et, plus généralement, d'accorder un primat effectif à la vie morale.

Remerciements

L'idée de cet ouvrage a été inspirée en grande partie des résultats du colloque international *Lotze et son héritage*, tenu à l'Université de Liège les 16 et 17 décembre 2011, comme partie du projet de recherche postdoctorale « lecture métaphysique de la *thèse de Brentano* », menée au sein de l'Unité de recherche « Phénoménologies » du Département de philosophie de l'université de Liège. Je remercie Denis Seron et Arnaud Dewalque pour leur soutien pendant l'organisation du colloque et pour leur aide indispensable dans la phase ultime du travail d'édition. Mes remerciements vont aussi aux intervenants qui ont contribué à la réussite de cet ouvrage, ainsi qu'à Aurélien Zincq, Charlotte Gauvry et Timothée Moreau pour leur aide dans la relecture finale du manuscrit.

Bibliographie

Beiser, F. C., *Late German Idealism. Lotze and Trendelenburg*, Oxford, Oxford University Press, 2013.

Bell, J., Bonneman, C., « Investigating Husserl's Newly Discovered Manuscript, 'On the Task and Historical Position of the *Logical Investigations*' », in *The Journal of Speculative Philosophy, New Series*, 25, n° 3, 2011, p. 306-321.

Dewalque, A., *Présentation*, in (Lotze, 2006), p. 3-8.

Gabriel, G., « Lotze und die Entstehung der modernen Logik bei Frege », in Lotze, R. H., *Logik*, Hamburg, Meiner, 1989, p. xi-xxxv.

– « Frege, Lotze, and the continental route of early analytic philosophy », in Reck, E. (ed.), *From Frege to Wittgenstein*, Oxford, Oxford University Press, 2002, p. 39-51.

Gaukroger, S., *The Collapse of Mechanism and the Rise of Sensibility. Science and the Shaping of Modernity 1680-1760*, Oxford, Oxford University Press, 2010.

Lotze, R. H., « L'infini actuel est-il contradictoire ? Réponse à Monsieur Renouvier », *Revue philosophique de la France et de l'étranger*, tome IX, 1880, p. 481-492.

–, *Le monde des Idées*, texte traduit de l'allemand et présenté par A. Dewalque, in *Philosophie*, 2006a/3, n° 91, p. 9-23.

–. *Psychologie médicale : principes généraux de psychologie physiologique*, traduit de l'allemand par A. Penjon avec une introduction de Serge Nicolas, Paris, L'Harmattan, ²2006b.

Renouvier, C., « L'infinité de l'espace et du temps dans la métaphysique de M. H. Lotze », in *Critique philosophique*, vol. 17, 1880.

– « L'infini actuel est-il contradictoire ? Réponse de M. Renouvier à M. Lotze », *Revue philosophique de la France et de l'étranger*, tome IX, 1880, p. 665-674.

Freuler, L., *La crise de la philosophie au XIXᵉ siècle*, Paris, J. Vrin, 1997.

Poggi, S., *Il genio e l'unità della natura. La scienza della Germania romantica 1790-1830*, Bologna, Il Mulino, 2000.

Poggi, S., Bossi, M., van Straalen, B. (eds.), *Romanticism in Science : Science in Europe, 1790-1840*, Boston Studies in the Philosophy and History of Science, Dordrecht/Boston/London, Kluwer, [1]1993, [2]2010.

Putnam, H., *The Collapse of the Fact/Value Dichotomy and Other Essays*, Cambridge, Mass., Harvard University Press, 2002.

Reinhardt, E., « Hermann Lotze, sa vie et ses écrits », *Revue philosophique de la France et de l'étranger*, n° 6, 1877, p. 345-365.

Sluga H., « Frege and the Rise of Analytic Philosophy », *Inquiry*, 18, 1975, p. 471-87.

– *Frege*, London, Routledge, 1980, p. 52-58 ; p. 117-121.

– « Frege: the Early Years », in Rorty, R., Schneewind, J.B., Skinner, Q. (eds.), *Philosophy in History*, Cambridge, Cambridge University Press, 1984, p. 329-356.

Wahl, J., *Les Philosophies pluralistes d'Angleterre et d'Amérique*, (1920) ; rééd. préface de T. Trochu, Les Empêcheurs de penser ronde, 2005.

Lotze et la psychologie physiologique

Denis Seron

FNRS – Université de Liège, Liège (Belgique)

Introduction

L'ambition de la présente contribution est de mettre en lumière quelques aspects de la psychologie de Lotze. Je m'efforcerai de montrer en quoi consiste le projet lotzéen de psychologie physiologique, et en quoi il se distingue de ceux de Fechner et Wundt. La principale source, sur cette question, est la *Medizinische Psychologie* de 1852. Mais on trouve aussi de précieux développements dans les textes ultérieurs, spécialement les livres 2 et 3 du premier volume de *Mikrokosmus* (1856) et la *Métaphysique* de 1879 – lesquels, sur ce point, sont pour l'essentiel des récapitulatifs ou des reformulations actualisées de la *Psychologie médicale*. Enfin, j'ai également tenu compte de l'essai *Seele und Seelenleben* de 1846, qui préfigure la *Psychologie médicale* à bien des égards (Lotze, 1846 : 142-264 ; 1852 [ci-après *MP*] ; 1856 ; 1879 ; 1881).

La philosophie naturaliste de l'esprit de la deuxième moitié du XXe siècle, dans son anti-cartésianisme intransigeant, nous a accoutumé à l'idée que les phénomènes physiques, étant par nature moins hypothétiques, devaient servir de base explicative pour la connaissance des phénomènes psychiques. Après tout, l'observation des choses physiques, des tables, des chaises, du cerveau, des comportements humains semble avoir un avantage épistémologique évident, celui de l'objectivité, de la communicabilité et de l'extensionalité nécessaires à la science – tandis que les phénomènes psychiques, à supposer qu'il y ait un sens à dire qu'ils existent, ne deviennent accessibles qu'au moyen de la conscience et de l'introspection, qu'il y a toutes les raisons de juger essentiellement obscures et problématiques. Comme le plus problématique doit être expliqué par le moins problématique, il faut donc tout naturellement expliquer le psychique par le physique et non l'inverse.

Un intérêt remarquable de la psychologie de Lotze est qu'il ne s'accorde que partiellement avec cette manière de voir. Lotze défend des positions expressément spiritualistes et anti-matérialistes suivant lesquelles la nature matérielle n'est jamais qu'une construction hypothétique et illusoire. Ainsi, à ses yeux, le plus problématique n'est pas le mental, mais bien la nature matérielle :

> Nous avons trouvé que la représentation de la matière, dont on voudrait partir dans ses recherches sur la vie de l'âme comme de la représentation la plus claire et la plus certaine, est au contraire le produit le plus obscur et le plus incertain de notre réflexion, et qu'à défaut d'une transformation complète le concept de matière ne renferme rien qui puisse être utilisé comme principe pour l'explication de la vie de l'âme (*MP* : 64).

La conséquence de cela est évidente : la psychologie ne peut en aucun sens être assimilée à une science naturelle. La prétention des matérialistes à faire de la psychologie une science naturelle est « une manière de parler à la mode, mais vide de sens » (*MP* : 32). Elle est aussi absurde, affirme Lotze, que la prétention à entendre par les yeux ou à voir par les oreilles (*MP* : 32). Bref, c'est l'idée même de psychologie physiologique, telle qu'elle a été définie par Fechner puis par Wundt, qui semble d'emblée disqualifiée.

En disant cela, il semble qu'on ait déjà réglé la question du rapport entre psychologie lotzéenne et psychologie physiologique : un spiritualisme comme celui de Lotze ne peut assurément que s'opposer principiellement à la psychophysique ou à la psychologie physiologique. Mais est-ce vraiment là la position définitive de Lotze ? En réalité, un coup d'œil rapide sur son œuvre psychologique suffit déjà à montrer que tel n'est absolument pas le cas.

Remarquons d'abord que Lotze intitule très expressément sa psychologie « psychologie physiologique » dans sa *Psychologie médicale*, dont le titre complet est : *Psychologie médicale, ou physiologie de l'âme* – où les deux expressions « psychologie médicale » et « physiologie de l'âme », comme l'indique le titre du premier livre, sont manifestement synonymes de « psychologie physiologique ». Cela, il faut aussi le noter, en 1852, soit vingt-deux ans avant les *Grundzüge der physiologischen Psychologie* de Wilhelm Wundt, auquel l'expression est couramment attribuée. En fait, l'épine dorsale de la psychologie lotzéenne est ce que Lotze appelle sa théorie du mécanisme psychophysique, laquelle ressemble beaucoup, comme on le verra un peu plus en détail par la suite, au parallélisme psychophysique de Fechner.

Comment expliquer cette disparité ? D'abord, l'orientation naturaliste ou matérialiste de la psychologie expérimentale contemporaine et de ses théorisations en philosophie de l'esprit tend peut-être à nous faire oublier que ni Fechner ni Wundt n'étaient des matérialistes au vrai sens du mot. La véritable cible de Lotze dans la *Psychologie médicale* est le matérialisme robuste alors très en vogue de Büchner, Vogt et Moleschott (Gregory, 1977 ; Freuler, 1997)[1]. Or ce matérialisme est très différent du parallélisme psychophysique de Fechner ou de Wundt. Ensuite, cette apparente disparité s'explique par le fait que les positions spiritualistes de Lotze s'accompagnent de considérations de nature pragmatique portant à la fois sur la nature et sur l'état actuel de la connaissance scientifique – considérations pragmatiques qui vont amener Lotze à donner raison jusqu'à un certain point au matérialisme robuste, mais sur des bases philosophiques différentes et proches des positions de Fechner. Ce qui rend d'ailleurs sa position originale et intéressante dans le contexte contemporain, puisqu'elle montre à tout le moins que le matérialisme de laboratoire pourrait bien être compatible avec une métaphysique non matérialiste. D'un point de vue plus historique, l'intérêt de cette position est aussi que, contrairement à ce que pourrait suggérer à nouveau une analogie trompeuse avec la philosophie de l'esprit contemporaine, elle indique que la psychologie physiologique n'est pas apparue dans un contexte matérialiste, mais tout au contraire en réaction au matérialisme, la question étant : comment tirer parti de la fécondité pratique de la psychologie matérialiste sur des bases non matérialistes ? C'est le cas de Fechner comme c'est aussi le cas, très plausiblement, de la psychologie physiologique de Lotze. C'est pourquoi je m'attarderai assez longuement sur la critique lotzéenne du matérialisme en psychologie.

1. Positions métaphysiques

Pour bien comprendre ce point, le mieux est de commencer par préciser les positions métaphysiques de Lotze[2]. Sur le rapport entre le physique et le mental la métaphysique de Lotze apparaîtra inévitablement assez désuète dans ses conclusions, mais elle est aussi relativement moderne dans sa formulation, qui est en gros celle de la philosophie contemporaine de l'esprit.

Dans sa *Psychologie médicale*, Lotze commence par distinguer quatre grandes attitudes possibles sur la question du physique et du mental :

(1) dualisme cartésien ;

(2) « identité du réel et de l'idéal » ;

---

[1]   Généralement avare en références, Lotze cite nommément Beneke, Johann Christian Reil et Ottomar Domrich (cf. Pester, 1997 : 229).

[2]   On dispose de peu d'études récentes sur la signification métaphysique de la psychologie de Lotze. Voir (Orth, 1986 : 9-51) et surtout (Pester, 1997 : chap. 3). Parmi les études anciennes, voir (Krestoff, 1890) ; (Powers, 1892) ; (Thomas, 1921). On trouve de bons aperçus introductifs dans (Sullivan, 2010) et (Brett, 1921 : 139 sqq.).

(3) matérialisme ;

(4) spiritualisme.

(1) La première position, le dualisme cartésien, est expressément rejetée par Lotze dès les premières pages de la *Psychologie médicale* (*MP* : 9 sqq.). Fait intéressant, Lotze attribue le dualisme cartésien à une sorte d'illusion grammaticale. Le dualisme cartésien, dit-il, est un « préjugé non scientifique » (*MP* : 9) dû à une illusion du langage qui nous fait inférer une différence substantielle d'une différence phénoménale. En réalité, le fait que les phénomènes psychiques et physiques soient distincts et qu'ils puissent faire l'objet de sciences distinctes n'implique pas l'existence de deux substances distinctes. En particulier, la possibilité de prendre les entités physiques comme *sujets* de jugements dans les sciences naturelles n'exclut pas que les entités physiques soient des attributs plutôt que des substances – ce qui est fondamentalement la position de Lotze comme on va le voir.

(2) La deuxième position est celle que Lotze appelle la théorie de « l'identité du réel et de l'idéal ». Ce qu'on appelait alors « théories de l'identité psychophysique » recouvrait toute une série de positions très différentes allant de la philosophie de l'identité de Schelling à Ebbinghaus, en passant par Fechner et Georg Elias Müller. Le parallélisme psychophysique est un cas particulier de théorie de l'identité, mais j'expliquerai ce point plus loin, précisément en l'opposant à la position de Lotze.

Au sens étroit où Lotze entend l'expression, la théorie de l'identité recouvre de façon indistincte ce qu'on appellerait aujourd'hui d'une part le monisme neutre, d'autre part le dualisme des propriétés. Sommairement : elle consiste d'abord à reconnaître la différence entre phénomènes physiques et psychiques, ensuite à nier qu'elle soit une différence substantielle, enfin à nier que la réalité substantiellement indifférenciée soit elle-même de nature physique ou psychique. Ainsi, phénomènes physiques et phénomènes psychiques pourront être vus comme des réalités identiques considérées de points de vue différents, ou encore comme des déterminations ou des attributs différents d'un être substantiel unitaire qui n'est en soi ni physique ni psychique.

La principale objection que Lotze adresse à ces théories de l'identité du réel et de l'idéal est leur obscurité. Certes ces auteurs ont raison – j'y reviendrai – de maintenir contre les matérialistes une différence forte entre phénomènes physiques et phénomènes psychiques, ou encore de tenir le physique et le psychique pour « des attributs différents mais également primitifs » (*verschiedene, aber gleich ursprüngliche Attribute*) (*MP* : 55). Cependant, poursuit Lotze, le tort de ces théories est qu'elles sont « sans sujet » (*subjektlos*) (*MP* : 54), c'est-à-dire qu'elles ne nous disent pas de quel sujet les phénomènes psychiques et physiques sont les attributs. Elles affirment l'identité substantielle des phénomènes physiques et psychiques sans prendre la peine de nous dire de quelle nature est la substance dont ces phénomènes sont les affections[3].

(3) Inversement, les matérialistes ont raison quand ils cherchent à mettre au jour la substance dont les phénomènes physiques et psychiques sont des attributs, mais leur erreur est de sacrifier à l'identité substantielle la diversité phénoménale. Ainsi, de manière assez inattendue, on trouve au début du premier chapitre de la *Psychologie médicale* une défense partielle du dualisme cartésien, qui a au moins eu le mérite de nous prémunir contre l'erreur de catégorie matérialiste. C'est là une idée centrale qui sous-tend l'argumentation métaphysique de Lotze dans son ensemble : bien qu'il reconnaisse contre le dualisme cartésien l'identité substantielle des phénomènes physiques et psychiques, il considère aussi que cette identité substantielle ne remet pas en cause leur différence phénoménale. Les phénomènes physiques et psychiques forment des séries de phénomènes distinctes, qui doivent faire l'objet de sciences distinctes. La psychologie est essentiellement distincte des sciences naturelles alors même que les phénomènes physiques et psychiques doivent plausiblement être conçus comme des attributs d'un unique type de substance.

Cet argument forme l'objection centrale de Lotze contre le matérialisme. Ses arguments peuvent être regroupés en deux grandes séries d'objections.

D'abord, Lotze cherche à préciser le propos du matérialisme. Il commence par remarquer que « l'édifice du monde se laisse observer en trois éléments intriqués l'un dans l'autre » (*MP* : 22). Il y a d'abord le *Reich allgemeiner und abstrakter Gesetze*, à savoir la sphère des généralités qui déterminent les interactions entre particuliers, ou plus précisément les *forces* par lesquelles les particuliers réagissent les uns relativement aux autres, par exemple la gravitation. Ensuite il y a ces particuliers eux-mêmes, à savoir les « réalités présentes » (*vorhandene Realitäten*) auxquelles on attribue les forces régies par les lois générales. Et il y a enfin ce que Lotze appelle le « plan englobant » (*umfassender Plan*). Ce plan englobant est le lieu où se déroule, selon son expression, la « vie du monde » (*Leben der Welt*), c'est-à-dire le lieu où les forces se

---

[3] (*MP* : 54) : « Les attributs présupposent les substances auxquelles ils appartiennent. Ces théories ont absolument en horreur la première interprétation, celle suivant laquelle l'idéal et le réel seraient deux substrats certes reliés, mais non identiques, à savoir le corps et l'âme ; mais (…) en les tenant seulement pour des attributs, elles ne nomment pourtant pas le troisième terme, l'être substantiel auquel ils appartiennent. Si l'on demande ce qu'est le corps, alors on s'entend dire que le corps est la face réelle et l'esprit, la face idéelle ; mais la face de quoi ? Ce sujet reste indéterminé » (cf. Lange, 1902 : 166-167).

réalisent en occupant une extension dans l'espace simultané ou dans le cours temporel d'une histoire.

Or, remarque Lotze, les théories matérialistes viennent d'une aspiration à l'unité qui s'étend à ces trois éléments indistinctement. On exige l'unité d'un plan spatio-temporel et on considère que, pour assurer cette unité du plan, il faut d'abord à la fois établir des lois uniques et réduire les phénomènes psychiques aux phénomènes physiques. Mais c'est là, selon Lotze, une erreur de principe, et l'erreur constitutive du matérialisme.

Il est correct, dit-il, d'exiger l'unité du plan spatio-temporel. En somme, il y a un unique monde pour les phénomènes physiques et psychiques. De même, il est correct de déduire de cette unité du plan l'unité des lois générales qui règlent les relations entre les réalités dans le plan spatio-temporel. Mais cette unité du premier et du troisième élément, du plan spatio-temporel et des lois générales, n'implique pas l'unité des réalités elles-mêmes. Plus précisément, l'unité ici n'implique pas l'« uniformité qualitative » (*qualitative Gleichartigkeit*) des réalités présentes (*MP* : 23). La série des phénomènes physiques et la série des phénomènes psychiques peuvent rester des séries irréductiblement différentes alors même qu'elles sont soumises aux mêmes lois générales et prennent place dans le même plan spatio-temporel.

D'où l'insistance de Lotze, dans sa *Psychologie médicale* comme dans ses leçons de 1880-1881 publiées sous le titre *Grundzüge der Psychologie*, à faire valoir que, si l'âme est effectivement immatérielle et que cette immatérialité implique que l'âme n'est pas spatialement étendue, en revanche le fait que l'âme n'est pas spatialement étendue n'implique pas qu'elle n'a pas de *lieu* dans l'espace (Lotze, 1881 : 63 ; *MP* : 59 et 115 sqq.). De là aussi l'idée pertinente de Lotze suivant laquelle l'aspiration à l'unité des lois illustre seulement une tendance subjective qui n'est en aucun cas un argument pour l'unité ontologique des phénomènes (*MP* : 29). Il est certes légitime d'exiger des lois plus générales pour un groupe de phénomènes, mais cela ne doit pas nous induire à en nier la diversité ontologique ou en tout cas la diversité phénoménale[4].

Les remarques de Lotze sur la localisation du psychique trouvent un prolongement très significatif chez Brentano. D'abord, la conception de la sensation développée tardivement par Brentano peut être vue comme un prolongement original de cette idée de Lotze, puisqu'elle consiste à définir l'intensité de la sensation en termes de distances entre

---

[4] Lotze donne sur ce sujet l'exemple suivant (*MP* : 29) : s'interrogeant sur la loi de la gravitation, il remarque que cette loi, si elle a été tenue pour une loi universelle s'appliquant à la nature dans son ensemble, n'est peut-être valable que pour une portion très limitée de la nature, et qu'en tout cas elle ne semble pas expliquer les interactions entre molécules.

des « déterminations locales » (*örtliche Bestimmtheiten*) au sein d'un « espace sensoriel » (Brentano, 1979). Ensuite, il faut aussi se rappeler que, si Brentano a entrepris de définir le psychique par l'intentionnalité, au chapitre Ier du livre II de la *Psychologie du point de vue empirique*, c'est précisément parce que la définition cartésienne et kantienne en termes de non-spatialité lui paraissait insatisfaisante (Brentano, 1973 : 121-124). Un aspect décisif du problème, pour le dire en termes anachroniques, résidait dans l'antagonisme entre conception nativiste et conception empiriste de l'espace[5]. Car il y a deux moyens de contester la définition en termes de non-spatialité : soit on affirme l'existence de phénomènes physiques non spatiaux, c'est-à-dire sans étendue spatiale, soit on affirme l'existence de phénomènes psychiques spatiaux, c'est-à-dire localisés dans l'espace. La première voie est celle vers laquelle tend la conception empiriste de l'espace, en un certain sens déjà préfigurée par Lotze ; la seconde se rattache à la théorie nativiste des signes locaux de Lotze : le psychique resterait effectivement localisé dans le corps alors même qu'on lui refuserait toute étendue spatiale.

Évidemment, cette première objection anti-matérialiste est plutôt une réfutation des arguments matérialistes qu'un argument positif en faveur d'une théorie anti-matérialiste déterminée. Ainsi, elle plaide certes en faveur de la différence phénoménale ou « qualitative » entre le physique et le psychique, mais elle n'exclut pas que les phénomènes physiques et psychiques soient des attributs d'un être substantiel unique, ni ne dit rien encore de cet être substantiel, qui peut encore être physique. C'est pourquoi, à ce stade, l'exposé de Lotze laisse en théorie une place pour une autre forme de matérialisme, pour ainsi dire non réductionniste, suivant laquelle la différence phénoménale entre le physique et le psychique serait reconnue mais rapportée à une unique substance physique.

Il reste que cette objection est déjà un argument fort contre la psychologie matérialiste, ou plus largement contre « ces théories qui n'en viennent pas seulement à faire l'économie de l'existence d'un principe psychique propre, mais aussi et surtout à absorber complètement la psychologie dans la science naturelle » (*MP* : 30). D'une part, tout l'intérêt de la psychologie matérialiste réside dans son opposition au dualisme cartésien (*MP* : 30) que Lotze rejette également. Mais d'autre part, l'argumentation matérialiste est erronée. Lotze n'exclut pas la possibilité que les phénomènes physiques et psychiques soient un jour expliqués par un même ensemble de lois, mais cela ne remet pas en cause la différence entre les phénomènes physiques et les phénomènes psychiques, qui alors même resteraient des phénomènes essentiellement hétérogènes (*MP* : 32).

---

[5] Sur les implications métaphysiques de la théorie des signes locaux, cf. (Pester, 1997 : 234 sqq.).

(4) La deuxième objection de Lotze (*MP* : 55 sqq.) est davantage un argument positif en faveur de la position spiritualiste que Lotze adopte finalement. Elle repose fondamentalement sur une distinction épistémologique. Il y a, dit Lotze, deux types de connaissance ou de « savoir » (*Wissen*). Nous pouvons d'abord connaître la nature ou l'essence d'un objet, autrement dit ses caractères intrinsèques. Cette *cognitio rei* est alors de l'ordre de l'intuition intellectuelle. Ensuite, nous pouvons avoir de l'objet une *cognitio circa rem* qui nous en fait connaître les caractères extrinsèques, c'est-à-dire les relations avec d'autres objets ou encore les conditions externes dans lesquelles l'objet se manifeste phénoménalement. L'argument de Lotze consiste précisément à faire coïncider cette distinction épistémologique d'une part avec la distinction entre substance et attribut phénoménal, et d'autre part, jusqu'à un certain point, avec la distinction entre le physique et le psychique.

D'abord, la connaissance relationnelle, extérieure, nous permet d'ordonner des séries de phénomènes en les mettant en relation les uns avec les autres sous des lois constantes. Ensuite, cette connaissance extérieure ne nous donne aucun accès à l'essence ou au principe substantiel des objets, qui n'est connaissable qu'intuitivement. Or, poursuit Lotze, cette distinction entre connaissance relationnelle des phénomènes et connaissance intuitive de l'essence coïncide avec la distinction du physique et du psychique. « Ces deux modes de connaissance, affirme-t-il, ne se trouvent pas partout ensemble, ils se répartissent aussi entre les deux types d'objets qui nous occupent, à savoir la matière et l'esprit » (*MP* : 57).

Lotze commence par constater que les lois des sciences naturelles, par exemple celles de la physique newtonienne, servent fondamentalement à déterminer ce que Lotze appelle les « propriétés apparentes » des objets physiques par leurs relations fonctionnelles avec d'autres propriétés apparentes d'objets physiques. En d'autres termes, les lois physiques règlent les relations entre phénomènes physiques. Cependant, ajoute Lotze, cette connaissance extérieure et phénoménale va de pair avec une stupéfiante ignorance de ce qu'est la matière physique elle-même :

> La matière devient aussi pour nous toujours plus obscure, quand nous faisons abstraction de sa valeur pour le calcul en mécanique physique et quand nous nous demandons ce qu'elle peut bien être en elle-même. Alors on constate aussitôt qu'un être inerte, passif, qui est impénétrable et remplit l'espace, qui sans être pour autant actif est doué de forces qui suivent de telles ou telles lois constantes, on constate qu'un tel être est pour notre connaissance une idée complètement impénétrable […] (*MP* : 57-58).

Bref, en dépit des progrès spectaculaires des sciences naturelles dans la connaissance des relations entre phénomènes physiques, nous n'avons aucune connaissance immédiate de la nature de la matière ou de ce qu'elle est en soi. Lotze utilise sur ce point la métaphore de la machine (*MP* : 71-72). Nous pouvons assurément analyser le fonctionnement de la machine en ses éléments simples, en montrant qu'un mouvement est transmis d'un engrenage à un autre, puis d'un engrenage à une bielle et de la bielle au piston, etc. Mais cette analyse ne nous apprend absolument rien sur les éléments eux-mêmes – ici sur les agents physiques avec leur pouvoir intrinsèque de produire tel ou tel mouvement.

À l'inverse, la vie mentale a ceci de particulier qu'elle nous est parfaitement claire quant à son essence. Nous avons « l'intuition la plus immédiate et la plus complète » de ce que signifient sentir, vouloir, aimer et haïr, éprouver du contentement, etc. (*MP* : 58). Et cette intuition immédiate n'est autre que la *« conscience immédiate »* que nous avons de notre vie mentale propre (*MP* : 59). À quoi Lotze ajoute, de façon allusive mais suggestive, la « compréhension » (*Verstehen*) et l'« empathie » (*Mitempfindung*) (*MP* : 58).

Mais comme on pouvait s'y attendre, cette clarté intuitive de la vie mentale va de pair avec une irrémédiable obscurité des relations entre phénomènes psychiques – ce qui a naturellement pour effet de remettre en cause l'idée même d'*analyse psychologique*.

C'est d'abord la localisation spatiale de l'âme qui est obscure, puisqu'elle semble « bannie dans un endroit inconnu à l'intérieur de l'organisation visible » (*MP* : 59). Ensuite l'âme est également obscure par ses relations temporelles, puisqu'elle nous apparaît éphémère dans l'expérience sans que nous puissions décider si elle n'est pas plutôt immuable (*MP* : 59). De même, constate Lotze, la combinaison de phénomènes psychiques simples en phénomènes complexes reste quelque chose de mystérieux : « Dans la vie psychique, il nous manque une perception distincte de la manière dont les éléments individuels de l'advenir composent graduellement ce divers que nous rencontrons dans l'âme parvenue à maturité » (*MP* : 59). Enfin, ce sont encore les relations causales qui sont obscures, puisqu'il nous semble impossible de déterminer même approximativement les causes des phénomènes psychiques (*MP* : 59-60).

Pour résumer : autant la matière physique est « un noyau entièrement obscur qui se meut dans un réseau clair de relations » (*MP* : 58), autant l'âme est à l'inverse une substance claire dans un réseau de relations obscures.

Ces arguments anti-matérialistes conduisent Lotze à opter pour le spiritualisme métaphysique. Ce choix est en soi assez curieux et il faut bien admettre que l'argumentation de Lotze est, en un premier temps au moins, peu convaincante. En somme, tout se passe comme si Lotze tirait d'un argument épistémologique un argument métaphysique : l'obscurité substantielle de la matière et la clarté substantielle de l'âme, dans son raisonnement, sont des arguments en faveur du spiritualisme métaphysique suivant lequel l'être substantiel derrière les phénomènes est psychique et non physique.

En fait, Lotze introduit ici un autre argument plus important et plus solide (*MP* : 63). Après avoir émis l'hypothèse que le physique se définit par l'étendue spatiale et l'impénétrabilité, il affirme d'abord que l'étendue spatiale et l'impénétrabilité ne sont que des manifestations phénoménales de l'attraction et de la répulsion, qui se réduisent pour leur part à des caractères intrinsèques, en-soi, de l'être substantiel. Or, l'attraction et la répulsion sont concevables sans étendue spatiale, et donc aussi dans des entités mentales : elles sont donc inutilisables pour définir le physique, tout comme, à plus forte raison, l'étendue spatiale et l'impénétrabilité. Or, si l'on retranche l'étendue spatiale et l'impénétrabilité, il ne reste, pour définir le physique, que les propriétés qualitatives, lesquelles sont manifestement des « phénomènes subjectifs dans notre esprit » (*MP* : 63). Ainsi, toutes les propriétés fondamentales usuellement attribuées au physique sont réductibles soit à des propriétés de la substance psychique, comme les propriétés qualitatives, soit à des propriétés de l'être en général qui peut être physique ou psychique – ce qui implique que l'existence d'une substance physique devient une « hypothèse inutile ». Mais comme Lotze rejette également la théorie de l'identité du réel et de l'idéal, il ne reste qu'une option possible : l'être en général est psychique, le physique n'est que l'attribut ou la manifestation phénoménale particulière de la substance psychique. La conclusion de Lotze est donc infailliblement spiritualiste.

Cependant ce n'est pas là le point qui nous intéresse, et je voudrais maintenant esquisser quelques implications de cette conception sur le rapport de Lotze à la psychologie physiologique. Ces développements me permettront de mettre en évidence ce qui, à mes yeux, fait l'intérêt de la réappropriation lotzéenne de la psychologie physiologique.

2. Lotze et la psychologie physiologique

La question qui va nous occuper maintenant est de savoir comment il serait encore possible d'édifier, dans le contexte que je viens d'indiquer, une véritable psychologie. Il est possible que, pour Lotze, la connaissance intuitive de la substance mentale ne soit pas conceptuellement exclusive de la scientificité, mais elle l'est en tout cas du point de vue des résultats pratiques. Dans les faits, la substance est le domaine de la poésie et de la foi religieuse (*MP* : 66 sqq.). Lorsque nous respirons le parfum d'une fleur, dit Lotze, nous estimons en saisir l'essence, saisir le phénomène

« en soi » par une intuition intellectuelle qui est certes parfaitement claire et qui trouve sa juste expression dans la poésie et la religion, mais qui ne répond à aucune des questions que se pose le scientifique (*MP* : 67). Comme les caractères intrinsèques des phénomènes semblent dans les faits hors de portée, le scientifique est pour ainsi dire condamné à la connaissance empirique des relations entre phénomènes et spécialement de leurs relations causales.

Cette idée est la base d'une critique intéressante de l'idéalisme hégélien dans la *Psychologie médicale* (67 sqq.) et dans les leçons de psychologie de 1880-1881 (Lotze, 1881 : 76-77). L'idéalisme hégélien est poétique et non scientifique parce que, confondant la valeur et le fait, il identifie la réalité à un ensemble de formes générales là où elle n'est en réalité rien d'autre qu'un ensemble de relations causales entre particuliers[6].

Mais revenons à la psychologie selon Lotze. La question est maintenant de savoir si, par sa réfutation de la psychologie matérialiste, Lotze n'a pas jeté le bébé avec l'eau du bain. Toute la difficulté est maintenant d'établir, en dépit des impossibilités qu'il a lui-même relevées, la possibilité d'une psychologie scientifique, c'est-à-dire d'une science empirique des relations psychiques. Car, au moins à première vue, le spiritualisme lotzéen semble bien déboucher sur un scepticisme psychologique. D'une part, l'obscurité des phénomènes psychiques, on l'a vu, compromet gravement la possibilité même d'une psychologie empirique. D'autre part, la clarté de la substance psychique est une clarté non scientifique qui trouve plutôt son expression dans la poésie et dans la religion. En conséquence, une science psychologique semble proprement irréalisable.

---

[6] L'idéalisme hégélien, diagnostique Lotze, résulte d'une confusion typiquement allemande entre la valeur et le fait, ou plus précisément entre « l'interprétation idéale de la valeur de la réalité » et la mise au jour scientifique des relations causales entre les phénomènes constituant cette réalité elle-même (*MP* : 67). Hegel croit pouvoir élaborer une science en combinant en un vaste système cosmogonique des formes générales ou des contenus idéaux. Mais ce système n'est qu'une construction « rationnelle, mystérieuse et poétique » qui ne nous dit rien de la réalité elle-même et qui est issue d'une obscure intuition intellectuelle non scientifique. Les formes générales de ce système ne sont pas la réalité, qui est plutôt constituée de particuliers en interaction causale. Elles sont seulement des « indications sur la valeur idéale qui se phénoménalise dans certaines formes générales de l'existence et de l'action causale (*in gewissen allgemeinen Formen des Daseins und Wirkens zur Erscheinung kommt*) » (*MP* : 68). Ainsi le système hégélien n'est pas totalement dénué d'intérêt pour le psychologue. Mais précisément ce ne sont pas les formes générales hégéliennes pour elles-mêmes qui intéressent le psychologue, mais plutôt leur réalisation phénoménale ou encore, comme dit Lotze, *leur usage* (*Gebrauch*) : « C'est cette vie <phénoménale> seule réelle, à savoir l'usage qui est fait des catégories générales ou éléments du mental (*des Geistigen*), qui est notre véritable objet » (*MP* : 68). Sur les rapports (*via* son maître C.H. Weisse) de la psychologie de Lotze à l'idéalisme hégélien, cf. les intéressantes remarques de Woodward (1977).

Pourtant, la situation de la psychologie n'est pas totalement désespérée. De façon moins apparente, les analyses de Lotze que je viens de résumer creusent aussi une fine brèche dans laquelle Lotze va maintenant s'engouffrer résolument. Cette brèche est que le spiritualisme lotzéen a pour effet de déproblématiser la relation unissant le psychique au physique ou l'âme au corps (pour la suite, cf. *MP* : 79-80).

Cette relation, en effet, apparaît problématique quand on la conçoit comme une relation entre deux entités essentiellement hétérogènes, comme dans le dualisme cartésien, ou comme une relation entre deux entités matérielles dont l'une est problématiquement identifiée à l'âme, comme dans la psychologie matérialiste. Mais ces deux options, on l'a vu, sont rejetées par Lotze. Le spiritualisme a au moins un effet positif, c'est qu'il permet de redéfinir la relation causale psychophysique de façon moins problématique comme une relation entre des phénomènes en soi de nature psychique, de telle manière que nous n'avons plus à mettre en relation des entités essentiellement hétérogènes ni à réduire acrobatiquement l'âme à la réalité physique. Les relations causales unissant des phénomènes psychiques et physiques deviennent des relations entre des attributs phénoménaux de la substance psychique au même titre que les relations causales entre phénomènes physiques, et dès lors elles ne sont pas plus mystérieuses que n'importe quelle autre relation causale : « Nous pouvons aisément montrer […] que l'interaction (*Wechselwirkung*) entre corps et âme ne renferme pas d'énigme plus grande que n'importe quel autre exemple de causalité » (*MP* : 71).

On l'a compris, la psychologie de Lotze sera fondamentalement interactionniste, et c'est là un désaccord profond et essentiel avec celles de Fechner et de Wundt. La formulation la plus claire des principaux arguments de Lotze en faveur de l'interactionnisme psychophysique se trouve au § 248 de sa *Métaphysique* de 1879 (Lotze, 1879 : 492-494). Lotze affirme d'abord que c'est un « préjugé sans fondement » de croire que seul le semblable peut causer le semblable. En réalité, même la causalité physique n'est que la manifestation extérieure de processus inaccessibles, comme les rouages d'une machine. Ainsi des réalités hétérogènes peuvent entretenir mutuellement des relations causales, en vertu d'une homogénéité substantielle scientifiquement inconnaissable.

Naturellement, les difficultés énumérées plus haut demeurent intactes. Il reste vrai que ni la substance psychique ni les relations intrapsychiques ne sont scientifiquement connaissables. Néanmoins, les éléments ci-dessus laissent entrevoir une issue. Sans doute, quand on retire la substance psychique et les relations intrapsychiques, il ne reste plus que les relations entre phénomènes physiques, mais précisément on peut désormais envisager que ces relations entre phénomènes physiques soient *à certaines conditions* exploitables en psychologie, à savoir dans la mesure où la relation causale entre le physique et le psychique nous serait d'une manière ou d'une autre accessible. Et tel est, très exactement, le raisonnement de Lotze.

La solution qu'on voit s'esquisser devra répondre à deux exigences fortes : d'abord il ne faudra pas attribuer indûment des relations causales *sui generis* aux entités psychiques ; ensuite il faudra mettre au jour des relations psychiques sur la base des seules relations clairement observables, à savoir des relations causales entre phénomènes physiques. La solution devra être, pour reprendre l'expression de Lotze, la « théorie occasionaliste du mécanisme psychophysique » (*MP* : 78).

Une particularité de l'occasionalisme psychophysique de Lotze est qu'il n'est pas paralléliste. Et s'il n'est pas paralléliste, c'est précisément parce qu'il est combiné avec un spiritualisme métaphysique. Pour bien comprendre ce point, nous pouvons partir du schéma suivant :

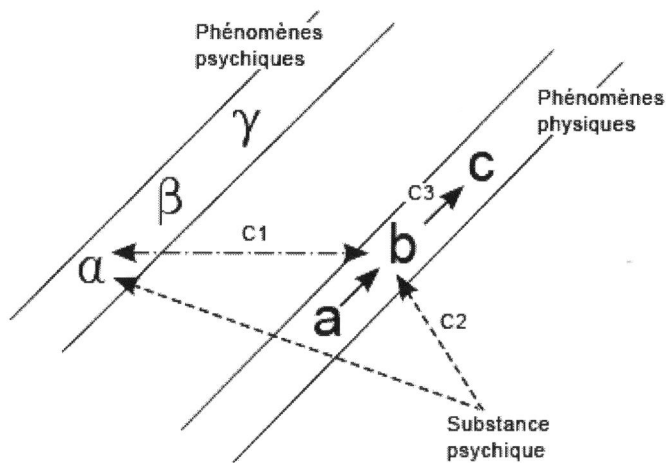

Les deux bandes représentent des séries de phénomènes ou d'attributs, psychiques à gauche et physiques à droite. Les premières relations causales à signaler sont les relations du type C3 unissant des phénomènes physiques *a*, *b*, *c*… Ensuite, Lotze postule également l'existence de relations de causalité occasionnelle unissant la substance à ses attributs psychiques et physiques – relations notées ici C2. Autrement dit, la substance cause de façon indépendante les deux termes de chaque couple psychophysique (α, *a*), (β, *b*), (γ, *c*), etc. Si Lotze s'en tenait à ces deux types de relation causale, il défendrait un parallélisme, ou plutôt ce qu'on appelle plus techniquement un « semi-parallélisme ». Cependant, il défend également un spiritualisme suivant lequel la substance en question est de nature psychique. Ce qui lui permet d'affirmer aussi l'existence d'interactions causales entre phénomènes physiques et psychiques, notées ici C1. En ce sens, son interactionnisme doit être considéré comme un effet de son spiritualisme.

Ce point, comme je l'ai suggéré, marque un antagonisme tranché entre Lotze et Fechner. Cependant, cet antagonisme ne doit pas occulter leur profonde convergence méthodologique, qui tient à l'idée même de psychologie physiologique. De fait, du côté de l'interactionnisme lotzéen comme du côté du parallélisme de Fechner, il s'agit avant tout de déterminer des relations psychiques sur la base de relations physiques.

L'idée est d'abord qu'il est généralement possible de faire correspondre un type déterminé d'état mental simple à un type déterminé d'état corporel simple, et que ces correspondances peuvent être réglées par des lois[7]. Par exemple, un état corporel a produit par une stimulation externe est toujours associé à un état mental α ; ou un état corporel b est toujours consécutif à un état mental β. Nous n'avons certes pas de connaissance intuitive des relations causales entre a et α et entre b et β, et c'est pourquoi la théorie de Lotze est une théorie occasionaliste. En revanche, nous pouvons à tout le moins constater qu'il existe entre a et α et entre b et β des corrélations régulières. Il est à noter que par cette dernière idée, défendue dès 1846 dans *Seele und Seelenleben* (Lotze, 1846 : 158-159), l'occasionalisme de Lotze est plus proche du parallélisme que ne le serait un interactionnisme strict.

Ensuite, l'interactionnisme psychophysique pourra servir de méthode, dit Lotze, pour savoir « comment l'interaction entre corps et âme, c'est-à-dire la vie physiologique de l'âme (*das physiologische Seelenleben*), naît tout entière de la complexification ultérieure de ces couples d'événements internes et externes » (*MP* : 78). Par exemple, si deux états corporels simples a et b sont mis en correspondance respectivement avec deux états mentaux α et β, alors l'état corporel complexe c composé de a et de b

---

[7] (*MP* : 77-78) : « Nous *ne* pouvons *pas* indiquer comment une stimulation motrice matérielle qui touche notre corps peut surgir en vue de produire un état psychique, mais nous pouvons bien espérer obtenir une réponse à la question de savoir *quelles* stimulations externes simples sont en fait reliées, de manière générale et d'après des lois, à quels états internes simples, et comment l'interrelation causale entre corps et âme tout entière, c'est-à-dire la vie physiologique de l'âme (*das physiologische Seelenleben*), naît de la complexification ultérieure de ces couples d'événements internes et externes. En empruntant à l'expérience le fait qu'à un état corporel a produit par des stimulations externes s'associe toujours et en général un état mental α, ou qu'un état mental b est toujours suivi d'un état corporel β, nous voyons a et b comme des occasions (*Veranlassungen*) auxquelles le cours de la nature a lié de façon constante et générale la réalité de α et de β ».

pourra être mis en correspondance avec un état mental complexe γ qu'on décomposera en états mentaux simples α et β, et ainsi de suite.

Cette manière de voir a pour effet de réhabiliter, jusqu'à un certain point et à certaines conditions, l'*analyse psychologique*, qui semblait plus haut disqualifiée du fait de l'obscurité des relations psychiques. En un sens, on pourrait dire que tout le projet de Lotze est de suppléer à l'obscurité des relations entre phénomènes psychiques, et donc de l'analyse psychologique, par l'analyse claire des relations entre phénomènes physiques. Ce qui, soit dit en passant, ne lève qu'en partie les limitations dont on a fait état plus haut : la substance psychique demeure scientifiquement insondable précisément dans la mesure où les éléments ultimes sont par définition hors de portée de l'analyse psychologique[8].

Ainsi il serait peut-être précipité d'opposer les psychologies de Lotze et de Brentano en limitant la première à la psychologie génétique. Au début de ses leçons de psychologie de 1880-1881, Lotze distinguait trois types de recherches en psychologie (Lotze, 1881 : vii-viii). Il y a d'abord, disait-il en termes brentaniens, la « psychologie descriptive, ou empirique », dont la tâche est d'analyser la vie psychique en ses éléments et de clarifier les relations unissant ces éléments. Ensuite, la « psychologie explicative, mécanique ou métaphysique » (*erklärende, mechanische oder metaphysische Psychologie*) s'efforce de déterminer empiriquement les conditions de la vie psychique et spécialement son rapport aux conditions physiques. C'est ici qu'on se rapproche de la psychophysique de Fechner. Enfin, Lotze évoque une « psychologie idéale, ou spéculative » (*ideale oder speculative Psychologie*) dont le rôle est de tirer au clair la finalité de la vie de l'âme dans le monde. Lotze estime d'une part que la psychologie spéculative n'est pas « rigoureusement scientifique » et doit en conséquence être mise de côté ; d'autre part que la psychologie descriptive et la psychologie génétique peuvent aisément être rassemblées en un unique groupe de recherches.

Quoi qu'il en soit, le point important est qu'en dépit de son caractère interactionniste, cette stratégie est finalement très proche de celle de Fechner dans les *Éléments de psychophysique* de 1860. Mais je reviendrai sur cette question un peu plus loin.

Un autre point capital est que la « théorie occasionaliste du mécanisme psychophysique » n'est pas le dernier mot de Lotze. Son dernier mot,

---

[8] (*MP* : 72-73) : « Notre science, nos explications des événements (*Ereignisse*) ne consistent qu'à décomposer des affaires compliquées en leurs éléments intermédiaires individuels ; si nous sommes parvenus à ces éléments, alors il ne peut plus être question de cette connaissance analytique et constructive, dès lors justement intuitive, mais nous devons nous contenter de laisser dans sa simplicité et de simplement reconnaître ce qui, en tant que simple, est au fondement de tout composé ».

on l'a vu, est sa métaphysique spiritualiste, qui affirme une identité substantielle du physique et du psychique et non pas simplement leur corrélation par des causes occasionnelles. Pour ce motif, la théorie du mécanisme psychophysique possède une valeur heuristique plutôt qu'explicative ; elle est une méthode de recherche qui doit être préférée pour des raisons pratiques :

> On mécomprend complètement ma théorie occasionaliste du mécanisme psychophysique si on voit en elle une théorie positive sur la nature de l'objet ; cette théorie nie au contraire qu'il y ait une telle connaissance, et elle est simplement une théorie méthodologique sur la manière dont, en dépit de cette non-connaissance, on peut édifier ses concepts fondamentaux en vue de rendre possible une recherche portant, au moins, sur la composition des éléments qui, considérés en soi et individuellement, doivent être admis sans pouvoir être compris (*MP* : 78)[9].

Or, cette manière de voir est bel et bien une concession à la psychologie matérialiste. Ce que dit Lotze, c'est que la psychologie matérialiste est fausse, mais qu'elle est plus rentable pratiquement et qu'il faut lui accorder sa préférence dans l'état actuel de nos connaissances. En d'autres termes, les séries causales physiques sont le meilleur guide pour l'élucidation de l'âme alors même que nous savons qu'en réalité ces séries causales elles-mêmes sont seulement, selon son expression, des « ombres » d'une même substance psychique.

Il y a au moins trois raisons de juger le modèle matérialiste pratiquement préférable. D'abord, il y a la clarté des relations empiriques physiques, à laquelle Lotze oppose l'obscurité des relations mentales. Ensuite, la priorité accordée à la perception externe dans notre existence quotidienne ainsi que les résultats spectaculaires obtenus dans les sciences naturelles ont suscité une confiance irréfléchie dans l'idée de matière, qui est indéniablement plus familière, plus courante et dès lors moins délicate à manier que l'idée d'âme[10]. Enfin, la pratique d'une science commande qu'on se limite en un premier temps aux genres les plus proches, en laissant à plus tard les genres les plus élevés[11].

---

[9] Lotze s'en prend, semble-t-il, à I.H. Fichte (cf. Pester, 1997 : 233).

[10] (*MP* : 57) : « Les sciences naturelles ont développé au sujet du phénomène de la matière un nombre extraordinaire de perceptions de nature externe, et nous connaissons avec une grande exactitude une multitude de relations d'après les variations desquelles varient également les propriétés apparentes de la matière, ses états et ses effets. Par là même la représentation de la matière est devenue si courante, tellement utilisable pratiquement, et à l'intérieur du domaine ordinaire des réflexions des sciences naturelles elle mène de façon tellement satisfaisante à des résultats corrects qu'on ne peut s'étonner de la confiance irréfléchie avec laquelle l'opinion commune s'en sert partout ».

[11] (*MP* : 64) : « Sans doute nous devons, si nous voulons tracer un idéal de la science en notre sens, caractériser la psychologie comme la théorie des principes essentiels

Or, du moins à un niveau très général, la ressemblance avec Fechner est frappante sur ces points. Assez paradoxalement, on pourrait dire que la solution occasionnaliste était défendue par Lotze et rejetée par Fechner pour des motifs finalement assez semblables. En effet, ce que Fechner opposait à l'occasionalisme, c'était précisément sa conception suivant laquelle la corrélation fonctionnelle du physique et du psychique s'expliquait mieux par le fait que, comme l'affirmera encore Wundt, l'un et l'autre étaient les manifestations d'une même et unique réalité ou encore une même réalité vue de deux points de vue différents (Fechner, 1860 : 5). Ce qui conduisait Fechner à défendre un panpsychisme assez proche du spiritualisme de Lotze. L'antagonisme est alors le suivant : d'un côté Fechner et Wundt professent fondamentalement un monisme de l'expérience en considérant qu'un même phénomène est tantôt physique et tantôt psychique selon le point de vue ; de l'autre Lotze est plutôt un dualiste des propriétés, estimant qu'un même phénomène est soit physique soit psychique, non les deux, mais que les phénomènes physiques et psychiques sont des attributs d'un même substrat psychique.

Il semble possible, dans cette perspective, de rapprocher Lotze et Fechner sur au moins trois points significatifs :

D'abord, Lotze s'attribuera lui-même, en 1876, l'invention de la psychophysique fechnerienne[12]. Par là il ne faut pas comprendre que les *Éléments de psychophysique* de 1860 étaient préfigurés dans la *Psychologie médicale* de 1852. En fait, sans même parler de la loi de Weber qui remonte à 1846 (Weber, 1846), la première formulation de la loi logarithmique par Fechner remonte à l'ouvrage *Zend-Avesta* de 1851, qui est d'ailleurs commenté dans la *Psychologie médicale* (Fechner, 1851). Lotze pense certainement ici à son étude *Seele und Seelenleben* de 1846, où on trouve déjà, sous une forme moins développée, l'essentiel de la conception psychologique de la *Psychologie médicale*. Les §§ 5 et suivants de ce texte présentent des analyses très proches de la loi psychophysique de Weber et Fechner, bien que par ailleurs Lotze

---

de toute existence et de toute action causale (*Wirkens*), et la physique, par contre, seulement comme l'établissement des formes particulières que l'action (*Regsamkeit*) de la vie mentale développe dans le domaine des intuitions spatiotemporelles. Néanmoins, pour notre réalisation réelle de la science (*für unsere wirkliche Ausführung der Wissenschaft*), nous devons, comme si souvent dans la connaissance humaine lacunaire, nous contenter d'une part de posséder ce principe, d'autre part de maîtriser le foisonnement du divers empirique d'abord au moyen des abstractions qui lui sont le plus proche et de la préparer graduellement à la dérivation à partir du fondement vrai et le plus élevé de leur existence ».

12   Il s'agit d'un passage ajouté par Lotze dans la traduction française de sa *Psychologie médicale*. Voir (Lotze, 1876 : 90).

s'exprime en termes d'interaction causale et qu'il semble encore opter, comme Herbart, pour la proportionnalité directe (Lotze, 1846 : 164-166).

Ensuite, de façon conséquente, Lotze s'attribuera également le mérite d'avoir défendu un panpsychisme plus radical que celui de Fechner, en reconnaissant une nature psychique non seulement aux végétaux, comme Fechner dans son ouvrage *Nanna* de 1848 (Fechner, 1848)[13], mais aussi à toute réalité matérielle indistinctement (*MP* : 133).

À cela pourtant il faut ajouter quelques nuances. On trouve sur ce point une importante critique de Fechner au § 252 de la *Métaphysique* de 1879 (Lotze, 1879 : 498-501), bien que cette critique, du propre aveu de Lotze, s'en prenne moins à la théorie de Fechner qu'à certaines formulations ambiguës du second volume des *Éléments de psychophysique* et aux mauvaises interprétations qu'elles pourraient susciter. Lotze reproche d'abord à Fechner sa notion de « phénomène psychophysique », qui occulte selon lui la distinction entre le psychique et le physique. Il lui adresse donc la même objection qu'aux matérialistes. Ensuite, il lui reproche de voir dans la loi logarithmique une « condition réelle » ou un réel principe explicatif pour rendre compte de l'interdépendance ou de l'unité du psychique et du physique, quand elle n'est en réalité qu'une notation formalisée qui ne nous apprend rien de plus et qui ne nous dispense pas de chercher de quelle nature est le substrat des phénomènes psychiques et physiques.

La troisième convergence est que Lotze et Fechner s'accordent également jusqu'à un certain point sur la valeur pratique ou heuristique de la mise au jour de corrélations psychophysiques. D'après Fechner, la loi logarithmique ne change rien à l'impossibilité d'une mesure directe des intensités psychiques, mais elle est seulement un expédient en vue de les mesurer indirectement par l'intermédiaire d'intensités physiques quant à elles directement observables.

Tout cela, par ailleurs, n'empêchait pas Lotze d'exprimer de sérieuses réserves à l'égard de la loi logarithmique. Dans ses *Grundzüge der Psychologie* (Lotze, 1881 : 11), il épingle deux questions qui restent entièrement inélucidées et qui, pourtant, conditionnent toute adhésion à la psychophysique fechnerienne : d'abord pourquoi y a-t-il entre sensation et stimulation un rapport de proportionnalité seulement indirecte plutôt qu'un rapport de proportionnalité directe ? Ensuite pourquoi y a-t-il des seuils différentiels ?

Déjà au livre 2 de la *Psychologie médicale*, Lotze estimait que la mise au jour d'une loi de proportionnalité psychophysique se heurtait à deux

---

[13] Sur les panpsychismes de Lotze et Fechner, voir (Riedel, 1996 : 62 sqq.). Cf. également, sur la controverse avec I.H. Fichte autour du panpsychisme, (Hartung, 2000).

obstacles principaux (*MP* : 206). D'abord, la relation entre sensation et stimulation externe est rendue obscure et incertaine par le fait qu'entre les deux, il y a les processus nerveux, qui nous sont mal connus et qui, en tout cas, compliquent le problème. Ensuite, il semble que seul un petit nombre de phénomènes psychiques puissent être ordonnés en échelles intensives suffisamment claires pour être mis en parallèle avec des gradations d'intensités physiques : c'est le cas, par exemple, des sensations de pression tactile comme chez Weber, ou des sensations de température et d'un certain nombre de sensations auditives et visuelles, mais par exemple les sensations olfactives et gustatives ne présentent pas de gradations intensives claires.

Ce point nous amène à l'important problème des *limitations* de la psychologie physiologique de Lotze. En effet, ce n'est pas seulement que la psychologie physiologique de Lotze soit matérialiste à contrecœur ; son substrat spiritualiste a aussi pour effet de lui imposer certaines limitations explicites qui la démarquent assez nettement de la franche psychologie matérialiste. L'idée, développée au chapitre 2 de la *Psychologie médicale*, est qu'à la différence du matérialiste, le spiritualiste ne peut pas exclure la possibilité de phénomènes psychiques qui ne seraient pas en interaction « mécanique » ou causale avec des phénomènes physiques. La psychologie physiologique est sans doute la théorie appropriée, mais rien n'exclut qu'elle soit une théorie partielle laissant inexpliqués un certain nombre de phénomènes psychiques :

> Notre tâche est seulement de présenter ces phénomènes de la vie qui justement naissent de l'interaction constante de l'esprit et du corps ; tout ce que l'âme peut sans le corps est en dehors du domaine d'une psychologie physiologique (*MP* : 81).

C'est ainsi que Lotze laisse ouverte la question du libre arbitre (*MP* : 89-90) et qu'il maintient l'indépendance des fonctions psychiques supérieures – ainsi, d'ailleurs, que l'indépendance du rire à la vue d'une scène comique, qui, selon lui, pourrait bien être un exemple de phénomène psychique non dépendant causalement de la réalité physique (*MP* : 91). C'est ainsi également que Lotze en arrive à prendre au sérieux la possibilité de corrélations psychophysiques non causales au sens de la causalité physique. Rien n'exclut *a priori*, déclare-t-il, la possibilité d'une « communication immédiate », sans intermédiaire corporel, ou encore de « liaisons sympathiques » unissant le psychique au physique de façon non mécanique, comme dans le magnétisme ou la voyance (*MP* : 80 sqq.)[14].

---

[14] Il est possible que cette attitude ait influencé Brentano, qui reconnaîtra lui aussi une certaine justesse à la psychophysique de Fechner tout en rejetant le « dogme » suivant lequel elle devrait s'appliquer à toutes les couches de la vie mentale (cf. Seron,

3. Remarques conclusives

Il y a un sens à rapprocher la psychologie physiologique de Lotze du fonctionnalisme contemporain en philosophie de l'esprit (Milkov, 2006 : 52). Ce que nous dit Lotze, en effet, c'est que la connaissance scientifique, c'est-à-dire relationnelle des phénomènes psychiques n'a pas d'autres choix que de s'appuyer sur la connaissance scientifique des phénomènes physiques, ou plus précisément que la psychologie tire sa scientificité de l'interaction psychophysique sans que cela remette en cause la différence psychophysique ni que la psychologie doive pour autant calquer ses méthodes sur celles des sciences naturelles.

En un autre sens, pourtant, l'approche qu'il préconise sur le problème esprit-corps peut sembler inverse de celle défendue par bon nombre de philosophes de l'esprit actuels. D'abord, Lotze défend une métaphysique spiritualiste suivant laquelle l'ontologie de la psychologie est ultimement psychique comme l'est aussi celle des sciences naturelles. Un enseignement profond de la psychologie de Lotze est ainsi que la supériorité épistémologique de l'explication naturaliste n'est pas un argument valide pour le matérialisme métaphysique. Peut-être le caractère épistémologiquement subjectif de la psychologie mentaliste est-il rédhibitoire, mais cela n'implique pas que notre ontologie doit être ultimement matérialiste.

Ensuite, de manière pas forcément absurde, Lotze défend l'idée que ce ne sont pas les entités mentales qui sont problématiques de telle manière que la psychologie mentaliste aurait, au mieux, une valeur heuristique et non explicative. À l'inverse, c'est la réalité physique qui est problématique et c'est la psychologie matérialiste qui est un expédient heuristique. Or, cette *problématisation de la réalité physique* – qui marque assurément une certaine tradition philosophique allant de Descartes à Husserl en passant par Brentano et le néokantisme – a plausiblement certains avantages sur le naturalisme robuste aujourd'hui dominant en philosophie de l'esprit. Ou du moins elle attire l'attention sur le fait que l'explication en termes de processus cérébraux ou comportementaux n'est pas forcément moins hypothétique ni moins dogmatiquement illusoire que l'explication mentaliste.

Une conséquence de cette idée est que la psychologie lotzéenne conjugue assez acrobatiquement un spiritualisme spéculatif avec un empirisme de fait. Si l'on met entre parenthèses tout ce qui dans la psychologie lotzéenne relève de la métaphysique spiritualiste, alors on obtient quelque chose d'assez proche de la psychologie de Brentano,

---

2012 : 353 sqq.). Sur le rôle de Lotze dans les rapports entre Brentano et Fechner, cf. l'excellente analyse d'Albertazzi (2006 : chap. 3).

mais aussi, plus largement, quelque chose qui est à proprement parler une phénoménologie. Or c'est bien Lotze lui-même qui, du moins jusqu'à un certain point, opère cette mise entre parenthèses de la métaphysique – pour des raisons pragmatiques. Ce qui suggère une certaine subordination épistémologique de la métaphysique aux sciences empiriques, et doit en tout cas nous amener à nuancer les lectures trop strictement métaphysiques de la psychologie lotzéenne (Schoen, 1901 : 197 sqq. ; Boring, 1950 : 261-270)[15]. Le questionnement à la base de la psychologie physiologique de Lotze n'est pas un questionnement métaphysique sur la nature de l'âme, de la substance psychique, mais d'abord un questionnement épistémologique portant sur la méthode à employer en vue de décrire ou d'expliquer les phénomènes psychiques (Pester, 1997 : 23).

Sans doute, la psychologie lotzéenne ne peut qu'apparaître assez équivoque, écartelée entre un projet analytique et expérimental, de style moderne, et un projet métaphysique. D'un côté l'âme est, de fait, un objet de métaphysique ; de l'autre, le progrès et l'état actuel de la science psychologique exigent que nous nous tournions vers les phénomènes psychiques distincts des phénomènes physiques. Mais pourquoi le psychologue, après tout, ne pourrait-il pas se passer de métaphysique ? Cette question est au cœur de l'argument de Brentano contre la conception lotzéenne de la psychologie dans la *Psychologie du point de vue empirique*. Si Brentano définit contre Lotze la psychologie comme une science des phénomènes psychiques, et non de l'âme, c'est précisément parce qu'il juge inutiles les présupposés métaphysiques de la psychologie lotzéenne : « Peut-être les deux définitions sont-elles correctes. Mais il subsiste alors entre elles cette différence que l'une renferme des présuppositions métaphysiques dont l'autre est affranchie » (Brentano, 1973 : 27). En d'autres termes, il est préférable de mettre entre parenthèses le spiritualisme et de se limiter à la consigne empiriste. Or, la psychologie descriptive de Lotze, comme celle de Brentano, est *aussi* une théorie des phénomènes psychiques, bien qu'elle le soit, pour ainsi dire, à contrecœur.

Bibliographie

Albertazzi, L., *Immanent Realism. An Introduction to Brentano*, Dordrecht, Springer, 2006.

Boring, E.G., *A History of Experimental Psychology*, 2e éd., Appleton-Century-Crofts, New York, 1950.

Brentano, F., *Psychologie vom empirischen Standpunkt*, Hamburg, Meiner, 1973.

---

[15] (Solies, 2008) voit dans ce fait une convergence significative entre Lotze et Fechner, à côté de leur rejet du matérialisme réductionniste.

–, « Vom Sinnesraum », in *Untersuchungen zur Sinnespsychologie*, Hamburg, Meiner, 1979, p. 164-175.

Brett, G.S., *A History of Psychology*, vol. 3, *Modern Psychology*, London, Allen & Unwin, 1921.

Fechner, G., *Nanna oder über das Seelenleben der Pflanzen*, Leipzig, 1848.

–, *Zend-Avesta oder über die Dinge des Himmels und des Jenseits. Vom Standpunkt der Naturbetrachtung*, 3 vols., Leipzig, 1851.

–, *Elemente der Psychophysik*, vol. 1, Leipzig, Breitkopf und Härtel, 1860.

Freuler, L., *La crise de la philosophie au* XIXe *siècle*, Paris, Vrin, 1997.

Gregory, F., *Scientific Materialism in Nineteenth Century Germany*, Dordrecht, Reidel, 1977.

Hartung, G., « Le *Mikrokosmos* de Hermann Lotze et le discours anthropologique en Allemagne au XIXe siècle », in *Revue Germanique Internationale*, n° 10/2009, p. 97-110.

Krestoff, K.K., *Lotze's metaphysischer Seelenbegriff*, Halle, E. Karras, 1890.

Lange, F.A., *Geschichte des Materialismus und Kritik seiner Bedeutung in der Gegenwart*, vol. 2, 7e éd., Leipzig, Baedeker, 1902.

Lotze, R.H., « Seele und Seelenleben », in *Handwörterbuch der Physiologie mit Rücksicht auf physiologische Pathologie*, Braunschweig, Vieweg, vol. 3, 1re partie, 1846, p. 142-264.

–, *Medizinische Psychologie oder Physiologie der Seele*, Leipzig, Weidmann'sche Buchhandlung, 1852 ; tr. fr. A. Penjon, *Principes Généraux de Psychologie Physiologique*, Paris, Germer Baillière, 1876.

–, *Mikrokosmus. Ideen zur Naturgeschichte und Geschichte der Menschheit. Versuch einer Anthropologie*, Leipzig, S. Hirzel, vol. 1. *Der Leib, die Seele, das Leben*, 1856.

–, *System der Philosophie*, Leipzig, S. Hirzel, 2e partie : *Drei Bücher der Metaphysik (Ontologie, Kosmologie und Psychologie)*, 1879.

–, *Grundzüge der Psychologie*, Leipzig, S. Hirzel, 1881.

Milkov, N., « Hermann Lotze's Microcosm », in Tymieniecka, A.-T. (ed.), *Islamic Philosophy and Occidental Phenomenology on the Perennial Issue of Microcosm and Macrocosm*, Dordrecht, Springer, 2006.

Orth, E.W., « Rudolf Hermann Lotze : Das Ganze unseres Welt- und Selbstverständnisses », in Speck J. (Hrsg.), *Grundprobleme der Großen Philosophen. Philosophie der Neuzeit IV*, Göttingen, Vandenhoeck & Ruprecht, 1986, p. 9-51.

Pester, R., *Hermann Lotze. Wege seines Denkens und Forschens. Ein Kapitel deutscher Philosophie- und Wissenschaftsgeschichte im 19. Jahrhundert*, Würzburg, Königshausen & Neumann, 1997.

Powers, J.H., *Kritische Bemerkungen zu Lotzes Seelenbegriff*, Göttingen, Kästner, 1892.

Riedel, W., « Homo Natura ». *Literarische Anthropologie um 1900*, Berlin, De Gruyter, 1996.

Seron, Denis, « The Fechner-Brentano Controversy on the Measurement of Sensation », in Tanasescu, I. (ed.), *Franz Brentano's Metaphysics and Psychology*, Bucarest, Zeta Books, 2012, p. 344-367.

Schoen, H., *La métaphysique de Hermann Lotze, ou la philosophie des actions et des réactions réciproques,* Paris, Fischbacher, 1901.

Solies, D. « Fechners und Lotzes Projekt einer "Induktiven Metaphysik" », in Kozljanic, R.J. (Hrsg.), *Jahrbuch für Lebensphilosophie*, vol. 4 : *Lebensphilosophische Vordenker des 18. und 19. Jahrhunderts*, München, Albvnea Verlag, 2008, p. 103-114.

Sullivan, D., « Hermann Lotze », in *The Stanford Encyclopedia of Philosophy* (éd. sept. 2010), http://Plato.Stanford.edu/entries/Hermann-Lotze/.

Thomas, E.E., *Lotze's Theory of Reality*, London, Longmans, Green & Co, 1921.

Weber, E.-F., « Tastsinn und Gemeingefühl. Über die Umstände, durch welche Man geleitet wird, Manche Empfindungen auf äußere Objekte zu beziehen », in Wagner, R. (Hrsg.), *Handwörterbuch der Physiologie*, III, 2, 1846, p. 481-588.

Woodward, W.R., « Lotze, the Self, and American Psychology », in *Annals of the New York Academy of Sciences*, 291 (1977), p. 168-177.

La théorie des signes locaux de Hermann Lotze et la controverse empirisme-nativisme au XIXe siècle

Denis F<small>ISETTE</small>

Université du Québec à Montréal, Montréal (Canada)

La théorie des signes locaux de Hermann Lotze représente sa contribution principale au problème de la perception de l'espace. Bien que Lotze n'ait jamais élaboré une théorie en bonne et due forme des signes locaux et que sa conception a évolué entre son hypothèse initiale en 1846 jusque dans ses derniers travaux en 1881[1], sa conception des signes locaux a exercé énormément d'influence sur les principaux artisans de la nouvelle psychologie au XIXe siècle, et notamment sur Hermann von Helmholtz, Wilhelm Wundt, Ernst Mach et son collègue à Prague le physiologiste autrichien Ewald Hering (cf. Ribot, 1879 ; Ackerknecht, 1904 ; Woodward, 1978). Elle a servi de fil conducteur à son étudiant Carl Stumpf dans un ouvrage dédié à Lotze et publié en 1873 sous le titre *Sur l'origine psychologique de la représentation de l'espace*, dans lequel il commente la fameuse controverse opposant notamment Helmholtz et Hering sur la perception de l'espace. Cet ouvrage de Stumpf présente un intérêt particulier pour la présente étude non seulement parce qu'il représente un exposé remarquable de la théorie des signes locaux de Lotze et de la fameuse controverse opposant le nativisme à l'empirisme, mais aussi en raison de l'influence qu'il a exercée sur la phénoménologie naissante.

Rappelons d'abord que Stumpf doit une partie de sa formation à Franz Brentano avec qui il entreprit ses études en philosophie à Würzburg en 1867. Mais puisque Brentano n'était pas encore habilité à assurer la direction de ses étudiants, il recommanda à Stumpf et plus tard à Anton Marty de se rendre à Göttingen afin de poursuivre leur formation auprès de Lotze. C'est donc sous la direction de Lotze que Stumpf a soutenu

---

[1] Lotze élabore différents aspects de sa théorie des signes locaux dans plusieurs ouvrages dont les plus importants sont les suivants : (Lotze, 1846 : 172-190 ; 1852 : 325-352 ; 1856 : 330-347 ; 1879 : 543-573 ; 1881 : 26-38 ; 1873 : 315-324 ; 1877 : 345-365).

avec succès sa dissertation sur Platon en 1868 et sa thèse d'habilitation sur les axiomes mathématiques en 1870. Il devient alors, à l'âge de 22 ans, *Privatdozent* à l'Université de Göttingen et collègue de Lotze jusqu'à son départ en 1873 alors qu'il hérite de la chaire de Brentano à Würzburg. Cette date marque le début d'une longue carrière universitaire qui a duré presque cinquante années dans les universités prestigieuses telles que Prague, Halle, Munich et surtout Berlin où il s'est imposé tant sur le plan institutionnel, philosophique que scientifique (cf. Fisette, 2008 ; 2015).

Dans son discours inaugural à l'université de Berlin en 1895, Stumpf compare l'influence qu'il a reçue de Brentano et de Lotze durant ses années d'étude à Würzburg et Göttingen à une époque où les grands systèmes spéculatifs étaient en déclin tandis que l'orientation empirique était de plus en plus valorisée :

> Franz Brentano m'a indiqué cette voie et m'a aussi fourni, grâce à sa connaissance fine et érudite d'Aristote, des suggestions décisives et détaillées de même que les germes de plusieurs idées ; alors que l'influence plus tardive de Lotze m'a transmis en particulier l'intérêt pour les objets psychologiques et l'habitude des fondations élargies (Stumpf, 1895 : 735).

Bien que ses études à Würzburg auprès de Brentano aient été relativement courtes comparativement à la durée de ses études et de son séjour à Göttingen auprès de Lotze, le germe de la plupart de ses idées philosophiques est à chercher dans l'enseignement qu'il a reçu de Brentano à Würzburg. Ce qui ne veut pas dire que Lotze n'était pas également une source d'inspiration importante pour Stumpf, comme le confirme le mémoire publié par Stumpf dans les *Kant-Studien* à l'occasion du centenaire de la naissance de Lotze. Il explique que si Brentano a pu lui recommander de poursuivre ses études auprès de Lotze, c'est entre autres choses en raison de l'approche scientifique qu'il préconisait en philosophie :

> Parmi les professeurs allemands de philosophie, aucun ne pouvait être mis même approximativement au même rang que lui si, comme Brentano lui-même, on considérait la méthode de la pensée dans les sciences de la nature comme exemplaire pour la philosophie et un contact étroit avec les sciences de la nature comme la condition d'une pratique efficace de la philosophie (Stumpf, 1917 : 2).

Dans « La renaissance de la philosophie », la philosophie de Lotze se présente comme l'antithèse des grands systèmes idéalistes et Stumpf lui assigne une place centrale dans ce segment de l'histoire de la philosophie. Il y distingue en effet deux voies ou orientations prises par la philosophie au XIXe siècle, la première étant associée, comme il se doit, à l'idéalisme kantien, tandis que la seconde, qu'il appelle *Erfahrungsphilosophie*, commence avec Lotze qui « a pénétré, avec une acuité extraordinaire, les problèmes philosophiques dans toute leur profondeur » (Stumpf, 1907 : 165). Stumpf soutient que seule la voie ouverte par Lotze peut conduire à une véritable renaissance de la philosophie.

C'est durant son séjour à Göttingen que Stumpf entreprend la rédaction de son *Raumbuch*. Dans son autobiographie, Stumpf raconte qu'il avait d'abord entrepris en 1870 de vastes recherches sur l'histoire de la notion de substance, projet qu'il abandonna en 1872 au profit de son étude sur la perception de l'espace :

> Le premier travail important que j'entrepris fut l'histoire critique du concept de substance, qui me donna d'épouvantables maux de tête et que j'abandonnai pour m'attaquer, à Pâques de 1872, au thème psychologique de l'origine de la représentation de l'espace. Je croyais (et crois encore) que la relation entre la couleur et l'étendue était à concevoir comme un exemple frappant ou un *analogon* de la relation que la métaphysique admettait entre les propriétés d'une substance. D'où la connexion entre le thème nouveau et mon travail ancien (Stumpf, 1924 : 8).

Suivant cette indication, le lien entre le thème psychologique, c'est-à-dire l'origine de la représentation de l'espace, et le thème ontologique dans le *Raumbuch* est à chercher dans la théorie des touts et des parties sur laquelle est fondée la position de Stumpf dont il sera question plus loin. Dans son ouvrage posthume *Erkenntnislehre*, Stumpf explique que la notion de partie psychologique s'est imposée à lui dans ses recherches sur l'histoire de la notion de substance et qu'elle est aussi redevable à Brentano comme le confirme également une note de son ouvrage posthume (1939 : 183 ; et 24) dans laquelle Stumpf nous apprend en outre qu'il a adopté cette position au moment où la première partie de l'ouvrage était déjà chez l'imprimeur et que c'est sous l'influence de Brentano qu'il aurait alors abandonné sa position initiale, qui était proche de celle de Lotze, voire même de l'empirisme qu'il critique dans la deuxième partie de l'ouvrage. Il n'en reste pas moins que les connaissances acquises par Stumpf dans le domaine de la psychologie scientifique – il n'a jamais suivi les leçons de Brentano sur la psychologie – et l'intérêt qu'il a pris aux débats sur la perception de l'espace sont redevables de ses fréquentations de Lotze durant son séjour à Göttingen.

Ces remarques biographiques sont utiles pour bien comprendre la position que défend Stumpf face au débat opposant le nativisme et l'empirisme sur le problème de l'origine des représentations de l'espace. Rappelons d'abord que cette controverse porte en définitive sur la formation de l'espace (de l'ordre spatial), et plus précisément sur la relation entre l'étendue et les qualités visuelles et tactiles, de même que sur la localisation de ces qualités dans l'espace. La prémisse commune aux empiristes et aux nativistes est que nos sensations diffèrent qualitativement les unes des autres suivant leur lieu d'origine ou suivant le lieu où elles sont produites, et la fonction du signe local consiste précisément à désigner son lieu d'origine ou sa cause. Mais les deux partis ne s'entendent pas sur le type de relation liant l'espace et la qualité ou le signe local avec son lieu d'origine, et sur la nature même des qualités sensorielles et des signes locaux. Pour les nativistes, cette relation entre qualité et étendue est intrinsèque aux contenus sensoriels tandis que les empiristes estiment qu'elle est extrinsèque et de nature judicative ou associative. Kant, Lotze et les empiristes soutiennent que les données immédiates de la conscience sont des sensations brutes, une mosaïque de sensations, tandis que les nativistes y voient des phénomènes organisés et structurés selon des lois structurelles qui leur sont propres. Un empiriste comme Helmholtz, par exemple, conçoit les signes locaux comme de simples marques distinctives dont la signification s'épuise entièrement dans l'interprétation qui l'anime. En revanche, les nativistes estiment que les signes locaux renvoient immédiatement à des différences locales en ce sens que le *contenu* de cette sensation locale nous fournit immédiatement le *lieu* de son origine. Les nativistes admettent donc avec Kant qu'il n'y a pas de qualité sans étendue, mais ils reconnaissent avec les empiristes qu'il n'y a pas d'espace sans qualité ou matériau sensible. Ils admettent en outre que l'espace procède de l'intuition, mais ils estiment que la relation entre qualité et espace n'est pas de nature judicative ou associative, mais qu'elle est inhérente aux contenus sensoriels ou aux phénomènes eux-mêmes.

Cette courte description donne une mince idée de l'ampleur de cette controverse, de son importance historique et de sa portée sur l'histoire de la philosophie en Allemagne durant la deuxième moitié du XIXe siècle. Elle est en bonne partie responsable de la grande division au sein de la nouvelle psychologie entre le courant empiriste, pour reprendre l'expression plus ou moins adéquate de Helmholtz – il vaudrait mieux parler ici d'une forme d'intellectualisme ou de mentalisme comme nous le verrons plus loin ; le courant opposé est issu des travaux de Hering en physiologie, et il passe par l'école descriptiviste de Kirchhoff en physique dont le représentant le plus connu est Ernst Mach, par l'école de Brentano en psychologie, et il aboutit comme on le sait à la psychologie de la forme. Or, c'est justement à ce dernier courant qu'appartiennent les différentes versions de la phénoménologie comprise dans un sens général comme doctrine des éléments ou phénomènes sensibles. Cette phénoménologie a été comprise à l'origine comme une science neutre, comme une espèce de propédeutique à la science en ce sens que son champ d'étude était considéré comme un domaine commun à des sciences comme la physique, la physiologie et la psychologie, par exemple, et que son travail représentait un passage obligé des autres sciences.

Vu sous cet angle, un des enjeux importants de cette controverse concerne peut-être moins l'opposition entre l'empirisme et le nativisme, que celui opposant une forme de constructivisme, commune aux kantiens et aux empiristes et suivant laquelle le donné est un construit (au moyen des catégories de l'entendement ou des lois de l'association) et une approche phénoménologique qui prend sa mesure dans la description du perçu. Cette approche a l'immense avantage de rendre possible une première délimitation du champ d'action de la phénoménologie avant Husserl, et donc d'une phénoménologie comprise dans un sens large.

1. La théorie des signes locaux de Lotze

Dans sa version initiale, l'hypothèse de signes locaux répondait à la question de savoir comment les qualités de couleur sont localisées de manière déterminée dans l'espace, pourquoi un seul et même rouge apparaît tantôt à tel endroit, tantôt à tel autre, et que, en règle générale, les couleurs sont réparties de manière structurée dans le champ visuel. Le problème de la localisation est ainsi de savoir comment des qualités non spatiales, associées avec des points particuliers sur la rétine, permettent à l'œil de distinguer entre des sensations identiques, le même rouge, issu de la stimulation de différents points sur la rétine. Car ces indices permettent bien de distinguer qualitativement deux sensations a et b, mais pour établir une relation spatiale entre ces deux sensations, il doit y avoir dans notre organisation sensible des motifs ou indications qui, suivant l'hypothèse de Lotze, incitent l'âme à « reconstruire la relation spatiale entre les objets a et b, c'est-à-dire de représenter les objets a et b l'un à côté de l'autre » (cf. Lotze, 1852 : 327 sq.).

Ainsi formulé, le problème de la localisation porte sur les conditions qui rendent possible notre représentation des objets dans le même ordre spatial qu'ils occupent à l'extérieur de nous. L'hypothèse des signes locaux repose sur l'idée que les différences spatiales et les relations entre les impressions sur la rétine doivent compenser pour les relations simplement intensives et non spatiales correspondantes entre les sensations, et c'est par un procédé psychologique que l'âme transforme à nouveau ces données intensives en données extensives, c'est-à-dire l'arrangement de ces sensations dans l'espace. Cet arrangement spatial est en fait une « reconstruction » de l'espace, une espèce de représentation mentale qui, sur la base des indications que lui fournissent les signes locaux, rapporte ces données intensives aux objets extérieurs ou à des parties du corps. Ainsi, pour expliquer l'ordre spatial des qualités de couleur dans le sens visuel, qui ne contiennent en soi aucune étendue ou aucun ordre spatial, nous devons présupposer, selon l'hypothèse de Lotze, qu'ils véhiculent certains indices qui nous permettent de déterminer l'ordre initial. Ce sont ces indices que Lotze appelle des signes locaux.

Prenons une configuration formée de trois objets *A*, *B*, *C*, qui se présente comme la figure sensible d'un triangle, ces trois points correspondant aux trois sommets d'un triangle, *A* se situant à gauche de *B* et de *C*, et au-dessus de *A* et de *B*. Ces trois éléments sont perçus grâce à l'action qu'ils exercent sur les places correspondantes de la rétine, soit les stimulations *p*, *q*, et *r*. Mais ces stimulations n'expliquent pas à elles seules comment nous déterminons leur position, car les relations spatiales entre *A*, *B* et *C* disparaissent au moment où les données extensives se transforment en données intensives *p*, *q*, *r*, en supposant, comme le fait Lotze, que les données intensives n'ont pas d'étendue et ne présentent donc aucune propriété spatiale.

Lotze (1856 : 334-5) compare le passage des données extensives aux données intensives au déménagement d'une bibliothèque d'un lieu à un autre. Il existe en effet plusieurs façons d'ordonner et de classer des éléments dans l'espace, et dans le cas de la localisation, le problème est de savoir comment nous pouvons reconstituer l'ordre initial des ouvrages après le déménagement, c'est-à-dire comment nous pouvons assigner une place à chacun des ouvrages, en faisant abstraction de la question de savoir pourquoi cette localisation doit se faire suivant l'ordre initial. Car puisque l'ordre initial disparaît lorsqu'on place les ouvrages dans des cartons, nous avons besoin d'indications pour le reconstituer dans un autre lieu, nous avons besoin d'étiquettes ou de labels, par exemple, qui auraient été accolés à chacun des ouvrages afin de marquer leur position initiale les uns par rapport aux autres. De manière analogue, pour expliquer l'ordre spatial des qualités de couleur dans le sens visuel, qui ne contiennent en soi aucune étendue ou aucun ordre spatial, comme les livres durant le déménagement, nous devons présupposer qu'ils véhiculent certains indices qui nous permettent de déterminer un ordre quelconque, et ce sont ces indices que Lotze appelle des signes locaux. Mais ces indices ne suffisent pas à eux seuls pour déterminer l'ordre initial puisque les ouvrages de la bibliothèque pourraient aussi bien être ordonnés suivant la grosseur, la couleur de leur couverture, suivant la date de leur parution, leur contenu, l'ordre alphabétique du nom de l'auteur, etc. Qu'est-ce qui rend possible la distinction entre telle classification et telle autre ? Dans ces conditions, ne doit-on pas admettre, demande Stumpf, un contenu positif de représentation qui justifierait telle ou telle classification ou plus précisément tel ordonnancement spatial par rapport à tel autre et qui permettrait de distinguer cette forme d'ordonnancement de la forme temporelle, par exemple ? Autrement dit, comment pourrions-nous ordonner spatialement les sensations pures si, comme le pense Kant, elles ne possèdent aucun trait spatial ? Stumpf soutient au contraire qu'il n'y a pas d'ordre ou de relation sans un contenu positif qui les fonde.

Pour expliquer comment, en prenant comme point de départ les seules qualités sensibles, qui ne contiennent en soi aucune étendue ou aucun ordre spatial, comme les livres durant le déménagement, nous pouvons déterminer l'ordre initial, nous devons présupposer dans l'âme un dispositif quelconque qui explique la coordination spatiale des sensations visuelles et tactiles. Autrement dit, le problème de l'espace pour Lotze en est un de *reconstruction* des données extensives à partir des données intensives, et il consiste à « faire renaître tout de nouveau l'image étendue qui s'est effacée, et par conséquent être en état d'assigner à chaque impression la situation relative qu'il lui faut occuper, dans cette image, à côté des autres ». Pour ce faire, nous devons présupposer que ces sensations visuelles et tactiles véhiculent des indices et nous fournissent un guide quelconque « d'après les indications duquel [on] puisse trouver, pour chacune, la place convenable afin que l'image-idée naissante ressemble à l'image-espace évanouie » (Lotze, 1879 : 569). Ces indices sont justement des signes ou des indices qu'il appelle « locaux » parce que les impressions qui les provoquent sont porteuses de leur lieu d'origine dans l'excitation qui en est la cause, de la même manière que la fumée peut servir d'indice à sa cause et renvoyer ainsi au feu.

La métaphore de la lentille utilisée par Lotze dans sa *Métaphysique* traduit parfaitement ce procédé de reconstruction :

> [E]lle condenserait en un seul point indivisible tous les rayons réfléchis par une surface éclairée ; en ce point, il n'y aurait plus à distinguer la position relative des rayons qui s'y trouveraient concentrés et n'y formeraient qu'une clarté unique ; mais au-delà de ce point, les rayons reprendraient leur divergence et dessineraient sur un plan opposé la copie fidèle de la surface donnée. Nous comparons aux rayons qui se dirigent vers la lentille les mouvements nerveux qui tendent à agir sur l'âme ; au point de concentration correspond l'unité de la conscience ; seule la reconstruction dans l'âme des relations d'espace d'abord anéanties diffèrent sensiblement de la divergence des rayons qui n'est que la simple continuation d'un mouvement antérieur (Lotze, 1877 : 346).

La figure suivante, que je tire de l'ouvrage de Pastore (1971), illustre clairement cette métaphore et le procédé de reconstruction.

Figure I
(métaphore de la lentille)

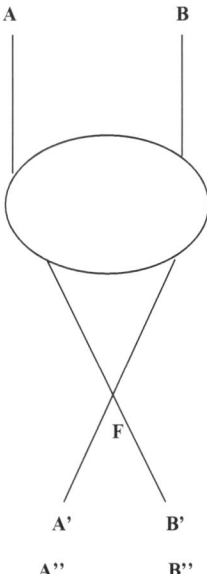

A et B = points des objets extérieurs
F = point de focalisation (où la relation spatiale disparaît)
A' et B' = points images
A" et B" = représentation spatiale de A et B

1.1. Formulation de l'hypothèse des signes locaux

La théorie des signes locaux repose sur deux hypothèses distinctes, soit l'hypothèse physiologique qui concerne les mouvements de l'œil, et l'hypothèse psychologique qui porte sur le rôle des signes locaux dans la représentation et la localisation des objets *dans l'espace.* Suivant l'hypothèse physiologique, le signe local serait le résultat de la combinaison entre la sensation de couleur et les sensations musculaires qui accompagnent les mouvements de l'œil. Pour comprendre cette étrange combinaison entre sensations visuelles et sensations musculaires, quelques remarques élémentaires sur ce processus nerveux suffiront.

Il existe dans la rétine une partie appelée « tache jaune » (ou *fovéa*) qui possède une sensibilité à la lumière bien supérieure aux autres parties situées en périphérie, qui sont moins sensibles à la lumière. Lorsque la rétine est affectée par une vive lumière ou un point brillant sur sa partie latérale, le stimulus déclenche non seulement une sensation de couleur mais en même temps et de manière purement mécanique, une tendance à déplacer l'œil de manière à diriger le stimulus vers la vision fovéale ou le point de la plus claire vision. Car l'œil recherche l'excitant qui touche une place latérale de la rétine et pour le voir plus clairement, il déplace la tache jaune à l'endroit de la plus claire vision. Ce mouvement de l'œil est comparable à un mouvement réflexe en ce qu'il est involontaire et n'implique aucune conscience des actions musculaires de l'œil.

Ce mouvement oculaire diffère pour chaque point de la rétine, ou bien suivant la direction du mouvement, ou bien suivant sa grandeur. Appelons X le point central où la vision est la plus claire, p, q, r... les points de la rétine qui sont excités et représentons-nous la rétine comme une surface sphérique. Ainsi, pour amener le point X à la place du point p, nous devons supposer une rotation de l'œil, X_p, qui est différente de toute autre rotation, provoquée par l'excitation q ou r, qui occasionnent les mouvements de rotation X_q et X_r par exemple. Tous ces mouvements sont différents les uns des autres tant par leur grandeur que par leur direction. Par exemple, une excitation qui tombe sur une position latérale p, détermine une rotation de l'œil de la place X à p. Pour chaque point p, l'arc X_p diffère de l'arc décrit par X_q, X_r, etc., et tous ces mouvements, décrits par les arcs X_p, X_q et X_r, ne diffèrent les uns des autres que par la grandeur et la direction. Par exemple, si les points p, q, r se situent à égale distance de X, ils seront différents quant à leur direction. Pour Lotze, dire que p et q sont éloignés l'un de l'autre « signifie seulement qu'une certaine grandeur de mouvement est nécessaire pour diriger le regard sur l'un ou sur l'autre ; je ne perçois les diverses situations de ces points que précisément comme autant d'excitations à opérer ce mouvement » (Lotze, 1879 : 586). La figure suivant, que je tire également de l'ouvrage de Pastore (1971), illustre clairement les arcs décrits par les mouvements de l'œil.

Tous ces mouvements musculaires diffèrent les uns des autres par un caractère qui leur est propre. Mais puisque l'œil ne peut accomplir qu'un seul mouvement à la fois, pour rendre compte du fait que nous pouvons percevoir simultanément différentes locations ou points dans le champ visuel, le mouvement *réel* de l'œil ne peut suffire. C'est pourquoi Lotze a recours à l'hypothèse d'une « tendance au mouvement » qui est déclenchée par l'impression d'une place quelconque sur la rétine et qui est associée à un souvenir d'une opération « qui doit être exécutée pour que les excitations plus faiblement senties sur p et q donnent lieu à la plus claire et la plus forte perception » (Lotze, 1879 : 584).

Figure II

Arcs décrits par les mouvements oculaires

Œil stationnaire

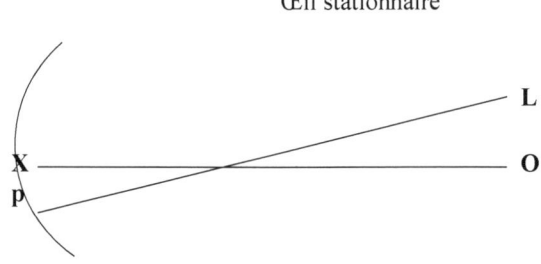

Œil en mouvement

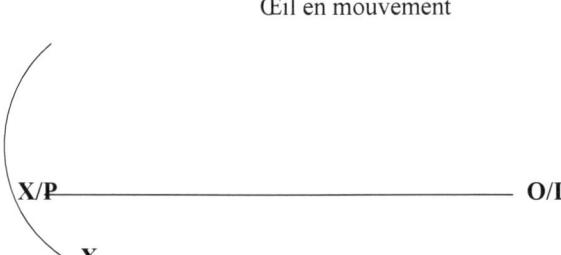

X = Fovea ou point de la plus claire vision
L = Point lumineux
P = Point de la rétine stimulé par L
X-O = État stationnaire de l'œil (avant l'effet exercé par L)
X_p = L'arc décrit par le mouvement de l'œil pour amener la tache jaune X au point p où elle est stimulée

Ceci dit, ces mouvements oculaires et directions du regard ne sont pas des actes volontaires, ce sont des phénomènes physiques qui n'impliquent en définitive que le système nerveux. Or pour rendre possible la localisation, ces mouvements doivent agir de quelque manière sur nos états psychiques qui sont indispensables à la localisation. D'où *l'hypothèse psychologique* suivant laquelle ce sont les impressions que font naître ces mouvements ou les sentiments accessoires qui, à proprement parler, sont les véritables signes locaux. Stumpf l'a qualifié de théorie des stimulants psychiques parce que ces mouvements musculaires « causent, comme l'écrit Lotze, dans chaque fibre nerveuse, une impression accessoire particulière qui, pour chaque fibre, diffère de celle qu'éprouve toute autre, et s'unit, sous la forme d'une association, avec l'impression principale dépendante de la qualité de l'excitation, de sorte – par conséquent, – qu'aucune des deux n'altère la nature et le coloris spécifique de l'autre » (Lotze, 1879 : 571).

Ainsi, chaque stimulation produit, en plus d'une sensation de couleur, une sensation accessoire qui est indépendante de la couleur et de la nature de la place excitée sur la rétine. Cette impression locale π, χ, ρ est associée à une impression de couleur, par exemple à la couleur jaune J, de telle sorte que J_π signifie un jaune qui agit sur le point π, J_χ signifie le même jaune qui, selon le cas, agit sur le point χ, et ainsi de suite. Ces impressions associées accessoirement fournissent en retour l'indice à partir duquel elle transpose le même jaune tantôt à un endroit, tantôt à un autre. Mais ces impressions accessoires doivent être complètement différentes de l'impression dominante (la couleur jaune) et elles doivent aussi différer les unes des autres de manière à ce que nous puissions assigner une place déterminée, à l'aide du signe local, à chaque impression individuelle d'un ensemble d'impressions données $p, q, r...$

Par ailleurs, toutes les excitations A, B, C, qui touchent les parties de la peau ou de la rétine p, q, r, sont combinées avec des impressions accessoires π, χ, ρ, qui sont les signes locaux, π désignant la série entière des perceptions $\pi_0 \pi_1 \pi_2 ...$ qui se succèdent durant la rotation de l'arc X_p. Ces impressions accessoires diffèrent les unes des autres et elles appartiennent à un système de signes, de telle sorte que pour chaque impression donnée, on puisse leur assigner, à l'aide d'un signe local, un lieu défini parmi tous les autres pour ainsi les localiser. Comme l'explique Lotze : « C'est de la combinaison des excitations de la rétine avec ces impressions inconscientes que leur associent dans l'âme les tendances au mouvement, qu'il faut déduire la coordination des points dans notre champ visuel » (Lotze, 1852, § 328). Cette coordination dans le champ visuel est assurée par un système de signes locaux qui émerge, en quelque sorte, d'un système de mouvements musculaires de l'œil, plus précisément de sensations de mouvement qui, elles, sont directement responsables de notre représentation des lieux (cf. Lotze, 1852 : § 291 et Ribot, 1879 : 85-87).

2. Les signes locaux et la controverse nativisme-empirisme

L'originalité de la théorie de Lotze par rapport à celles de ses prédécesseurs réside entre autres choses dans deux hypothèses qui ont servi de base aux recherches sur la motricité durant la deuxième moitié du XIXe siècle. La première est la nature réflexe des mouvements de l'œil qui fournissent les signes locaux, c'est-à-dire l'appareil réflexe de l'œil qui répond aux stimuli de lumière dans la périphérie du champ visuel. Cette conception réflexe des mouvements s'est imposée à Lotze parce qu'il croyait que la relation entre la sensation de couleur et les mouvements de l'œil était établie dans le système nerveux et que les mouvements réflexes pouvaient lui fournir un système stable de signes locaux. Le deuxième trait distinctif de cette théorie est qu'elle remplace les mouvements actuels de l'œil par des tendances au mouvement (cf. Scheerer, 1984).

En adoptant une version de la théorie des signes locaux de Lotze, Helmholtz et Wundt ont aussi repris ces deux hypothèses sur la motricité. Helmholtz estime en effet que les sensations visuelles et tactiles diffèrent des autres sensations non seulement par leur intensité et leur qualité (couleur), mais encore par leur signe (local). Wundt, pour sa part, soutient dans sa *Psychologie physiologique* que l'intuition de l'espace et nos représentations les plus originaires de l'espace résultent de notre représentation du mouvement. Mais puisque la représentation du mouvement n'explique pas à elle seule notre capacité de localiser les objets dans l'espace lorsque l'organe tactile est au repos, elle doit être combinée avec la théorie des signes locaux de Lozte (cf. Lotze, 1879 : 592 sur les signes locaux tactiles). L'hypothèse de Wundt se ramène donc à l'idée que notre représentation de l'espace résulte en fait de la synthèse par association des sensations du mouvement et des signes locaux. D'où le privilège qui revient dans sa psychologie aux représentations tactiles et aux représentations de mouvement sur toutes les autres représentations sensorielles et l'importance qu'il accorde à la localisation tactile dans sa propre théorie des signes locaux.

Ceci dit, la controverse nativisme-empirisme par laquelle Helmholtz caractérise son différend avec Hering porte sur le thème plus général de la perception sensible. En première approximation, ce débat porte sur la question de savoir si la perception de l'espace est acquise par apprentissage et au moyen d'opérations mentales, comme le soutiennent les empiristes, ou si cette capacité est inhérente à la structure même de l'expérience sensible, comme le veulent les nativistes. Pour bien comprendre les enjeux de ce débat, une brève présentation des grandes lignes de la théorie empiriste de la perception s'impose (voir figure III).

Figure III
Théorie classique de la perception

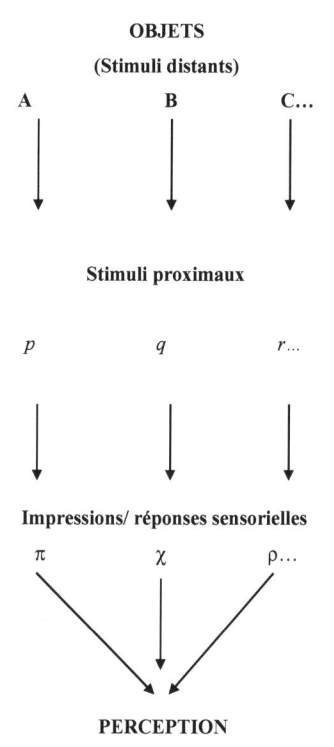

OBJETS
(Stimuli distants)

A   B   C...

Stimuli proximaux

p   *q*   *r*...

Impressions/ réponses sensorielles

π   χ   ρ...

PERCEPTION
(Associations, inférences ou chimie mentale)

Les stimuli distants désignent ici les objets de notre environnement, et plus précisément les propriétés physiques de ces objets (la distance, la position dans l'espace, le volume, la forme, etc.) qui affectent notre vision au moyen de la lumière qu'elles réfléchissent sur les récepteurs de la rétine. L'énergie de lumière ou de son qui agit directement sur nos organes sensibles produit des stimuli proximaux. Cette notion désigne l'image ou pattern de la rétine qui contient des indices qui renvoient aux propriétés des objets physiques et de leur environnement. La lumière, qui est réfléchie par le stimulus distant devant l'œil, passe par le foyer de la lentille de l'œil et agit sur les cellules sensibles à la lumière sur la rétine située derrière l'œil. L'image ainsi projetée sur la rétine et qu'on appelle aussi un pattern de stimulation est analysée par les récepteurs sensoriels et ce qu'on appelle aussi le processus d'encodage, qui produit la réponse sensorielle.

Après Lotze, Helmholtz soutient que les sensations visuelles et tactiles ne diffèrent pas seulement des autres sensations par leur intensité et leur qualité (couleur), mais qu'elles présentent une troisième différence, qui dépend de la partie de la rétine ou de la peau qui est affectée et qu'il appelle un signe (local). D'où le premier principe de l'empirisme de Helmholtz, qu'il formule de la manière suivante : « *Les sensations sont, pour notre conscience, des signes dont l'interprétation est livrée à notre intelligence* » (Helmholtz, 1867 : 797). Pour Helmholtz, les sensations sont comparables à des signes qui renvoient à des propriétés spatiales ou temporelles du monde extérieur, mais ces signes doivent être interprétés et cette interprétation doit être acquise au moyen de l'expérience. Ces signes n'acquièrent donc un rapport à l'espace que par une interprétation psychologique. Aux conditions physiologiques de la localisation s'ajoutent donc les *conditions psychologiques* qui, dans la figure III, rendent possible le passage des données sensorielles à la perception proprement dite et permettent ainsi de combler le fossé entre les sensations brutes et la perception des objets du monde. Ainsi, la tâche de cette partie de la physiologie optique que Helmholtz appelle psychologie est d'étudier les processus par lesquels les sensations non spatiales sont combinées pour former des représentations de l'espace. C'est ce qu'on appelle la théorie de la projection : les images perceptuelles des objets sont projetées dans l'espace au moyen de processus mentaux. Ces processus sont à concevoir, comme l'explique Helmholtz dans son *Handbuch* (Helmholtz, 1867 : 447, 453), sur le modèle des inférences dans la logique de J. S. Mill dont l'idée d'une « chimie mentale » a aussi influencé Wundt. Supposons une sensation donnée de lumière dans certaines fibres du mécanisme nerveux de la vision. Voir un objet lumineux dans notre champ de vision serait le résultat d'une inférence qui nous permet de conclure, sur la base d'une telle sensation donnée, à l'existence d'un objet dans notre champ de vision. Ces inférences sont inconscientes et de nature inductive, tandis que ces inductions sont fondées sur la loi de la causalité.

Le différend qui oppose Helmholtz à Hering porte justement sur le recours à ces éléments psychologiques dans l'explication de la perception sensible. Ce problème ressort clairement dans la théorie des couleurs qu'il est maintenant convenu d'appeler la théorie Young-Helmholtz. Helmholtz a montré qu'en choisissant un ensemble de trois longueurs d'onde correspondant à celles des couleurs rouge, vert et bleu, nous pouvions, en les combinant selon différentes proportions, produire n'importe quelle autre couleur. Ce procédé permettait de simplifier considérablement le travail de la physiologie en la réduisant à l'étude de la manière dont nous percevons ces trois couleurs. Il était ensuite possible d'expliquer tout le reste à l'aide des combinaisons possibles entre ces trois éléments de base, et c'est justement ce qu'a cherché à faire

Helmholtz. Selon lui, il y aurait trois types de fibres nerveuses dans l'œil. L'excitation d'un type produirait la sensation de rouge, la seconde de vert et la troisième de bleu. La lumière exciterait tous ces trois types de fibres avec une intensité qui varie selon la longueur d'onde de la lumière. Les fibres, qui sont sensibles au rouge, seraient excitées pour la plupart par la lumière de l'onde la plus longue ; celles qui sont sensibles au violet seraient excitées par la lumière de l'onde la plus courte, et ainsi de suite. La question était alors de savoir si cette explication des couleurs pouvait être transposée aux autres qualités du monde de la perception, et d'abord à celles de la taille d'un objet, de sa position, sa distance, sa forme, etc. La réponse est simple : il n'existe aucune « énergie spécifique » au moyen de laquelle nous pourrions rendre compte des caractéristiques spatiales, il n'existe aucune structure anatomique qui soit sensible à la profondeur, à la distance, aux objets et à la forme. Dans ces conditions, la physiologie de l'époque faisait face à l'alternative suivante : ou bien nier qu'il y ait de telles structures anatomiques et adopter le point de vue empiriste qui offrait une option pour combler le fossé entre les organes sensoriels périphériques et le monde des objets ; ou bien rechercher des mécanismes sensoriels et faire le pari qu'il existe en effet de telles structures pouvant rendre compte de la distance, par exemple. Helmholtz a donc opté pour la première, Hering pour la deuxième option (cf. Turner, 1994).

Ces mécanismes sensoriels, auxquels Hering a recours devant le problème de la localisation des objets dans l'espace et celui de la vision binoculaire, représentent le cœur de ce qu'on appelle sa théorie des valeurs spatiales et rétiniennes. Cette théorie, qui est en fait une autre extension de la théorie de signes locaux de Lotze, veut que la rétine possède des mécanismes physiologiques inhérents pour évaluer la disparité des images et les convertir en perceptions spatiales. Ainsi, chaque point sur la rétine fournit, en plus des sensations de lumière et de couleur, trois sensations d'espace ou trois qualités spatiales sensibles séparées qui sont appelées valeurs spatiales (*Raumwerte*) : une « valeur » de hauteur, de largeur et de profondeur. Ainsi, lorsqu'un point de la rétine est stimulé, nous percevons immédiatement l'image comme étant située en dessous ou au-dessus, à droite ou à gauche, d'un point de fixation, avec la distance de ce point déterminée par la valeur de hauteur et de largeur du point particulier qui est stimulé. Si l'on accepte la théorie de Hering, il faut alors admettre que notre expérience de la distance est aussi immédiate que celle de la couleur rouge, par exemple. Je n'entrerai pas ici dans le détail de la théorie de Hering et ne commenterai pas non plus les réponses de Helmholtz afin de mieux me concentrer sur l'aspect philosophique du débat.

Dans ses remarques préliminaires à *Zur Lehre vom Lichtsinne*, Hering s'adresse directement à Helmholtz et s'oppose à la direction prise par les recherches dans le domaine de la physiologie des sens et dans la physiologie de l'optique de Helmholtz en particulier. Il conteste les termes mêmes de l'opposition par laquelle Helmholtz cherche à caractériser le débat. À propos de la caractérisation de sa théorie de la vision binoculaire en termes de nativisme, Hering remarque au début de son ouvrage qu'elle n'est pas appropriée puisqu'il s'agit alors d'un aspect accessoire de leur opposition. Parce qu'entre le nativisme et l'empirisme, il n'y a qu'une différence de degré tant et aussi longtemps qu'on demeure sur le sol de la physiologie, notamment tant que l'on s'en tient à la méthode physiologique. L'objet principal du litige porte au contraire sur le recours à la psychologie empiriste. C'est ainsi que Hering lui reproche de se commettre à une forme de spiritualisme – entendons par là une forme de mentalisme – en ce qu'il répond par la psychologie à des questions qui, selon Hering, peuvent être traitées avec succès par la physiologie. Comme l'écrit Hering : « ce qu'on ne voulait ou ne pouvait pas rechercher physiologiquement, on l'expliquait depuis une *"Lebenskraft"*, ce qui explique alors qu'à toutes les trois pages d'un traité de physiologie optique figurent, à la manière d'un *deus ex machina*, les mots "âme" ou "esprit", "jugement" ou "inférence", afin de se débarrasser de toutes les difficultés » (Hering, 1878 : 2).

En résumé, la critique de Hering porte sur deux aspects de la théorie de la perception sensible de Helmholtz. Le premier aspect concerne le recours à des inférences inconscientes dans l'explication de phénomènes comme la perception de l'espace que Hering croit pouvoir expliquer en ayant recours uniquement à la physiologie. C'est pourquoi le cœur du litige réside, selon le diagnostic de Hering, dans une différence de méthode : utiliser la nature de l'esprit humain comme principe d'explication dans le domaine de la physiologie, c'est se rendre coupable d'une erreur de catégorie (Hering, 1878 : 4). D'autre part, ne perdons pas de vue que cette critique du mentalisme de Helmholtz n'entraîne aucunement le rejet de toute forme de psychologie dans le domaine de la physiologie. Hering en a d'abord et avant tout contre la psychologie empiriste de l'association et ses postulats sensualistes (sensations brutes), mentalistes (le recours à des processus mentaux), intellectualistes (les processus qui lient perceptions et sensations sont de nature judicative et sont associatifs) et mécanistes (ces processus sont des inférences inconscientes puisqu'ils opèrent sur des sensations non remarquées et sans que le sujet percevant en soit conscient de quelque manière). La psychologie telle que l'entend Hering se compare davantage à ce que Stumpf appelle la phénoménologie dont nous reparlerons plus tard.

3. Stumpf et la théorie des signes locaux

Les deux objections principales que Stumpf adresse à la théorie des signes locaux de Lotze concernent la notion de stimulant psychique et les présupposés métaphysiques dans sa conception générale de l'espace.

3.1. *Critique de la notion de stimulant psychique*

Stumpf soutient en effet que cette sensation auxiliaire de mouvement (*Mitempfindung*), que Lotze conçoit comme un motif incitant l'âme à appliquer sa tendance spatialisante à des contenus individuels de sensation, est, en tant que telle, le signe local du sens visuel dont la fonction est de motiver ou de produire dans l'âme la représentation du lieu déterminé auquel renvoie ce signe (ou son lieu d'origine). La question que pose Stumpf dans son *Raumbuch* porte justement sur le mécanisme par lequel les signes locaux rendent possible la transformation des données intensives en données extensives, c'est-à-dire en représentations locales.

Stumpf (1893) distingue deux versions de la théorie des signes locaux de Lotze. Suivant la première, les mouvements ou tensions des muscles oculaires agiraient comme des stimulants physiques et causeraient une impression inconsciente dans l'âme, laquelle serait directement responsable de la représentation du lieu. D'après cette interprétation, les signes locaux ne seraient en définitive que des phénomènes physiques et le processus de localisation serait comparable aux mouvements réflexes qui opèrent « à notre insu » ou de manière inconsciente (cf. Lotze, 1852 : § 294). Cette interprétation correspond à la version présentée par Lotze dans sa *Psychologie médicale* et elle est rejetée explicitement dans son article de 1877, « De la formation de la notion d'espace », dans lequel il propose une deuxième version de sa théorie. Dans cet article, Lotze écrit : « Ce qui se passe dans les nerfs ne peut servir de mobile qu'à une rotation, c'est-à-dire à un phénomène du monde physique ; les affections psychiques, qui en proviennent, méritent seules le nom de signes locaux, car elles seules *peuvent provoquer la localisation* » (Lotze, 1877 : 72). La question est alors de savoir quelle est la nature de ces affections psychiques et quel est le sens de ce qu'il appelle ici le motif par lequel le signe motive ou déclenche la représentation locale. Dans son commentaire sur cet article de Lotze, Stumpf (1893 : 71) a vu dans ce passage une confirmation de l'interprétation qu'il propose dans son *Raumbuch* et suivant laquelle le signe local de Lotze n'est ni le lieu de la sensation dans l'espace visuel, ni un index local, mais bien la cause psychique de cette localité, c'est-à-dire ce qu'il appelle aussi un stimulant (*Reiz*) psychique. Par stimulant psychique, il entend le processus qui intervient entre les mouvements de l'œil et les représentations de lieu, et Stumpf conçoit cet intermédiaire en termes de stimulation psychique et de causalité psychique (cf. Stumpf,

1873 : 93). Contrairement à la sensation de couleur déclenchée directement par l'excitant physique, il y aurait donc, entre la sensation de lieu et l'excitant physique, un intermédiaire psychique qui agirait, comme dans la causalité physique, en tant que stimulant psychique (et sensation de mouvement), et qui aurait pour conséquence immédiate la représentation d'un lieu déterminé et toujours le même.

Stumpf se demande si l'usage que fait Lotze de la notion de signe local pour désigner à la fois la sensation de mouvement et la cause de la représentation de lieu est approprié. Admettons que le signe local fonctionne comme un signe indicatif (*Merkzeichen*) et qu'il agit à la fois comme renvoi d'un signifiant à un signifié, comme la fumée au feu, et comme motif psychologique dans l'association de la présence de la fumée à l'existence du feu. La connaissance du désigné au moyen d'un signe local reposerait alors sur l'association et la reproduction. Mais, remarque Stumpf (1873 : 95), cette relation diffère d'une relation causale à la fois parce qu'elle est arbitraire (le signe comme les relations associatives entre la fumée et le feu sont arbitraires), ce qui ne convient pas à la relation entre représentation de l'espace et sensation de mouvement qui, suivant la théorie du stimulant psychique, est censée être fixe et toujours la même. D'autre part, si l'on voulait utiliser le modèle de la causalité physique dans le domaine du psychique pour rendre compte de la relation entre les sensations musculaires et la représentation locale, ça ne fonctionnerait pas non plus parce que la relation causale entre le stimulant psychique et la représentation spatiale est univoque en ce sens que le signe ne peut être à la fois cause et effet, effet de stimulations externes et cause de stimulations internes. Or pour que le signe local puisse fonctionner comme une cause, il faudrait qu'il soit non arbitraire et permutable, ce qui ne convient pas à sa vocation initiale.

3.2. *Critique de la présupposition métaphysique dans la théorie de Lotze*

L'hypothèse de Lotze de sensations auxiliaires ou quasi-sensations ne concerne en définitive que la localisation des sensations dans le champ visuel et tactile suivant leur lieu d'origine, mais elle n'explique pas « cet ordre premier des sensations » que présuppose l'hypothèse de signes locaux. Autrement dit, la question à laquelle Lotze cherche à répondre avec sa théorie des signes locaux n'est pas la question métaphysique du statut de l'espace en général, mais bien celle de la localisation des sensations qui, parce qu'elles ne sont pas en soi étendues, présupposent un espace objectif. C'est d'ailleurs ce qu'il reconnaît en distinguant le problème de la localisation (« comment fait l'âme pour assigner dans cette intuition de l'espace, qui lui est nécessaire, à chacune de ses sensations sa place déterminée, en correspondance avec l'objet qui en est la cause ») du problème métaphysique des représentations spatiales qui répond à la question de savoir « pourquoi l'âme arrange la multitude de ses sensations *dans ce cadre de relations géométriques* » et non dans un autre ordre, pourquoi *cette forme* d'intuition et pas une autre (Lotze, 1877 : 352).

Comme l'a bien vu Wundt (1874 : 36 et 1878), si l'hypothèse de Lotze doit pouvoir être utilisée efficacement dans le domaine des représentations de l'espace, nous devons d'abord écarter ses présupposés métaphysiques, c'est-à-dire les présupposés d'un espace kantien compris comme une forme *a priori* du sens externe. Wundt comme la plupart des philosophes et scientifiques après Herbart étaient d'avis que le domaine d'étude qualifié par Kant d'esthétique transcendantale n'est pas un postulat métaphysique vide, mais bien un champ d'investigation commun aux sciences empiriques et à la philosophie. Tel est aussi un des facteurs déterminants dans le développement de la nouvelle psychologie tout comme dans l'émergence de la phénoménologie comprise comme le domaine des phénomènes sensibles.

Stumpf est d'accord avec Wundt sur ce point, mais il ajoute qu'il faut aussi s'attaquer à une autre présupposition que véhiculent le kantisme et l'empirisme de Wundt, à savoir la dichotomie traditionnelle de la forme et de la matière. La matière est définie dans la première *Critique* comme ce qui correspond à la sensation dans le phénomène, tandis que la forme du phénomène correspond à ce qui fait que la multiplicité des phénomènes est ordonnée suivant certaines relations. Stumpf fait valoir que cette distinction épistémologique a nui considérablement au développement de la psychologie et qu'elle est directement responsable de nombreux *Scheinprobleme* dans tous les domaines où elle a été appliquée (cf. Stumpf, 1891). D'un côté, Kant conçoit les sensations comme un matériau informe et non structuré servant de support à l'activité de l'entendement, ce qui revient à dire, comme l'écrit Stumpf, que pour les kantiens « nos sensations ne présentent en soi aucune caractéristique des différences spatiales, par exemple que des couleurs apparaissent ponctuellement et que leur extension en lignes et surfaces serait déjà l'œuvre d'une activité de l'esprit » (Stumpf, 1907 : 186-187). D'un autre côté, l'espace kantien est un principe d'ordonnancement ou un « *cadre de relations géométriques* » imposé à cette multiplicité sensible. Stumpf fait valoir au contraire que l'espace n'est pas à l'origine un principe d'ordonnancement ou de classification parce qu'un tel principe, dans le cas de l'espace, présuppose une représentation plus originaire de l'espace dont le contenu fonde cet ordre spatial.

Un des principes importants que Stumpf oppose au kantisme dans son *Raumbuch* est qu'il n'y a pas d'espace sans qualités sensibles et on ne peut donc pas se représenter l'espace sans une qualité sensible quelconque, comme on ne peut se représenter une qualité quelconque sans une forme. Stumpf vise ainsi le deuxième argument de Kant dans son esthétique transcendantale en faveur de l'origine subjective de l'espace et de son statut de forme subjective, argument suivant lequel nous pouvons nous représenter l'espace sans les qualités, bien qu'il soit impossible de se représenter les qualités sans l'espace. Stumpf conteste le bien-fondé de cette distinction entre qualité et matière en faisant valoir que l'on ne peut absolument pas se représenter l'espace sans la qualité, comme par exemple un carré sans un fond de couleur et « qu'il est impossible de représenter l'espace, l'étendue, la forme sans une qualité sensible quelconque » (Stumpf, 1891 : 483). On peut certes faire abstraction de la qualité comme par exemple dans la formation d'un corps géométrique ; mais il ne s'agit pas alors de la représentation d'un corps qui possède uniquement l'étendue et aucune autre propriété, mais d'un corps dont nous ne prenons en considération que les relations spatiales en faisant abstraction de ses autres propriétés qui n'obéissent pas aux lois de la géométrie. Mais l'espace et les rapports spatiaux ne sont pas séparés et indépendants des qualités – on ne peut se représenter un espace vide (Stumpf, 1873 : § 1). De ce point de vue, l'espace kantien est une abstraction en un double sens : d'abord au sens où il idéalise la conception classique d'un espace sans qualité, homogène, isotrope et infini, et ce par opposition à l'espace sensoriel ou phénoménal qui est indissociable des qualités sensibles et qui est fini. Il est aussi abstrait dans un deuxième sens, à savoir qu'il s'agit d'un *concept* et plus précisément d'une formation conceptuelle qui résulte d'un processus d'abstraction fondé sur la perception sensible. Stumpf soutient en effet que tous les *concepts*, y compris le concept d'espace, sont des *abstracta* qui tirent leur origine de la perception sensible, ce sont des « *entia rationis cum fundamento in re* » (Stumpf, 1939 : 24). Dans cette perspective, l'espace kantien est tout simplement un *abstractum* et pas du tout une intuition, l'espace n'étant pas une forme *a priori* mais plutôt une formation conceptuelle *a posteriori* (cf. Stumpf, 1906 : 73).

4. La position de Stumpf dans ce débat

Comme l'explique Stumpf dans son *Raumbuch*, si l'hypothèse de Lotze a pu faire consensus autant chez les empiristes que chez les nativistes, c'est qu'elle se situe à mi-chemin entre deux positions irréconciliables. C'est ce que montre la classification que propose Stumpf dans cet ouvrage des positions et points de vue sur la localisation et la nature de la représentation de l'espace (cf. Woodward, 1978). Elle se situe à mi-chemin entre l'empirisme et le nativisme en ce que Lotze admet, avec les empiristes, que ce que nous percevons originairement, ce sont des qualités avec intensité différente et qu'on ne peut en dériver les représentations spatiales ; mais il admet aussi, avec les nativistes, que ces dernières ne sont pas le résultat d'un processus associatif. Stumpf estime que si l'on doit pouvoir conserver la théorie des signes locaux de Lotze, c'est au niveau strictement physiologique et à condition d'abandonner l'idée de stimulations psychiques. La position que défend Stumpf dans son *Raumbuch* est en fait la contrepartie psychologique du nativisme de Hering dans le domaine de la physiologie, position que l'on peut qualifier dans les circonstances de nativisme modéré parce qu'elle admet que des processus psychiques interviennent dans la détermination des différences de profondeur, par exemple, et elle s'oppose à un nativisme extrême qui, lui, exclut *a priori* tout recours à quelque processus psychique que ce soit. Mais elle n'a rien à voir avec ce « faux nativisme des idées innées » qui statue sur des facultés innées de l'âme.

Dans son *Raumbuch*, Stumpf pose dès le départ que ce que nous percevons originairement et directement, ce sont ni les sensations, comme le pensent les empiristes, ni l'espace un et infini des kantiens, mais bien le *Sehraum* : « Il y a un espace visuel, à savoir un contenu sensible particulier qui est ressenti directement de la même manière que la qualité de couleur en conséquence du processus nerveux optique et il porte en lui tous les traits caractéristiques que nous attribuons à l'espace » (Stumpf, 1873 : 272). L'espace est compris dans le *Raumbuch* comme un contenu de représentation qui peut être perçu au moyen de plusieurs sens (notamment le sens de la vue et du toucher) et il constitue, avec une qualité sensible (notamment la couleur et le toucher), un contenu inséparable (Stumpf, 1873 : 7). Nous pouvons certes faire abstraction de la couleur et nous pouvons aussi nous représenter une couleur de plus en plus petite, mais tout contenu visuel est déterminé spatialement comme il est aussi déterminé temporellement, qualitativement et intensivement. Dans cette perspective, la manière même de poser la question de l'origine de la perception de l'espace n'est pas, comme le pensaient les kantiens et les empiristes, de savoir comment nous lions espace et qualité sensible, mais bien de savoir de quelle manière nous parvenons à les distinguer. Et contre Lotze, ce ne sont donc pas nos représentations des lieux individuels qui, au moyen de signes indicatifs, seraient coordonnés à l'ensemble du champ visuel, mais bien l'inverse : c'est le champ visuel qui est d'abord représenté et les qualités sont ensuite ordonnées en lui (cf. Stumpf, 1873 : 79 sq., 89, 146). La perception du tout ou du contenu unitaire prime donc sur la perception de ses parties comme un orchestre sur ses instruments, une mélodie sur ses notes, une odeur sur ses parfums ou encore le goût d'un mets quelconque sur ses saveurs.

La position que défend Stumpf dans son *Raumbuch* s'appuie sur l'idée que la couleur et l'étendu forment un tout indissociable qui se fonde sur les relations de dépendance des contenus partiels. Tel est le principe qui guide Stumpf dans sa critique de l'empirisme et du kantisme, comme dans sa défense du nativisme. L'espace et la qualité de couleur forment un seul et même contenu dont ils sont les contenus partiels (*Theilinhalte*). Par « contenus partiels », Stumpf entend « des contenus indépendants [qui] sont donnés là où les éléments d'un complexe de représentation peuvent aussi être représentés, suivant leur nature, de manière séparée ; contenus partiels là où ce n'est pas le cas ». Stumpf distingue deux grandes classes de relation entre les contenus de représentation : la classe des contenus indépendants, comme la couleur et le son qui sont des qualités spécifiques à des sens différents ; et la classe des relations de dépendance dont les termes, comme la qualité et l'étendue, ne peuvent être représentés de manière séparée. Les *relata* d'une relation de dépendance « ne peuvent, suivant leur nature, exister séparément les uns des autres, ils ne peuvent être représentés séparément » (Stumpf, 1873 : 114). Autrement dit, on ne peut percevoir un contenu purement qualitatif (couleur, son) ou quantitatif (intensité), c'est-à-dire une substance sans attributs. Le critère le plus simple pour distinguer ces deux classes de relation réside dans la possibilité, dans le cas d'une relation d'indépendance, de nous représenter séparément deux contenus comme l'étendue et la couleur, par exemple, soit en imagination, soit au moyen de l'expérimentation. Lorsqu'on réussit à se représenter deux contenus séparément, comme lorsque nous avons affaire à des sensations appartenant à des champs sensoriels différents, ce sont alors des contenus indépendants ; dans le cas contraire, ce sont des contenus dépendants. Mais ces relations de dépendance ne sont ni associatives, ni sommatives, ce sont des relations *nécessaires* qui obéissent à ce qu'il appelle des lois de structure. Et ces relations ne sont pas des concepts, catégories ou *Denkformen* a priori imposés aux sensations de l'extérieur par un acte ou une opération mentale quelconque, elles appartiennent intrinsèquement aux phénomènes sensibles.

L'espace senti originairement a trois dimensions. Chaque contenu spatial que nous représentons est nécessairement représenté dans une certaine distance ou profondeur. Ce qu'on appelle direction d'un point vue en rapport à la profondeur est son lieu au sein d'une surface vue en profondeur (Stumpf, 1873 : § 12). Notre représentation de l'espace présuppose en outre un rapport à un certain centre naturel, qui lui est extérieur, et ce centre naturel n'est rien d'autre que la position du corps propre. Ainsi, la distance, le lieu, la grandeur, la direction d'un objet ou encore dans les déterminations du « l'un à côté de l'autre », de la droite ou la gauche, etc. présupposent toujours une relation à la position locale du corps propre (Stumpf, 1873 : 180). Cette relation n'est pas rajoutée, mais elle est nécessairement et originairement inhérente à la détermination individuelle du lieu et elle ne peut donc pas être séparée de sa représentation. Cependant, la profondeur perçue et l'évaluation précise de la distance requièrent l'apport du concept et d'opérations psychiques que Stumpf appelle des fonctions.

Remarques finales

Au tout début de cette étude, j'ai suggéré que cette controverse sur la perception de l'espace a mis en place les conditions propices au développement de la jeune phénoménologie. Pour terminer, je voudrais étayer ce point à l'aide de quelques remarques de Stumpf et de son étudiant Husserl qui vont dans ce sens. Ma première remarque concerne l'origine de la méthode phénoménologique et elle est tirée des Conférences d'Amsterdam de Husserl dans lesquelles il affirme que sa phénoménologie peut être comprise comme « une certaine radicalisation d'une méthode phénoménologique développée et pratiquée auparavant déjà par certains chercheurs des sciences de la nature et certains psychologues » (Husserl, 1962 : 302). Husserl indique au même endroit deux *Naturforscher* qui auraient pratiqué la méthode phénoménologique, soit Ernst Mach et Ewald Hering, de même que Brentano (Fisette, 2009b ; 2010). La thèse de l'origine de la méthode phénoménologique chez Mach et surtout Hering a aussi été défendue par Stumpf qui a utilisé lui aussi le terme « phénoménologie » pour désigner le domaine d'étude des éléments ou phénomènes sensibles, et il attribue lui aussi la paternité de cette méthode phénoménologique à Hering. Dans la deuxième section de son article de 1917 sur les attributs du champ visuel, Stumpf attribue à Hering le mérite d'avoir introduit la méthode phénoménologique dans le domaine de la perception sensible : « Si quelque chose doit valoir de manière complète et définitive quant aux efforts de Hering, c'est l'exigence d'un point de départ psychologique, voire phénoménologique, dans la théorie des couleurs. La clarté de ses développements concernant l'ingérence néfaste du point de vue physicaliste dans la description des phénomènes sensibles demeure à jamais exemplaire » (Stumpf, 1917 : 7).

Le point de départ de Hering dans la description des *Sehdinge* ou phénomènes sensibles n'est pas arbitraire puisqu'il représente un domaine propre de recherche. La science ou la discipline qui sert de propédeutique à la science et dont la tâche consiste dans l'étude de ce domaine est justement cette phénoménologie qui se définit comme l'analyse des phénomènes sensibles dans ses éléments derniers. Ce domaine d'étude représente le point de départ commun à toutes les sciences, et il s'oppose au point de départ physicaliste dans les stimulations (*Reize*) extérieures, comme le préconise Helmholtz, par exemple. Le problème des attributs du champ visuel dont traite Stumpf dans son traité de 1917 est un problème qui relève avant tout de la phénoménologie pour autant qu'elle cherche à fournir une description complète d'un genre de phénomènes sensibles et étudie les lois structurelles inhérentes aux phénomènes sensibles en général. D'où le mérite qu'il attribue à Hering d'avoir reconnu l'importance d'une étude préalable des phénomènes et d'avoir ainsi conféré au domaine de la phénoménologie un statut privilégié par rapport à celui des autres sciences. En fait, en privilégiant ce point de départ, Hering aurait reconnu le primat de la phénoménologie sur la physiologie. À cet égard, écrit Stumpf, « l'offre est toujours du côté de la phénoménologie, et la demande du côté de la physiologie » (Stumpf, 1906 : 31). En d'autres mots, la description du « perçu » précède son explication physiologique ou neurologique et détermine même cette dernière, puisque c'est l'analyse descriptive ou phénoménologique qui est du côté de l'offre en ce qu'elle fournit à une science comme la physiologie, la demanderesse, son *explanandum*[2].

On pourrait montrer que cette problématique sur l'origine de la perception de l'espace et les signes locaux est au cœur des préoccupations du jeune Husserl durant ses études à Halle auprès de Stumpf. En effet, dès sa première année d'étude à Halle, Husserl s'est vu imposer un examen visant à reconnaître son diplôme étranger d'Autriche. Dans le jury siégeaient le mathématicien Cantor et, *ex officio*, Stumpf qui l'a examiné entre autres choses sur le thème de la théorie des signes locaux de Lotze, l'histoire des théories de l'espace et les relations entre la logique et les mathématiques (cf. Fisette, 2009c). C'est aussi durant cette période que Husserl a annoté systématiquement le *Raumbuch* de son mentor Stumpf. Husserl a laissé derrière lui plusieurs manuscrits de recherche datés du début des années 1890 qui appartiennent pour la plupart au projet d'un *Raumbuch* qui devait faire partie du deuxième volume de *Philosophie de l'arithmétique* qui n'a jamais vu le jour. Ces manuscrits de recherche nous permettent de situer de manière assez précise la position adoptée par Husserl dans ce débat sur la perception de l'espace. On remarque en effet le penchant de Husserl pour une position nativiste, très proche d'ailleurs de celle de Stumpf, comme le montre notamment l'important fragment 10 où il examine ce débat et dans lequel il est question des signes locaux de Lotze (Husserl, 1983 : 269, 309, 306 sq.). Une partie de ces recherches a mené à la rédaction de son article de 1894, « Études psychologiques pour la logique élémentaire », dans lequel les travaux de

---

[2] Hering a comparé sa méthode à celle utilisée dans le forage d'un tunnel et cette analogie a été reprise par Mach dans son ouvrage *Connaissance et erreur* afin d'illustrer la méthode descriptive qui caractérise sa propre recherche dans le domaine des éléments (Mach, 1906 : 14). Notons également que Stumpf et Husserl ne sont pas non plus les seuls à faire le rapprochement de Hering et Mach avec la méthode phénoménologique. Plusieurs étudiants de Husserl durant la période de Göttingen ont vu dans la phénoménologie de Husserl un cas particulier de la méthode pratiquée par Hering puis par Mach. Parmi les plus importants, mentionnons David Katz (1911), H. Hofmann (1913), Paul F. Linke (1918) et Éric Jaensch (1927).

Stumpf et de Lotze sur la perception de l'espace sont d'ailleurs qualifiés de « recherches magistrales » (Husserl, 1894 : 162). C'est aussi dans ce contexte que Husserl a pris conscience de l'importance de la théorie des touts et des parties de Stumpf qu'il reprend à son compte dans cet article de 1894 et qu'il développe systématiquement dans la troisième de ses *Recherches logiques*.

Bibliographie

Ackerknecht, E., *Theorie der Lokalzeichen*, Tübingen, Mohr, 1904.

Fisette, D., « Carl Stumpf (1848-1936) », in *Stanford Encyclopedia of Philosophy*, http://plato.stanford.edu/entries/stumpf/, (02.03.2009), 2008.

–, « Stumpf and Husserl on Phenomenology and Descriptive Psychology », *Gestalt Theory* 31, 2, 2009a, p. 175-190.

–, « Fenomenologia e fenomenismo in Husserl e Mach », *Scientiæ Studia*, 7, 4, 2009b, p. 535-76.

–, « Husserl à Halle (1886-1901) », *Philosophiques*, 36, 2, 2009c, p. 277-306.

–, « Descriptive Psychology and Natural Sciences. Husserl's Early Criticism of Brentano », in C. Ierna, H. Jacobs, F. Mattens (eds.), *Edmund Husserl 150 Years* : *Philosophy, Phenomenology, Sciences*, Berlin, Springer, 2010, p. 135-167.

Fisette, D. (ed.), *Carl Stumpf. Renaissance de la philosophie*, Paris, Vrin, 2006.

Fisette, D. ; Martinelli, R. (eds), *Philosophy from an Empirical Standpoint. Essays on Carl Stumpf*, Amsterdam, Rodopi, 2015.

Helmholtz, H. von, *Handbuch der physiologischen Optik*, 3 Bde. Leipzig, L. Voss, 1867.

Hering, E., *Die Lehre von binoculären Sehen*, Leipzig, Engelmann, 1868.

Hering, E., *Zur Lehre vom Lichtsinne. Sechs Mitheilungen*, Wien, Akademie der Wissenschaften in Wien, 1878.

Hofmann, H., « Untersuchungen über den Empfindungsbegriff », *Archiv für die gesamte Psychologie*, 2, 1913, 1-136.

Husserl, E., *Phänomenologische Psychologie. Vorlesungen Sommersemester 1925*, Husserliana Bd. IX, Den Haag, Nijhoff, 1962.

–, *Philosophie der Arithmetik*, Husserliana Bd. XII, Den Haag, Nijhoff, 1970.

–, « Études psychologiques pour la logique élémentaire » [1894] in *Articles sur la logique*, Paris, PUF, 1975, 123-167.

–, *Studien zur Arithmetik und Geometrie. Texte aus dem Nachlass (1886-1901)*, Strohmeyer, I. (ed.), Husserliana Bd. XXI, Nijhoff, Den Haag, 1983.

Jaensch, E., « Die Psychologie in Deutschland und die inneren Richtlinien ihrer Forschungsarbeit », *Jahrbücher der Philosophie*, 3, 1927, 93-168.

Katz, D., « Die Erscheinungsweisen der Farben und ihre Beeinflussung durch die individuelle Erfahrung », *Zeitschrift für Psychologie*, Ergänzungsband, 7, 1911, p. 6-31.

Linke, P.F., *Die Grundfragen der Wahrnehmungslehre*, Munich, Reinhardt, 1918.

Lotze, H., « Seele und Seelenleben », in Wagner, R. (Hrsg.), *Handwörterbuch der Physiologie*, Bd. IV, n° 1, Braunschweig, Vieweg, 1846, p. 172-190.

–, *Medizinische Psychologie oder Physiologie der Seele*. Leipzig, Weidmann, 1852.

–, *Mikrokosmos. Ideen zur Naturgeschichte und Geschichte der Menschheit. Versuch einer Anthropologie*, Bd. I. Leipzig, Hirzel, 1856.

–, « Mittheilung an C. Stumpf in Betreff der Lehre von den Localzeichen », in C. Stumpf, *Über den psychologischen Ursprung der Raumvorstellung*, Leipzig, Hirzel, 1873, p. 315-324.

–, « De la formation de la notion d'espace », *Revue philosophique de la France et de l'étranger*, IV, 1877, 345-365.

–, *System der Philosophie. Zweiter Teil* : *Drei Bücher der Metaphysik*, Leipzig, 1879.

–, *Grundzügen der Psychologie. Diktate aus den Vorlesungen*, 2e éd., Leipzig, Hirzel, 1881.

–, *Grundzügen der Metaphysik. Diktate aus den Vorlesungen*, Leipzig, Hirzel, 1883.

Mach, E., *Erkenntnis und Irrtum: Skizzen zur Psychologie der Forschung*, Leipzig, Barth, [2]1906.

Pastore, N., *Selective History of Theories of Visual Perception* : *1650-1950*, New York, Oxford University Press, 1971.

Ribot, T., *La psychologie allemande contemporaine*, Paris, Alcan, 1879.

Scheerer, E., « Motor Theories of Cognitive Structure: A Historical Overview », in Prinz W., Sanders, A. F. (eds.), *Cognition and Motor Processes*, Berlin, Springer, 1984, p. 77-98.

Stumpf C., *Über den psychologischen Ursprung der Raumvorstellung*, Leipzig, S. Hirzel, 1873.

–, « Psychologie und Erkenntnistheorie », *Abhandlungen der Königlich Bayerischen Akademie der Wissenschaften*, München, Franz, 19, 2, 1891, p. 465-516.

–, « Zum Begriff der Lokalzeichen », *Zeitschrift für Psychologie und Physiologie der Sinnesorgane*, 4, 1893, p. 70-73.

–, « Antrittsrede », *Sitzungsberichte der Königlich-Preußischen Akademie der Wissenschaften*, Berlin, Reimer, 1895, p. 735-738.

–, « Zur Einteilung der Wissenschaften », *Abhandlungen der Königlich-Preußischen Akademie der Wissenschaften*, Philosophish-historische Classe, Berlin, Verlag der Königliche Akademie der Wissenschaften, 1906, 1907, p. 1-94 (tr. fr., *De la classification des sciences*, in Fisette 2006 : 69-254).

–, « *Die Wiedergeburt der Philosophie* », Berlin, Francke, 1907, (tr. fr., *La renaissance de la philosophie*, in Fisette, 2006 : 115-132).

–, « Zum Gedächnis Lotzes », *Kant-Studien*, 22, 1917, p. 1-26.

–, « Carl Stumpf », in Schmidt, R. (Hrsg.), *Die Philosophie der Gegenwart in Selbstdarstellung.* V. Leipzig : F. Meiner, 1924, p. 1-57 (trad. fr., *Autobiographie*, in Fisette, 2006 : 255-307).

–, *Die Attribute der Gesichtsempfindungen*, Berlin, Köninglich Preussischen Akademie der Wissenschaften, 8, 1917.

–, « *Erkenntnislehre* », Bd. I, Leipzig, J. A. Barth, 1939.

–, « *Erkenntnislehre* », Bd. II, Leipzig, J. A. Barth, 1940.

Turner, R. M., *In the Eye's Mind* : *Vision and the Helmholtz-Hering Controversy*, Princeton, Princeton University Press, 1994.

Woodward, W. R., « From Association to Gestalt. The Fate of Hermann Lotze's Theory of Spatial Perception, 1846-1920 », *Isis*, 69, 1978, p. 572-582.

Wundt, W., *Grundzüge der physiologischen Psychologie*, Leipzig, Engelmann, 1874.

–, « Sur la théorie des signes locaux », *Revue philosophique de la France et de l'étranger*, VI, 1878, p. 217-231.

Le monde du représentable

De Lotze à la phénoménologie

Arnaud DEWALQUE

Université de Liège, Liège (Belgique)

Parmi les philosophes allemands jouissant d'une position institutionnelle forte dans la seconde moitié du XIXe siècle, Rudolf Hermann Lotze fut sans doute l'un des plus influents. Il enseigna pendant plus de trente ans à Göttingen (1844-1880), sur l'ancienne Chaire de Herbart, avant de terminer sa carrière académique à la prestigieuse Université de Berlin (1880-1881), où Dilthey lui succéda. Wilhelm Windelband le décrit comme « la figure de loin la plus significative parmi les épigones de la philosophie allemande » (Windelband, 1950 : 544). Pourtant, Lotze est précisément resté, en un sens, un épigone. Comme le rapporte Carl Stumpf, « malgré sa longue activité d'enseignement dans une seule et même université, et malgré l'effet retentissant de ses écrits, Lotze – c'est de notoriété publique – n'a pas fondé d'école » (Stumpf, 1918 : 110). Ce constat, ajoute Stumpf, n'est pas en soi négatif. Il s'explique par le fait que Lotze se contentait le plus souvent, dans ses enseignements écrits et oraux, d'esquisser prudemment les problèmes plutôt que de les trancher au moyen de grandes affirmations dogmatiques, qui auraient précisément été susceptibles de constituer un noyau doctrinal repris par ses étudiants. Si cela est sans doute vrai[1], il faut néanmoins reconnaître à Lotze la paternité de certaines conceptions philosophiques originales, comme la théorie des signes locaux[2] ou la théorie de la « validité », autour desquelles s'est assez largement cristallisée la réception de son œuvre dans la philosophie de langue allemande.

Dans ce chapitre, je me propose de réévaluer, au moins partiellement, le sens et la portée de la théorie de la « validité » (*Gelten*, *Geltung*)

---

[1] La propension à rejeter toute « formulation dogmatique » au profit d'une recherche modeste et prudente, cherchant à éclairer les problèmes philosophiques sous plusieurs angles, est soulignée de façon concordante par Richard Falckenberg (1913 : 22).

[2] Voir le chapitre que lui consacre D. Fisette dans ce volume.

développée par Lotze dans sa grande *Logique* de 1874. Cette théorie a fait l'objet d'une attention particulière dans la philosophie de langue allemande au début du XXe siècle, comme en témoignent certaines études directement consacrées au concept de « validité » (Ssalagoff, 1911 ; Liebert, 1914). D'un point de vue historiographique, on considère habituellement que la théorie lotzéenne de la validité a été développée, au tournant du siècle, dans deux directions principales : d'une part, elle a contribué à la mise en place de l'antipsychologisme dans les *Recherches logiques* de Husserl (1900-1901) et, sans doute, dans celles de Frege (1918) ; d'autre part, elle a contribué à la redéfinition de la philosophie comme « théorie générale de la validité » – incluant la validité logique, éthique et esthétique – dans le néokantisme de Bade ou de Heidelberg (i.e., chez Windelband, Rickert, Lask ou Bauch, pour ne citer que les noms les plus importants). Bref, la théorie de validité a été associée très tôt, pour son versant négatif ou critique, à l'antipsychologisme husserlien et frégéen, et, pour son versant positif, à une certaine philosophie allemande « critique » et « idéaliste », qui se situait dans la lignée de Kant et de Hegel. Lotze est ainsi apparu, entre autres, comme le « maillon systématique » entre la philosophie allemande classique et les travaux des néokantiens (Bauch, 1918 : 45).

Je ne reviendrai pas sur les liens, relativement connus, unissant la théorie lotzéenne de la « validité » à l'antipsychologisme et au néokantisme[3]. Mon intention est plutôt de mettre en évidence un autre aspect de cette théorie qui me semble avoir été injustement négligé jusqu'ici dans la littérature – à savoir sa connexion, discrète mais profonde, avec ce que l'on pourrait appeler, en termes husserliens, une *analyse « eidétique » des phénomènes sensibles*. À cet égard, je suggérerai que le rapprochement traditionnellement invoqué entre Lotze et Bolzano est trompeur, puisqu'il a sans doute assez largement contribué à masquer la dimension eidétique et « matérielle » de la théorie lotzéenne de la validité (§ 1). L'une des idées centrales qui se cache derrière la notion de « validité », en effet, est que les contenus de représentation – et, exemplairement, les contenus de représentations sensorielles (les concepts de couleurs, de sons, etc.) – forment une sphère *intrinsèquement structurée* par des relations d'un certain genre. Contrairement aux relations logiques traditionnelles (comme la contradiction) et aux relations logico-syntaxiques, qui structurent aussi le « monde du représensable » d'un autre point de vue (§ 2), les relations dont il est question ici sont non formalisables, car elles sont fondées dans l'essence même des phénomènes, pris « en soi », c'est-à-dire indépendamment de leur instanciation dans un

---

[3] Sur Lotze-Husserl, voir Hauser (2003), Dewalque (2012b, § 1) et la contribution de Maria Gyemant dans ce volume. Sur la réception de la « logique de la validité » dans le néokantisme, voir Dastur (2004) et Dewalque (2010 ; 2012a). Pour une comparaison des lectures husserlienne et rickertienne de Lotze, voir Dewalque (2008).

objet du monde spatio-temporel et de leur appréhension par un sujet psycho-physique (§ 3). Bref, la théorie de la validité est indissociable du fait que le « monde du représentable » (*Welt des Vorstellbaren*), comme l'appelle Lotze, est structuré de façon eidétique et « matérielle » (*sachlich*), en plus d'être structuré de façon formelle par des lois logiques et syntaxiques. La notion même de « validité » ne prend son sens qu'en référence à un monde sensible possédant une structure *phénoménale* et *objective* susceptible d'être décrite.

Ma conviction est que cette mise au point représente un pas important en direction d'une meilleure compréhension de l'héritage de la *Logique* de Lotze. Vue sous cet angle, en effet, la théorie de la validité n'enseignerait pas – ou pas seulement – un « objectivisme sémantique » *à la Bolzano,* mais elle renfermerait quelque chose de bien plus spécifique et de plus précis : l'idée d'une structuration matérielle intrinsèque au « monde du représentable ». À ce titre, elle ne serait pas seulement une étape sur la voie de l'antipsychologisme logique ni le « maillon systématique » entre la philosophie allemande classique et le néokantisme, mais elle formerait aussi, dans une certaine mesure, le maillon manquant entre la théorie des *relations of ideas* de Hume et celle des axiomes matériels ou régionaux dans la « phénoménologie » de Stumpf et dans la philosophie phénoménologique de Husserl.

1. Lotze et Bolzano

On peut aujourd'hui retracer, assez précisément, le développement de la théorie de la validité dans l'œuvre de Lotze. Comme on sait, cette théorie est étroitement liée à l'interprétation lotzéenne de la théorie des Idées de Platon (Dewalque, 2012a ; 2012b). Son exposition la plus célèbre se trouve dans la grande *Logique* de 1874 (Livre III, Ch. 2 : « Le monde des Idées »), mais sa première formulation remonte vraisemblablement à l'année 1864[4]. À cette époque, Lotze publie son grand ouvrage populaire, *Microcosmos*, qui contient également un chapitre consacré à la découverte de Platon et à sa signification pour une philosophie de la connaissance (Livre VIII, Ch. 1 : « La vérité et le savoir »). Or, c'est précisément en juillet de la même année que Lotze, sur une proposition de son éditeur et ami Salomon Hirzel, entreprend de rédiger une nouvelle version de sa *Logique* de 1843 (Lotze, 2003 : 428). D'abord différée jusqu'à la parution de son *Histoire de l'esthétique en Allemagne* en 1868, la révision de la petite *Logique* donnera finalement naissance à un tout nouvel ouvrage, bien plus volumineux, dont la rédaction peut être située entre 1870 et

---

[4]   Antérieurement à cela, elle est sans doute déjà préfigurée dans la petite *Métaphysique* de 1841, sans que la notion de « validité » ne soit déjà fixée sur le plan terminologique. Voir les indications de Misch (1912 : XXVII sq.).

1874[5]. Certains textes attestent de la préoccupation de Lotze, durant cette période, pour l'interprétation de l'idéalisme platonicien. D'après le témoignage de Stumpf, Lotze l'avait justement interrogé à ce sujet lors de la conférence donnée à l'occasion de sa thèse d'habilitation, en octobre 1870[6]. Tout porte à croire que la théorie de la validité exposée au troisième Livre de la *Logique* est donc le fruit de mûres réflexions.

Les grandes lignes de cette théorie sont relativement bien connues. Selon Lotze, la découverte magistrale de Platon consiste à avoir reconnu que, contrairement aux choses et aux représentations changeantes, les *contenus* de représentation (concepts) échappent au flux héraclitéen du devenir et demeurent éternellement identiques à eux-mêmes. Concrètement, cela implique qu'ils entretiennent entre eux certaines relations immuables, exprimées par des propositions comme <le blanc et le noir s'excluent mutuellement>, <le blanc et le jaune présentent une relation de parenté incomparable avec la relation entre le blanc et le sucré>, etc. L'idée est la suivante : même s'il n'existait dans le monde rien de coloré, aucune qualité visuelle et gustative, et même si personne n'avait la moindre représentation des couleurs et des goûts, ces propositions resteraient vraies. En un mot, elles ne seraient pas affectées par la disparition du monde et des sujets pensants. Des couleurs et des sons « qui ne seraient pensés par personne » (§ 316) n'en formeraient pas moins une série articulée de couleurs et une série articulée de sons. C'est précisément pour exprimer cette indépendance à l'égard des choses physiques et des représentations psychiques que Lotze introduit le concept de « validité » en un sens technique. Le passage est devenu un *locus classicus* de la littérature philosophique :

> Nous appelons « effective » une chose qui *est*, par opposition à une autre qui *n'*est *pas* ; nous appelons aussi « effectif » un événement qui *se produit* ou qui s'est produit, par opposition à celui qui ne se produit pas ; « effective », une relation qui *consiste* [besteht] par opposition à celle qui ne consiste pas ; enfin, nous appelons « effectivement vraie » une proposition qui *vaut* [gilt] par opposition à celle dont la validité [*Geltung*] est encore en question. [...] Une proposition [*Satz*] *n'est* pas comme les choses et ne se produit pas non plus comme les événements ; [...] en soi et abstraction faite de toutes les applications que l'on peut en faire, son effectivité consiste en ce qu'elle *vaut* et en ce que sa contrepartie ne vaut pas (Lotze 1874/1989, III : 511-512).

---

[5] Le premier Livre est terminé en 1871, le deuxième en novembre 1873, et le troisième semble avoir été écrit entre novembre 1873 et mai 1874. L'ouvrage entier est paru au mois de juillet 1874 (cf. Lotze, 2003 : 558, 592, 595).

[6] « Lors de mon habilitation, j'avais fait un exposé sur les liens étroits unissant Aristote à Platon. En repartant de là, Lotze m'avait de nouveau adressé une question, qui était de savoir comment il convenait au juste d'interpréter les Idées platoniciennes, et il avait attiré l'attention sur les explications qu'il a ensuite données quelques années plus tard dans la *Logique* » (Stumpf, 1918 : 7).

En quoi consiste au juste la contribution de Lotze dans ce passage ? Que désigne, en fin de compte, le concept de « validité » ?

Selon une interprétation classique, Lotze fournirait ici une théorie des propositions dont le sens et la portée seraient comparables, *mutatis mutandis*, à la théorie des propositions « en soi » de Bernard Bolzano. Depuis certaines déclarations fameuses de Husserl, la tendance est effectivement de considérer que Bolzano et Lotze sont à l'origine d'une certaine conception qui a permis d'envisager le « sens » (*Sinn*) – et, avant tout, le sens propositionnel – comme quelque chose d'« objectif » dans l'acception la plus large du terme. Bolzano apparaît ainsi, rétrospectivement, comme le père d'un certain « objectivisme logique » ou « sémantique » qui a été déterminant, en particulier, pour le rejet du psychologisme logique au tournant du XXe siècle[7]. Mais il semble que la paternité de l'objectivisme sémantique doive aussi être attribuée à Lotze. De l'aveu même de Husserl, la compréhension de la notion bolzanienne de « proposition en soi » lui aurait été rendue plus aisée par le fait qu'il s'était approprié la théorie de la validité de Lotze[8]. Fort de sa lecture de Lotze, Husserl aurait cessé de considérer les « propositions en soi » comme des « entités mythiques suspendues entre l'être et le non-être », pour ne voir dans cette notion que l'expression d'un phénomène très commun et très concret : le caractère idéal du « sens » auquel on se réfère dans le langage courant, « quand on dit par exemple de différentes personnes qu'elles affirment la même chose » (Husserl, 1903 : [290] 216). L'idéalité des significations, que Husserl interprète dans la lignée de l'idéalisme platonicien tel que le comprend Lotze, désigne avant tout l'*identité* du sens logique d'un concept ou d'une proposition, ou encore le fait qu'un contenu de pensée reste, pour employer l'expression lotzéenne, « éternellement identique à lui-même » (voir, e.g., Lotze, 1874/1993,

---

[7] L'un des premiers commentateurs à avoir thématisé explicitement cet aspect, à ma connaissance, est Waldschmitt (1937). Nombreux sont les concepts qui, sur le modèle du concept bolzanien de *Satz an sich*, sont forgés au début du siècle pour rendre compte de l'objectivité du sens propositionnel : *Sachverhalt* (Stumpf), *Satzbedeutung* (Husserl), *Objektiv* (Meinong), *Urteilsinhalt* (Marty), *Urteilsgehalt* (Rickert), *Sinn* (Lask), *Gedanke* (Frege), etc. Voir l'énumération donnée par Marty (1908 : 292-293) et, dans l'école de Bade, par E. Lask (1912/1923 : 304).

[8] Rappelons ce qu'écrit Husserl en 1903 : « En ce qui concerne spécialement mes concepts de significations "idéales", de contenus idéaux de représentation et de jugement, ils ne proviennent absolument pas à l'origine, comme le dit déjà l'expression "idéal", de la logique de Bolzano, mais de celle de Lotze. Ce dernier a exercé sur moi une influence profonde, particulièrement par toutes les réflexions qu'il a groupées autour de son interprétation de la théorie platonicienne des Idées. C'est d'abord l'assimilation intime de ces réflexions de Lotze, incomplètement clarifiées à mon avis, qui m'a donné la clé pour pénétrer dans les conceptions de Bolzano, étranges et d'abord incompréhensibles dans leur naïveté phénoménologique, et dans les trésors de sa *Théorie de la science* » (Husserl, 1903 : [290] 216).

III : 513). Supposons, par exemple, que vingt-cinq élèves d'une classe de mathématiques pensent simultanément à la proposition stipulant que <la somme des angles d'un triangle équivaut à deux angles droits>. Tous les élèves, si différents soient-ils, pensent la « même chose », c'est-à-dire qu'ils pensent la même proposition. Il y a donc vingt-cinq actes de pensée, mais une seule proposition pensée, identique dans chacun des actes psychiques. Cette proposition identique, soutient Husserl, est la proposition prise « en soi », indépendamment des actes psychiques qui la visent.

De ce point de vue, il semble y avoir au moins trois points communs entre les contenus de représentation idéaux de Lotze et les représentations (et propositions) en soi de Bolzano : ce sont des configurations *intemporelles*, *inaltérables* et *indépendantes* à l'égard de la pensée (Morcher, 1972 : 73 sq. ; Beyer, 1996 : 148 sq.). À ce stade, il semble donc que les théories de la proposition de Bolzano et de Lotze présentent une importante similitude. Elles permettent de garantir l'indépendance de la vérité face aux actes psychiques du sujet connaissant et de traiter la vérité comme une propriété des propositions théoriques *elles-mêmes*, et non comme une propriété de la pensée. Par ailleurs, Bolzano et Lotze sont naturellement amenés à délimiter l'objectivité logique face à l'objectivité des choses. Les propositions « en soi » n'*existent* pas, elles n'ont pas de *Dasein* comparable à l'existence des choses ou des représentations psychiques. Tout au plus peut-on dire, dans les termes de Bolzano, qu'« il y a » (*es gibt*) des propositions « en soi ». Dans la terminologie de Lotze, on dira que les propositions ne « sont » pas et ne « se produisent » pas, mais qu'elles « valent » (*gelten*).

Cela étant dit, c'est précisément ici, semble-t-il, qu'apparaissent certaines difficultés interprétatives. Peut-on rapprocher le *es gibt* de Bolzano d'un *es gilt* de style lotzéen ? Le registre de la validité se superpose-t-il vraiment au registre de l'en-soi ? Répondant par l'affirmative, certains philosophes ont été amenés à voir dans la conception bolzanienne, rétrospectivement, une « théorie de la validité » similaire à celle de Lotze. C'est le cas, notamment, de Benno Erdmann, qui attribue à Bolzano une « autre théorie de la validité » (1923 : 25-26). Plusieurs commentateurs ont d'ailleurs suggéré que les deux expressions étaient au bout du compte synonymiques – que ce soit pour assimiler purement et simplement l'« en-soi » à la validité (Michaltschew) ou seulement pour les rapprocher (Waldschmitt)[9]. Toutefois, on peut se demander jusqu'à quel point un tel

---

[9] Michaltschew (1909 : 12) écrit : « Les vérités "en soi", d'après Bolzano et Husserl, ne sont pas des effectivités, elles ne *sont* pas, mais elles valent. Ce qui rend possible l'objectivité de la connaissance, ce qui est prédestiné à réglementer la connaissance, est quelque chose de purement et simplement valide (*etwas schlechthin Gültiges*) ». Un rapprochement tout à fait similaire est explicitement effectué par Waldschmitt

rapprochement est tenable. La théorie des propositions en soi de Bolzano est-elle, en un sens, une théorie de la validité ? Il y a certainement des raisons d'en douter, ne serait-ce que parce que la théorie des propositions en-soi de Bolzano, comme on l'a parfois relevé, n'est pas introduite à la faveur d'une interprétation de l'idéalisme platonicien.

Historiquement, c'est probablement la prise en compte des propositions fausses qui a joué, dans ce débat, le rôle de déclencheur. Dès 1909, Hugo Bergmann remarquait que, si la théorie de la validité des vérités était bien admise par certains élèves de Bolzano, elle ne pouvait pas être attribuée à Bolzano lui-même, car pour celui-ci, « il y a » des propositions fausses « en soi », par exemple : la proposition <2 x 2 = 5>. Or, on ne peut naturellement pas dire que ces propositions « valent », puisque la validité semble désigner une propriété réservée aux seules propositions *vraies* (Bergmann, 1970 : 17). Un contraste important, entre la théorie bolzanienne des propositions en soi et la théorie de la validité de Lotze, semble précisément résider en ceci que la première embrasse les propositions fausses alors que la seconde ne concerne que les propositions vraies. Lorsqu'il introduit sa théorie des « propositions en soi », Bolzano évoque immédiatement la distinction entre vérité et fausseté. Une « proposition en soi », lit-on au § 19 de la *Wissenschaftslehre*, désigne tout « énoncé » (*Aussage*) dans lequel on affirme « que quelque chose est ou n'est pas » et ce, « que cet énoncé soit vrai ou faux » (Bolzano 1837/1929 : § 19, 77). Il est donc clair que, quand on parle de « proposition en soi », le fait d'être vrai ou faux est tout aussi indifférent que le fait, pour cette même proposition, d'être exprimé ou non et d'être pensé ou non. Le concept de « proposition en soi » n'est donc pas réservé à strictement parler aux propositions vraies ; il n'a pas la même extension que le concept de « vérité en soi ». Tout au plus peut-on dire que « toutes les vérités en soi sont un genre de propositions en soi » (*ibid.* : § 25, 112), l'inverse n'étant pas vrai (toutes les propositions en soi ne sont pas des vérités en soi).

Cependant, cette première précision ne suffit pas, semble-t-il, à creuser un écart significatif entre Bolzano et Lotze. Lotze parle effectivement, dans certains passages, de la « non-validité » des propositions fausses, en

---

(1937 : 29) : « Bolzano ne connaît pas encore l'interprétation lotzéenne de ces Idées [platoniciennes] en tant que "valoir". Mais dans ce valoir, il y a quelque chose d'apparenté à l'"en-soi" de Bolzano. Car, comme ce dernier, il est séparé de tout être-effectif. Il désigne la "vérité" en tant qu'objet auquel se rapporte une représentation (*als Bezugsobjekt einer Vorstellung*) ou, comme dit encore Lotze, en tant que "contenu" (*Inhalt*) d'une représentation, étant entendu que le contenu est pour lui différent de tout être psychique. De ce "contenu valant", Lotze écarte toute "effectivité de l'être" et affirme son "indépendance à l'égard de notre pensée". Le valoir de Lotze présente donc les mêmes caractéristiques que l'"en-soi" de Bolzano ».

la coordonnant à la validité des propositions vraies, ce qui suggère qu'il y a des propositions fausses « en soi » tout comme il y a des propositions vraies « en soi »[10]. La question, plus fondamentalement, est donc la suivante : étant admis que le concept de validité est étroitement lié à celui de vérité, ce concept désigne-t-il bel et bien le statut – logique, voire ontologique – des propositions vraies *en général* ?

1 / Considérons, d'abord, l'interprétation « ontologique », qui fait de la validité le « mode d'effectivité » ou le « mode d'être » des propositions vraies. Cette interprétation se heurte, à bien y regarder, à une série d'obstacles textuels évidents. D'abord, il est vrai que Lotze défend une forme d'objectivisme sémantique, d'après laquelle les contenus de représentation (concepts, propositions) sont quelque chose d'objectif. Dans le premier Livre de la *Logique*, Lotze consacre un certain temps à développer l'idée selon laquelle nous accédons à la sphère logique de la pensée en transformant nos impressions vives (couleurs, sons, etc.) en représentations possédant un « contenu » fixe. Or, cette transformation des impressions en représentations est nommée « objectivation » dans le but précis d'écarter l'idée selon laquelle les contenus conceptuels jouiraient d'une existence « de quelque genre que ce soit » indépendamment d'un individu pensant :

> J'emploie cette expression [*sc.* « *objectivation* du subjectif » – AD] pour clarifier le sens élémentaire de ce qui est dit ici en écartant un malentendu. Le fait logique qui se manifeste dans la création d'un nom n'attribue pas, au contenu de représentation qui surgit justement de cette création, l'objectivité au sens d'une existence effective de quelque genre que ce soit (*irgendwie geartete*), qui existerait (*bestände*) également si personne ne la pensait (Lotze, 1874/1989, I : § 3, 15)[11].

Ce passage implique, d'une part, que l'objectivité du sens est instaurée dès le premier Livre de la *Logique* sur « la pensée » – ce qui suggère déjà que la théorie de la validité, introduite ultérieurement dans le Livre consacré à « la connaissance », recouvre quelque chose d'autre. D'autre part, il implique aussi que l'objectivité du sens n'est pas à entendre de façon ontologique, comme si le sens était une entité qui existerait par elle-même dans le monde.

---

[10] « Validité (*Gültigkeit*) et non-validité (*Ungültigkeit*) doivent être considérées comme des prédicats matériels (*sachliche*) qui valent du contenu judicatif tout entier comme de leur sujet » (Lotze, 1874/1989, I : § 40, 61).

[11] Cf. encore *ibid.* (16) : « Par l'objectivation logique qui se manifeste dans la création du nom, le contenu nommé n'est donc pas relégué dans une effectivité extérieure (äußere Wirklichkeit). Le monde commun, dans lequel d'autres doivent le retrouver lorsque nous renvoyons à lui, n'est en général que le monde de ce qui est pensable (*nur die Welt des Denkbaren*) ».

Ce dernier point est encore confirmé par la formulation employée par Lotze. Si nous appelons « effectifs » (*wirklich*) les choses qui sont, les événements qui se produisent et les rapports qui consistent, « c'est effectivement vrai » (*wirklich wahr*), écrit Lotze, « que nous nommons une proposition qui *vaut* » (Lotze, 1874/1989, III : 511). Contre l'interprétation de la validité comme un « mode d'être » (effectivité des propositions vraies), on constate un déséquilibre manifeste entre le statut des propositions et celui des autres « objets » auxquels se rapporte la conscience : alors qu'il est chaque fois question, dans les autres cas, d'objets « effectifs », la validité ne qualifie pas les propositions en tant qu'elles sont simplement « effectives », mais bien en tant qu'elles sont « effectivement *vraies* ». Cette référence à la vérité témoigne assurément d'une certaine rupture, puisqu'aussi bien le concept de validité, contrairement aux autres, n'est pas introduit à proprement parler par la décomposition du domaine couvert par le seul concept d'effectivité. Celui-ci devient plutôt, comme le note Heidegger, une « détermination complémentaire » (*Zusatzbestimmung*) qui est ajoutée à la vérité et qui s'y rapporte comme à un terme plus fondamental : il y a des propositions vraies, et lorsque ces propositions sont *effectivement* vraies, alors on peut dire qu'elles « valent »[12]. La validité des propositions « effectivement vraies » occupe donc une place à part dans l'énumération des modes d'effectivité – tout l'enjeu étant de savoir quelles propositions, au juste, peuvent être appelées « effectivement vraies » ou « valides » *stricto sensu*.

Enfin, le même clivage est encore suggéré par l'introduction à la *Métaphysique* de 1879 : Lotze y reprend les trois premiers modes d'effectivité (*Sein, Geschehen, Bestehen*) sans mentionner le *Gelten*, ce qui montre à nouveau que la validité – contrairement aux autres modes d'effectivité – n'appartient pas au domaine d'investigation de la métaphysique :

> Nous nommons « effectives » les choses qui sont, par opposition à celles qui ne sont pas ; « effectifs » les événements qui se produisent, par opposition à ceux qui ne se produisent pas ; « effectifs » aussi les rapports qui consistent [*bestehen*], en comparaison de ceux qui ne consistent pas. J'avais eu auparavant l'occasion de me reporter à cette manière de parler ; je la rappelle à présent pour désigner brièvement l'objet des recherches suivantes. Ce n'est pas le monde du pensable avec l'inépuisable pluralité de ses relations

---

[12]   Cf. M. Heidegger (*GA* 21 : 73) : « Ici, [Lotze] ne dit pas simplement, comme dans les cas nommés auparavant, qu'une proposition qui vaut est effective, mais bien qu'elle est effectivement *vraie*. Ici, l'effectivité est donc invoquée comme une détermination complémentaire de la vérité, c'est-à-dire que, si l'on identifie cette effectivité de la proposition vraie à la validité, on saisit au fond la validité comme l'affirmativité d'une vérité (*Bejahtheit einer Wahrheit*) ». Que la validité ne soit pas le caractère affirmatif d'une vérité quelconque, mais seulement d'une vérité *a priori* matérielle, c'est ce qui ressortira de nos analyses.

internes éternellement valides (*ewig gültigen*) qui nous occupe ici [*sc.* dans la métaphysique – AD] (Lotze, 1879 : 3).

Ce passage plaide manifestement en faveur d'une séparation des registres logiques et ontologiques. À cet égard, l'interprétation qui fait de la théorie de la validité l'élément central d'une « nouvelle ontologie » (Pester, 1997 : 300-301), fondée sur quatre « modes d'effectivité », semble difficilement tenable. La validité n'est pas une catégorie ontologie, ce n'est pas un « mode d'être » parmi d'autres, qui caractériserait les « objets » du logicien (concepts, propositions).

2 / Qu'en est-il donc, à présent, de l'interprétation strictement « logique », d'après laquelle la « validité » désigne l'objectivité logique des propositions vraies *en général* ? Il semble, là aussi, qu'elle doive être sujette à caution, mais pour une autre raison. À bien y regarder, en effet, la validité ne concerne manifestement pas *toutes* les propositions vraies. Autrement dit, vérité n'est pas synonyme de validité. La validité dont il est question ici est plutôt une propriété de *certaines* propositions ou, plus exactement, des propositions qui possèdent un certain type de vérité (ou de fausseté), à savoir des propositions dont la vérité (ou la fausseté) ne dépend pas d'une « conformité » à ce qui est le cas dans le monde. L'ambition de Lotze, dans le livre III, est précisément de démontrer l'existence d'un genre de connaissance qui n'est pas affecté par le doute sceptique concernant la réalité du monde extérieur, et qui « laisse entièrement de côté l'opposition de notre monde de représentations à un monde de choses » (Lotze, 1784/1989, III : 503-04).

Ce fait exclut naturellement les propositions occasionnelles, qui sont ancrées dans un contexte énonciatif particulier. Comme l'a très justement remarqué Robin Rollinger, la notion de validité ne s'applique absolument pas, par exemple, aux propositions <Il pleut> ou <Il neige> (Rollinger, 2004 : 147 sq.). Il faut en dire autant de toutes les propositions qui se rapportent à un individu particulier (<Cette feuille est blanche>) ou qui présupposent l'existence de quelque chose (<Le satellite naturel de la terre est la lune>). En revanche, des propositions comme <le blanc et le noir s'excluent mutuellement> ou <la différence séparant le jaune du blanc et moins grande que celle séparant le jaune du sucré> sont effectivement valides ou vraies *a priori*, en ce sens qu'il est indifférent qu'il y ait ou non des choses blanches, des choses noires, des choses jaunes et des choses sucrées dans le monde. En assertant ces propositions, je ne me prononce nullement sur l'état du monde, mais je capture seulement une relation entre des contenus conceptuels (<blanc>, <noir>, <jaune>, <sucré>, etc.). Fait remarquable, la proposition selon laquelle <le blanc et le noir s'excluent mutuellement> est une proposition de nature conceptuelle mais empiriquement acquise. Dans la mesure où elle exprime des relations entre contenus sensibles, elle n'est pas accessible épistémologiquement à un individu privé de contenus sensibles visuels (l'aveugle-né). Il faut avoir fait l'expérience de ce que c'est que percevoir des couleurs pour pouvoir juger *que* <le blanc n'est pas le noir>, pour faire de la proposition conceptuelle le contenu d'un jugement.

Si ces observations sont correctes, on mesure tout l'écart qui sépare le concept bolzanien d'« en soi » et le concept lotzéen de « validité ». Selon le principe de corrélation entre proposition jugée et proposition en soi, à toute proposition jugée (« jugement ») ou pensée correspond une proposition en soi qui constitue la « matière » (*Stoff*) du jugement ou de la pensée. C'est le cas, tout aussi bien, pour les propositions conceptuelles que pour les propositions intuitives (contenant une représentation intuitive, c'est-à-dire une représentation singulière simple comme <ceci>). Dire que ces propositions peuvent être envisagées « en soi », c'est simplement dire qu'elles forment la matière d'actes judicatifs possibles. Dire qu'il y a des propositions en soi, c'est reconnaître l'autonomie du contenu judicatif à l'égard des actes judicatifs (antipsychologisme). En revanche, dire, avec Lotze, qu'il y a des propositions qui *valent*, au sens fort, c'est dire quelque chose de plus, à savoir que *certaines* propositions ne sont pas seulement vraies en vertu de leur correspondance à un état de choses réalisé dans le monde, mais purement en vertu de relations dans le domaine des concepts. La validité ne capture pas l'indépendance de n'importe quelle proposition à l'égard du jugement (attitude subjective) qui la prend pour contenu, mais bien l'indépendance de certaines propositions à l'égard de l'état du monde. Elle exprime le fait que certaines propositions ne parlent pas du monde, mais seulement de l'articulation entre nos concepts qui servent à parler du monde. La sphère des propositions en soi est donc considérablement plus vaste que la sphère des propositions valides. La proposition <Cette feuille est blanche> est aussi bien une proposition en soi ou une unité de sens « idéale », susceptible d'être pensée à l'identique par plusieurs personnes, que la proposition <Le blanc et le noir s'excluent mutuellement>. Mais contrairement à cette dernière, elle n'est pas une proposition « valide », puisqu'elle dépend de l'état du monde et de celui qui la formule. En d'autres termes, il y a certaines propositions en soi qui sont vraies mais qui ne présentent pas la propriété de *valoir* au sens de Lotze : elles sont vraies, non pas parce qu'elles expriment des relations intemporelles entre contenus conceptuels, mais parce qu'elles expriment ce qui est le cas.

Ces quelques constatations suffisent déjà à montrer que la théorie lotzéenne du *Gelten* n'est pas une théorie des propositions en général, ni même une théorie des propositions vraies en général. Quel est, dans ce cas, le sens exact de la notion de validité ? Pour répondre à cette question, il semble nécessaire de réinsérer la théorie de la validité dans le contexte qui est le sien : celui d'une investigation portant sur le « monde du représentable », c'est-à-dire sur l'ensemble des contenus de représentation possibles. Dans la grande *Logique*, Lotze soutient que cet ensemble de contenus forme un tout structuré à deux égards au moins : syntaxiquement et « matériellement ». Il y a donc lieu de distinguer la structuration (logico-)syntaxique du « monde du représentable » de sa structuration matérielle, qui seule constitue le soubassement véritable de la théorie de la validité et en délivre le sens profond.

2. Structuration syntaxique : les « parties du discours »

Dans la grande *Logique*, Lotze met un soin tout particulier à distinguer les structures du « monde du représentable » de la structuration métaphysique du monde réel. Comme Sigwart plus ou moins à la même époque, il soutient que les relations logiques posées dans le jugement ne se laissent pas reconduire à la relation ontologique ou « métaphysique » entre chose et propriété. Partant, l'analyse logique du jugement doit d'abord résoudre la question de savoir si l'on peut encore établir une structure propositionnelle une fois que l'on a fait totalement abstraction des connexions ontologiques et, en particulier, de la connexion entre chose et propriété. Lotze a formulé cette question de façon particulièrement claire dans sa théorie du jugement, au moment de donner une définition logique de la copule :

> En dehors de cette relation *métaphysique* [entre chose et propriété], dans quelle mesure reste-t-il une relation *logique* entre S et p qui soit exprimable en tant que relation dans le jugement catégorique, si à la place de la chose on pose quelque chose qui n'est pas une chose, et si à la place de la propriété on pose quelque chose qui n'est pas la propriété ? (Lotze, 1874/1989, I : § 53, 75)

Pour Lotze, les relations logiques sont des relations qui ont lieu, non pas entre des représentations ni entre des objets effectifs, mais entre des « contenus de représentation ». La « copule logique » est la liaison entre le contenu de la représentation S et le contenu de la représentation p. Un jugement, poursuit-il, ne se présente pas simplement comme un « miroir » qui refléterait ce qui existe effectivement ; le passage du domaine des objets au domaine logique des significations substitue plutôt à l'« être-ensemble » (*Zusammensein*) de deux représentations une nouvelle relation, qui est de l'ordre de la « co-appartenance » (*Zusammengehörigkeit*) des contenus de représentation (*ibid.* : 78). Toutes les tâches assignables à la logique sont liées, de près ou de loin, à l'étude de cette co-appartenance. Cela ne signifie pas, toutefois, que la logique commence d'emblée par étudier les formes de liaison judicatives ou même la forme de liaison judicative la plus simple. La théorie du jugement doit être précédée d'une sorte de grammaire logique. Dans son grand ouvrage *Microcosmos*, Lotze insiste sur ce point de façon particulièrement claire :

> Le traitement habituel de la logique, à ce qu'il me semble, ne commence pas comme il se doit, lorsque l'on commence par vouloir examiner immédiatement la forme de liaison la plus simple, dans laquelle la pensée unifie plusieurs éléments de la représentation. Il y a une tâche encore plus simple qui vient avant, dont la résolution est, pour la pensée, incontournable : elle doit déjà donner à chaque élément simple, pour le rendre reliable à d'autres éléments, une forme déterminée, au moyen de laquelle il se transforme – à partir d'abord d'une simple impression, du produit brut de l'excitation psychique – en un atome de pensée organiquement utilisable (Lotze, 1864/1923, II : 240-41)[13].

La toute première tâche de la logique est d'analyser l'agencement quasiment « organique » des éléments logiques ou, comme dira aussi Husserl, l'« anatomie » des propositions, qui sont les « molécules » dont se compose la science (Husserl, 1902-03/2001 : 80). Ce fait trouve une signification parfaitement claire dans la théorie lotzéenne du concept, soit « en deçà » de la théorie du jugement, avant même que se pose la question du sens de la copule. On trouve en effet, aux §§ 4 et 5 de la *Logique*, l'esquisse rudimentaire d'une grammaire pure logique axée sur les catégories de « substantivité » (*Substantivität*), d'« adjectivité » (*Adjectivität*) et de « verbalité » (*Verbalität*). Lotze appelle ces catégories les « parties du discours » (*Redetheile*), de façon à souligner leur nature non ontologique ou sémantique. Il ne faudrait toutefois pas entendre par là des catégories grammaticales ou des catégories de *mots*, comme le faisait encore Sigwart. Elles désignent ici des formes logiques, à savoir précisément ces formes qui relèvent d'une *grammaire* pure *logique*, ces formes logiques fondamentales qui déterminent la composition d'entités logiques simples (concepts) en entités logiques complexes ou plus élevées (jugements).

Bien que la théorie lotzéenne se meuve encore dans le cadre de la logique traditionnelle, préfrégéenne, donc continue à penser la structure logique du monde du représentable comme un *analogon* de la structure grammaticale des phrases, les formes syntaxiques dégagées par Lotze sont censées posséder une certaine autonomie à l'égard des expressions grammaticales (§ 6). Il est tout à fait indifférent, affirme Lotze, que les formes logiques primitives (substantivité, adjectivité, verbalité) soient ou non exprimées. Elles ne concernent pas les mots, elles ne concernent pas les manifestations sonores ou écrites de la langue, mais seulement les contenus de représentation. Ces derniers sont, chez Lotze, les composantes

---

[13] Cette idée n'est pas nouvelle. Dès la toute première version de sa *Logique*, Lotze faisait débuter ses analyses par l'examen des formes syntaxiques des « parties du discours », (Lotze, 1843 : 37 sq.).

logiques ou sémantiques ultimes, à partir desquelles tout le « monde de la pensée » peut être reconstruit avec sa structure propre. Ce qui est essentiel, en effet, c'est que la formation logique des contenus équivaut à déterminer l'articulation de ces contenus entre eux. Par exemple, saisir un contenu sous la forme substantive détermine en même temps la possible combinaison de ce contenu avec un autre contenu de forme verbale. L'« estampillage des parties du discours », écrit Lotze, est nécessaire à l'établissement des connexions logiques ; lui seul rend les contenus de représentation « syntaxiquement reliables » (Lotze 1864/1923 : 243).

Cette « articulation interne » (*innere Gliederung*), selon Lotze, est le propre du domaine de la pensée et le distingue d'une suite de mots – fût-elle régie par les lois de la grammaire – ou d'une suite de sons :

> Partout où existe cette articulation interne se trouve la pensée ; la pensée ne se trouve pas là où elle fait défaut. C'est pourquoi la musique n'est pas une pensée ; car si multiples et finement mesurés que soient les rapports entre ses notes, elle ne les place jamais les unes à l'égard des autres dans la position d'un substantif à l'égard d'un verbe, ni dans une dépendance qui serait comparable à celle d'un adjectif envers son mot principal ou celle d'un génitif à l'égard du nominatif par lequel il est régi (Lotze 1874/1989, I : 20)[14].

La séparation entre la langue – et, surtout, *les* langues factuelles –, en tant que système de signes, et la pensée, en tant qu'agencement de contenus de représentation, est déterminante. En effet, ce qui importe, du point de vue logique, ce n'est pas que les formes de pensée « se reflètent » (*widerscheinen*) « dans la forme de la parole sonore » (*in der Gestalt des Lautes*), mais c'est que l'« acte » ou le « fait interne de la pensée » (*innere Tat des Denkens*) se manifeste en même temps et « accompagne » (*begleitet*) les formations langagières (Lotze, 1864/1923 : 243). Ainsi, poursuit Lotze, même dans le cas d'une langue qui ne disposerait pas de mots de forme grammaticale substantive, la « pensée adventice de l'indépendance » (*Nebengedanken der Selbständigkeit*) de certains contenus n'en conférerait pas moins à ces contenus la forme logique de *substantiva* (*ibid.* : 243-44).

La confusion entre l'articulation logique de la pensée et l'articulation grammaticale de la langue doit d'autant plus être évitée que le langage présente beaucoup plus de formes d'expression qu'il n'y a de formes logiques. Toutes les formes grammaticales ne sont pas relevantes pour la logique, et il serait donc « incorrect » de vouloir distinguer « autant d'activités logiques de la pensée » que de « formes d'expression » (Lotze

---

[14] Cf. aussi Lotze (1864/1923 : 242) : sans l'organisation que confèrent les formes de substantivité, adjectivité et verbalité à nos contenus de représentation, « le cours de nos représentations ne serait qu'une musique silencieuse, notre parole ne serait qu'une musique pouvant être entendue ».

1874/1989, ɪ : 21). Par exemple, poursuit Lotze, la distinction de genres (masculin, féminin et – en allemand – neutre), que le grammairien applique aux substantifs et aux adjectifs, ne possède comme telle aucune signification logique, car elle ne détermine en rien la saisie logique des contenus de représentation. Il y a certes, dans la théorie des genres, quelque chose de logique. Néanmoins, cet aspect logique ne réside pas dans la distinction des genres proprement dite, mais seulement dans la règle concernant l'accord de l'adjectif au substantif auquel il se rapporte. Ainsi, bien qu'elle soit l'expression d'une « habitude admise arbitrairement », cette règle n'en renvoie pas moins à un « véritable rapport logique » (*echt logisches Verhalten*), à savoir au rapport de dépendance entre contenus de forme adjective et contenus de forme substantive (*id.*). Mais il reste que, dans bien des cas, les distinctions qui ont cours en grammaire ne sont pas transposables dans la logique. C'est le cas, d'après Lotze, des pronoms, que le grammairien range dans une classe à part mais qui appartiennent logiquement : *a)* pour les pronoms personnels, à la classe des substantifs ; *b)* pour les pronoms possessifs et *c)* démonstratifs, à la classe des adjectifs – *d)* les pronoms relatifs exprimant le plus souvent, lorsqu'ils n'ont pas une fonction démonstrative, une simple sophistication langagière. Lotze réduit également les numéraux et les adverbes à la catégorie logique de l'adjectivité. Il ne traite donc pas les contenus de forme adverbiale comme une classe séparée. Son argument est que la relation des adverbes au verbe est la même que celle des adjectifs au nom, ce qui constitue une raison suffisante, selon lui, pour les ranger dans une seule et même catégorie logique (*id.*). Enfin, les prépositions, les conjonctions et – en allemand – les cas (nominatif, génitif, etc.) n'expriment rien d'autre, selon Lotze, que des « relations » (*Beziehungen*) entre des contenus qui ont déjà reçu par ailleurs une forme logique substantive, adjective ou verbale (*ibid.* : 22). C'est pourquoi la catégorie de relation n'a pas exactement le même statut, semble-t-il, que les trois catégories logiques fondamentales : substantivité, adjectivité, verbalité. Celles-ci constituent, comme dit Lotze, « la plus petite mesure (*das geringste Maß*) d'organisation et de répartition des contenus de représentation », c'est-à-dire le système catégoriel minimal sans lequel la pensée ne peut commencer ses « opérations » (Lotze, 1864/1989 : 242). Toutes les autres formes qui peuvent surgir par la suite ne sont que des complications de ce système organisationnel primaire.

La thèse de Lotze est que les catégories de substantivité, adjectivité et verbalité sont des « formes » qui interviennent dès le niveau le plus primaire de l'activité intellectuelle, à savoir dès la simple « objectivation » (*Vergegenständlichung*) des sensations ou des impressions. Toute la logique de Lotze est effectivement bâtie sur une base que l'on pourrait qualifier de « sensualiste » : des sensations nous sont présentées dans l'expérience et donnent lieu à un flux continu de représentations qui surgissent ensemble dans la conscience ; sensations et représentations sont en quelque sorte les « matériaux » sur lesquels s'exerce l'activité de la pensée ou l'activité intellectuelle, la *Denkhandlung* étudiée par la logique. Or l'activité intellectuelle primaire, celle qui constitue la condition « première » et « incontournable » pour l'exercice des activités logiques supérieures (comme la formation d'un concept, d'un jugement et d'un raisonnement), réside dans l'« objectivation » des impressions. Cette objectivation – qui est pour nous, écrit Lotze, quelque chose d'extrêmement familier, quelque chose qui est déjà effectué lorsque nous parlons – consiste d'abord en la « transformation d'une *impression* en une *représentation* », transformation lors de laquelle ce qui est ressenti n'est plus conçu comme un simple « état » (*Zustand*) psychique et subjectif, mais comme un « contenu » (*Inhalt*) (Lotze 1874/1989, ɪ : § 8).

Le concept de « contenu » est clairement au fondement de l'« objectivisme logique » ou « sémantique » de Lotze. La caractéristique principale du contenu est qu'il « signifie ce qu'il signifie » (*bedeutet was er bedeutet*) indépendamment des actes, c'est-à-dire « que notre conscience se dirige vers lui ou non » (*id.*). C'est à cette condition seulement, écrit Lotze, que les représentations – au sens des *contenus* de représentation – peuvent servir de « pierres de construction » ou d'« éléments » logiques (*ibid.* : 14). Or, la transformation des impressions en contenus de représentation, affirme Lotze (§ 4), fait toujours intervenir en même temps les « formes logiques » élémentaires (sujet, verbe, adjectif), car avec la position d'un contenu objectif sont toujours données les conditions de sa combinaison ou de sa connexion avec d'autres contenus. Pour être « utilisable » sur le plan logique, ce contenu objectif doit avoir la forme soit d'un sujet, soit d'un verbe, soit d'un adjectif (ou, pourrait-on ajouter, d'un adverbe). Sans cette « mise en forme » (*Formung*), en effet, il ne serait pas possible de combiner des contenus de représentation pour former des concepts, des jugements ou des raisonnements. Par exemple, pour que la sensation subjective du bleu qui m'est donnée dans la perception d'un objet bleu puisse donner lieu à un jugement du type <L'objet *A* est bleu>, il ne suffit pas qu'elle soit considérée comme un contenu objectif (la signification <bleu>, prise en soi) qui subsiste indépendamment de ma conscience actuelle, qui ne disparaît pas avec ma représentation de ce bleu-ci. C'est là une condition nécessaire mais non suffisante. Pour devenir un « élément logique » à part entière, le contenu <bleu> doit en même temps revêtir une forme logique : dans le cas du jugement mentionné ci-dessus (<*A* est bleu>), il doit avoir la forme d'un adjectif, car c'est à cette condition seulement qu'il peut être mis en connexion, en tant qu'attribut, avec le sujet logique de la proposition, qui est quant à lui un contenu *substantivé* (<*A*>).

On voit immédiatement que l'entrée en jeu des formes logiques est commandée par ce que Husserl appellera, quelques années plus tard, des « lois » de connexion. C'est parce que les éléments du jugement – les contenus de représentation – ne peuvent pas être reliés de manière arbitraire, mais seulement selon certaines lois, que leur « objectivation » logique est inséparable d'une « mise en forme » ou d'une « catégorisation » qui détermine leurs relations mutuelles. C'est une loi de la grammaire pure logique, par exemple, qu'un contenu de forme adjective ne peut pas entrer en combinaison avec un contenu verbal pour former un jugement sensé. Il est nécessaire, remarque Lotze, que des contenus de forme substantive « assurent » aux contenus de forme adjective « un point d'ancrage » (*eine Stätte der Anknüpfung*), de même qu'il est nécessaire que des contenus de forme verbale désignent les « relations fluantes » qui trouvent place entre les contenus-substantifs et les contenus-adjectifs (*ibid.* : 17). Il est facile de voir que se cache, derrière cette « nécessité » dont parle Lotze, la légalité « pré-logique » dont parleront Husserl et Pfänder (voir Dewalque, 2011)[15]. Quoi qu'il en soit, cette première structuration élémentaire n'est toutefois pas la seule articulation que présente le « monde du pensable ». Au contraire, il existe, selon Lotze, une autre articulation des contenus de représentation, dont l'étude ne relève plus de la « logique pure », mais de la théorie de la connaissance.

3. Structuration matérielle : la « validité »

J'ai suggéré plus haut (§ 1) que la « validité » désignait le statut logique de *certaines* propositions vraies, à savoir celles qui sont vraies non pas en vertu de lois logiques ou de l'état factuel du monde, mais en vertu de relations intrinsèques entre les « contenus représentables ». L'une des thèses directrices de la *Logique* de Lotze réside effectivement dans l'idée que le « monde du représentable » est un tout intrinsèquement structuré.

Afin de clarifier le sens de cette thèse, il a d'abord semblé nécessaire d'isoler un premier type de structure : la structure logico-syntaxique du représentable (§ 2). Comme on l'a vu dans la section précédente, l'idée de Lotze est qu'il existe des lois régissant la connexion objective des contenus de représentation. Ainsi, par exemple, un contenu de forme verbale ne peut pas entrer en combinaison avec un contenu de forme adjective. Ces

---

[15] Le rapprochement peut encore être poussé plus loin. Dans *Mikrokosmos*, Lotze expose en effet sa conception en distinguant d'emblée les contenus « indépendants » et les contenus « dépendants », comme le fera Husserl dans la quatrième *Recherche logique*. Les contenus saisis sous la forme substantive, écrit Lotze, sont appréhendés comme « quelque chose d'indépendant » (*ein Selbständiges*), qui peut servir de « point de départ » (*Ausgangspunkt*) pour un autre contenu ; et inversement, les contenus saisis sous la forme adjective sont appréhendés comme « ce qui est dépendant » (*das Unselbständige*) (Lotze 1864/1923 : 241-42).

lois constituent une armature logique indispensable à la pensée. Elles doivent naturellement être respectées pour former une proposition vraie. En ce sens, la proposition <le blanc et le noir s'excluent mutuellement> respecte les lois de la syntaxe logique : elle est la combinaison de contenus substantifs avec un contenu verbal et un contenu adjectif ou adverbial. Elle constitue donc une proposition syntaxiquement « bien formée ».

Maintenant, ce constat, qui va de soi, ne justifie encore nullement que l'on traite cette proposition comme une proposition « valide ». Au sens technique, la validité d'une proposition, chez Lotze, ne désigne pas son caractère « bien formé », ni sa vérité conformément aux lois de la logique formelle. L'enjeu véritable est plutôt de mettre en lumière, à côté des relations formelles et logico-syntaxiques, l'existence d'autres relations entre les contenus, à savoir des relations « matérielles », fondées sur l'essence des phénomènes considérés eux-mêmes. Le point essentiel, à cet égard, est que le « monde du représentable » est à l'image du champ sensoriel : c'est un ensemble de contenus structuré par des relations d'homogénéité et d'hétérogénéité. Dans la *Logique* de 1874, ces relations sont précisément illustrées en recourant systématiquement à l'analyse des phénomènes sensibles : couleurs, sons, qualités tactiles, etc. Concrètement, la théorie de la validité est donc inséparable de l'idée que le domaine des phénomènes sensibles est un domaine intrinsèquement structuré, susceptible d'être étudié pour lui-même « objectivement », sans tenir compte de l'instanciation des phénomènes sensibles dans les choses du monde ni des capacités de l'esprit humain qui les appréhende. En un mot : elle est inséparable de ce que Stumpf appellera plus tard, en un sens différent de Husserl, une « phénoménologie », une étude des phénomènes sensibles et de leurs propriétés.

La première chose à noter est que la structuration « matérielle » (*sachliche*) du monde du représentable n'a rien à voir avec de quelconques lois de la logique formelle. En particulier, les propositions dites « valides » (<le blanc et le noir s'excluent mutuellement>, <les couleurs forment une série homogène incomparable avec la série des sons>, etc.) sont impossibles à justifier en recourant aux principes de la logique formelle, comme le principe de contradiction. De fait, la négation des relations « matérielles » ne renferme aucune contradiction, donc aucune impossibilité formelle. Il serait tout à fait pensable, insiste Lotze, que le monde du représentable ne soit pas structuré matériellement, mais soit composé d'atomes logiques qui n'entretiendraient aucun lien distinctif les uns avec les autres. Les contenus de représentation correspondants aux phénomènes sensibles (<blanc>, <noir>, <jaune>, <couleurs>, <sons>, etc.) pourraient être totalement disparates, c'est-à-dire incomparables les uns aux autres. Il n'en résulterait aucune impossibilité logique :

On peut très bien penser que chacune de nos impressions singulières se distingue de n'importe quelle autre en excluant toute comparaison possible (*unvergleichbar*), comme se distinguent en réalité le sucré et le chaud, le jaune et le mou. Qu'il n'en aille pas ainsi, c'est donc une organisation factuelle du monde du représentable lui-même, qui mérite d'être prise en considération (Lotze, 1874/1989, I : 28).

Par conséquent, la négation d'une proposition « valide » (au sens strict : vraie *a priori*, en vertu de la nature des phénomènes considérés) n'enveloppe aucune *contradiction*. C'est là, sans aucun doute, une distinction importante vis-à-vis des « jugements analytiques » de Kant. Un jugement analytique, au sens de Kant, est précisément un jugement dont la négation implique une contradiction, puisque le concept-prédicat est contenu « de manière cachée » dans le concept-sujet (*KrV*, A/B : 6-7/10-11). Or, ici, il n'en est rien. Il serait tout à fait possible, sur le plan simplement formel, que la proposition <le blanc et le noir ne s'excluent pas> soit vraie : la négation ne produit ici aucune contradiction, car il n'est pas contradictoire d'imaginer que tous les contenus de représentation soient des contenus disparates. Simplement, ce n'est pas le cas. Le « monde du représentable », affirme Lotze, est bel et bien structuré de façon matérielle :

> Il n'est en soi pas contradictoire que toute représentation soit incomparablement différente de toute autre, que, une fois tombée la comparabilité qualitative, tout critère fasse aussi défaut pour un plus ou un moins, qu'aucune représentation ne s'offre deux fois à la perception, et que disparaisse aussi, avec cette absence de répétition du semblable, les représentations du plus grand et du plus petit. Qu'il n'en soit pas ainsi, qu'au contraire le monde du représentable possède justement l'articulation que nous avons trouvée, cela devait être souligné comme un fait de la plus haute importance (Lotze, 1874/1989, I : § 19, 36).

La même thèse est encore affirmée, très explicitement, au troisième Livre :

> Le monde des contenus représentables – que nous ne produisons pas en pensant, mais que nous découvrons – ne se décompose pas de façon atomiste en composantes purement singulières, dont chacune serait incomparable aux autres, mais des ressemblances, des parentés et des relations trouvent place entre eux de telle sorte que la pensée, en formant quelque chose de général, en lui subordonnant quelque chose de singulier et en coordonnant des éléments singuliers les uns aux autres, se conforme, par ses mouvements formels et subjectifs, à la nature du contenu matériel considéré (*sachlichen*) (Lotze 1874/1989, III : § 339, 559).

Contrairement aux lois logico-syntaxiques, qui sont formelles, donc qui valent pour tout contenu quelconque abstraction faite de sa nature, les lois qui sont capturées par le concept de « validité » sont des lois « matérielles », qui dépendent intimement de la nature des phénomènes. Ainsi, la vérité qui échappe au doute sur le monde extérieur ne concerne pas seulement l'unité d'un contenu avec lui-même (son identité) et sa différence à l'égard des autres. Elle concerne aussi, plus fondamentalement, les relations de « ressemblance » *(Ähnlichkeit)* et de parenté (*Verwandtschaft*) entre contenus :

> Ce qui rentre dans la composition de cette première connaissance immédiate n'est pas simplement l'unité isolée de tout contenu conceptuel avec lui-même, ni simplement l'opposition uniforme à tout le reste, mais aussi les rapports graduels de ressemblance et d'affinité entre les contenus différents. Quand le blanc devient noir et le doux aigre, ils ne deviennent pas seulement autres en général, mais glissent du domaine d'un concept, auquel ils prenaient part, au domaine d'un autre concept, qui est séparé du premier par une étendue invariable qui est celle de l'opposition, une étendue plus grande que celle qui trouve place entre le blanc et le jaune ; une étendue incomparable avec le fossé complet qu'il y a entre le blanc et l'aigre (Lotze 1874/1989, III : § 314, 508).

Ce qui importe aux yeux de Lotze, ce n'est pas l'Idée du blanc ni l'Idée du noir comme telles, mais c'est la relation qui subsiste entre elles. Cette relation a une nature déterminée et se distingue d'autres relations, comme celles entre <blanc> et <jaune> (à l'intérieur du champ chromatique), <blanc> et <acide> (dans la sphère plus large des phénomènes sensibles), etc. La question, dès lors, est la suivante : quels sont les critères qui permettent de distinguer les relations entre contenus sensibles ? Qu'est-ce qui nous autorise à diviser l'ensemble de ce qui est représentable en concepts déterminés (couleur, son, etc.), et à assigner des limites aux différents « domaines de souveraineté » (*Herrschaftsgebiete*) de ces concepts (Lotze 1874/1989, II : 214) ?

La réponse à cette question est exposée au livre II de la *Logique*, dans un chapitre intitulé « La délimitation des concepts »[16]. Lotze y examine d'abord la relation de « différence complète » ou de disparité. Sa théorie repose sur le principe d'après lequel nous avons le droit de considérer deux contenus sensoriels comme disparates lorsque ces contenus satisfont les conditions suivantes : (a) aucun contenu intermédiaire n'est représentable, (b) aucun mélange (*Mischung*) des deux contenus n'est pensable, de telle sorte qu'on ne peut se représenter un nouveau contenu

---

[16] En dépit de son importance philosophique (voir, e.g., Bauch, 1918 : 50), ce Livre II (« Logique appliquée ») semble avoir été largement négligé par les commentateurs. Pour une raison mystérieuse, il n'a d'ailleurs pas été réédité dans l'édition Meiner de 1989. À ma connaissance, Georg Misch est l'un des seuls à avoir souligné l'importance de ces développements pour l'interprétation lotzéenne de la *Geltung* (Misch, 1912 : LXXIV). Le lecteur trouvera une traduction inédite du chapitre sur la délimitation des concepts dans les annexes au présent volume.

qui résulterait des deux précédents, (c) l'opposition entre eux n'admet aucun degré, est non graduelle, de sorte que cela n'a aucun de sens de dire que le contenu A est plus ou moins opposé au contenu B que B n'est opposé à C. De tels rapports de disparités sont observables entre une couleur A, un son B et une odeur C (*id.*). Cette disparité complète entre les éléments de différents champs sensoriels n'est en rien diminuée, précise Lotze, lorsque l'on subsume tous ces contenus sous le concept de « sensation ». Contrairement au concept de triangle, que l'on peut utiliser comme règle et faire varier afin d'en déduire qu'il existe des triangles équilatéraux, on ne peut déduire du concept de sensation qu'il y a des odeurs ou des sons en plus des couleurs. Tous ces contenus sensoriels sont disparates ou incomparables.

Ensuite, à côté de ces relations de disparité, il y a des relations de *parenté* entre les contenus sensibles d'un champ sensoriel formant une série continue. Entre rouge et jaune, il est possible de se représenter des contenus intermédiaires, de les obtenir en mélangeant la qualité <rouge> à la qualité <jaune>, et de les distinguer graduellement. Il en va de même, *mutatis mutandis*, dans le domaine des sensations de goût : le sucré et l'acide peuvent se combiner pour former une nouvelle qualité sensorielle qui est peut-être difficile à décrire, mais qui n'en a pas moins une existence sensible. Enfin, ajoute Lotze (1874/1989, ii : § 174, 219), les sons « se comportent de manière essentiellement différente » que les couleurs. Contrairement aux couleurs, dont les intervalles ne sont pas mesurables, les sons présentent des différences mesurables :

> On ne peut établir aucune proportion d'après laquelle le rouge se rapporterait au bleu comme le jaune à une quatrième couleur quelle qu'elle soit ; par contre, deux sons se différencient par un multiple – que l'on peut indiquer – d'une différence prise comme unité […]. Les différences des sons sont donc génériquement semblables et mesurables quant à leur grandeur, ce que celles des couleurs n'étaient pas (Lotze, 1874/1989, ii : 219-220).

Fait important, la « communauté de genre » (*Gleichartigkeit*) qui unit l'ensemble des couleurs entre elles, et qui les distingue des goûts, des sons et des autres qualités sensibles, n'est pas le fait d'une construction culturelle quelconque. La langue joue certes un rôle en exprimant les contenus de façon à fixer les différences significatives. Mais ces différences ne sont pas d'ordre linguistique ou culturel ; elles ne sont pas non plus d'ordre physique ou physiologique. L'enquête portant sur les stimuli externes n'influence en rien la structure des phénomènes. Ces différences entre les couleurs, les sons et les autres qualités sensibles sont d'abord et avant tout d'ordre *phénoménal*. La communauté de genre des couleurs, par exemple, est « immédiatement ressentie et incontestable », en vertu du simple fait que les contenus sensibles « apparaissent » (Lotze

1874/1989, ɪɪ : 216). En outre, ni la langue ni l'imagination n'ont le pouvoir de créer des différences là où il n'y en a pas. Dans le domaine des qualités gustatives, par exemple, la distinction entre l'aigre et le doux, qui sont susceptibles de se mélanger au sein d'une qualité composée (l'aigre-doux), ne pourraient pas être distingués l'un de l'autre s'il n'y avait pas une différence dans les choses elles-mêmes, une différence phénoménale :

> Notre imagination ne pourrait pas tomber sur ces manières de désigner les goûts si elle n'était pas guidée par l'impression immédiate, car on ne peut pas établir des différences lorsqu'elles ne sont pas présentes ou du moins possibles dans le contenu lui-même (1874/1989, ɪɪ : 217).

Certes, la pensée peut s'approprier le monde des contenus de représentation en prenant n'importe quel point de départ arbitraire. Il est possible, par exemple, de parcourir la série des sons à partir de n'importe quel son, ou la série des qualités de chaleur en prenant comme « point zéro » la température à laquelle l'eau se transforme en glace. La pensée est libre en ce qu'elle peut choisir de parcourir les relations entre contenus à partir de n'importe quel point arbitrairement fixé. Mais elle reste assujettie, néanmoins, à la structuration intrinsèque des phénomènes. Comme l'écrit Lotze, « l'ordonnancement légal d'une série ou d'un système de contenus multiples n'est pas possible, en tout état de cause, sans une légalité correspondante de leurs propres relations, ancrée dans les chosesmêmes » (1874/1989, ɪɪ : 222). En l'occurrence, les relations décrites sont fondées sur la nature même des sensations et n'ont strictement rien à voir avec la genèse physique ou psychique des sensations.

Le monde des phénomènes sensibles est donc une sphère de contenus intrinsèquement structurée. Les propositions décrivant cette structure sont vraies « en soi », indépendamment de l'état du monde et du sujet percevant. La théorie de la validité, on le voit, n'affirme rien d'autre que cela : même dans l'hypothèse de l'anéantissement du monde, même en l'absence de tout sujet percevant ou pensant, les couleurs et les sons continuent à posséder une place immuable dans le « monde du représentable », en vertu de leur essence même. Ce ne sont pas seulement les significations en tant qu'unités de sens *identiques* qui sont immunisées contre le flux héraclitéen, emportant choses et représentations, mais c'est la *structure matérielle* du « monde du représentable », faite d'affinités et de contrastes, de parentés et de relations graduelles, de similitudes et de disparités complètes. Les propositions qui décrivent cette structure sont à leur tour immunisées contre les changements affectant le monde psycho-physique. Elles restent vraies quel que soit l'état du monde et celui du sujet percevant, imaginant ou pensant. Par conséquent, la « validité », à strictement parler, est une propriété des seules vérités aprioriques matérielles : elle ne revient qu'aux propositions qui appréhendent la structuration intrinsèque du « monde du représentable », avec sa richesse de relations découvertes par intuition immédiate ou, comme dira Husserl, par un « voir donateur originaire ».

Conclusion

Dans son introduction au troisième livre de la grande *Logique* de Lotze, Gottfried Gabriel affirme que cet ouvrage peut être considéré comme « le texte de départ de tous les courants philosophiques importants du xxe siècle » (Gabriel, 1989 : xii). Si cela est vrai de l'antipsychologisme et du néokantisme, les considérations qui précèdent suggèrent qu'il y a également certains liens profonds, mais jusqu'ici relativement inaperçus, entre la théorie de la validité et l'idée d'une analyse eidétique des phénomènes sensibles. Plus généralement, la théorie de la validité n'apparaît pas comme une théorie purement logique coupée de toutes considérations scientifiques rigoureuses. La notion de validité n'est pas une simple « idole verbale » (Heidegger, 1927/1993, § 33). Elle tire son sens de l'étude patiente et minutieuse des phénomènes sensibles et, plus exactement, de la conviction que ces phénomènes possèdent une structure propre, susceptible d'être appréhendée et décrite « objectivement » pour elle-même. La validité est, d'abord et avant tout, une propriété des propositions capturant la structure des phénomènes sensibles (couleurs, sons, goûts, etc.). L'image de Lotze qui en ressort est, sans doute, passablement éloignée de celle que s'en faisaient les néokantiens et plus proche de celle que renvoyaient Brentano et Stumpf : elle est celle d'un philosophe pour qui « le contact étroit avec les sciences de la nature » formait « la condition d'une pratique philosophique efficace » (Stumpf, 1918 : 2), mais qui n'est jamais parvenu à s'affranchir de l'autorité de Kant (*ibid.* ; 13)[17].

Je me bornerai ici, pour finir, à formuler quelques remarques conclusives.

1 / D'après ce qui précède, il semble plausible de dire que l'analyse lotzéenne n'équivaut nullement à instaurer un objectivisme sémantique *à la Bolzano*, comme si le *es gilt* était une réactualisation du *es gibt* bolzanien. Simplement, l'analyse lotzéenne *présuppose* un tel objectivisme sémantique, posé dès le Livre I (*La pensée*). L'originalité de Lotze réside ailleurs. Elle consiste, d'abord, à avoir associé étroitement l'objectivation du sens avec l'idée d'une structuration logico-syntaxique, qui n'est pas sans anticiper l'idée husserlienne de « grammaire pure logique » (cf. Dewalque, 2011). Elle consiste, ensuite et surtout, à

---

[17] Cf. Brentano, Lettre à Stumpf du 3 novembre 1867 (Brentano, 1989 : 3) : Lotze est « beaucoup trop influencé par le criticisme kantien ».

avoir traité le « monde du représentable » comme une sphère structurée *matériellement*, en vertu de l'essence même des phénomènes considérés. Ce dernier aspect creuse certainement l'écart séparant Lotze de Bolzano. Plus que des « propositions en soi », les propositions qui *valent* doivent être rapprochées des « vérités de raison » de Leibniz et des *relations of ideas* de Hume, ainsi d'ailleurs que le suggèrent certaines déclarations de Husserl (voir, e.g., Husserl 1913 : [128-29] 378-79)[18].

2 / Cette dimension « eidétique » et « matérielle », qui est consubstantielle à la théorie lotzéenne de la validité, préfigure vraisemblablement l'étude systématique des phénomènes sensibles et de leurs propriétés intrinsèques. Comme l'a remarqué Misch (1912 : LXXIV), certaines observations Lotze (1874/1989, II : § 171 sq.) anticipent d'ailleurs incontestablement la « phénoménologie » de Stumpf. Pour ce dernier, la « phénoménologie » est une discipline particulière, qui est distincte de la psychologie, et qui a pour tâche de mettre au jour une série de lois ou de contraintes qui sont fondées dans la nature même des phénomènes sensibles. Au fondement de cette approche, on trouve l'idée que les phénomènes sensibles possèdent une structuration intrinsèque et « objective », qui n'est pas construite par le sujet percevant, mais qui est au contraire susceptible d'être *découverte* et d'être *décrite* dans une théorie. À ce niveau, il est frappant de voir à quel point le contenu de la « phénoménologie » de Stumpf recoupe certaines observations de Lotze, par exemple l'idée que la série des couleurs et la série des sons forment deux ensembles *incomparables* ou *disparates*, entre lesquels des points de passage sont tout simplement inconcevables :

> Les phénomènes nous sont donnés avec leurs propriétés, ils se tiennent face à nous comme quelque chose d'objectif ayant ses propres lois, que nous avons seulement à reconnaître et à décrire. [...] Même avec tout l'effort d'attention possible, par exemple, nous ne pouvons ajouter aucune nouvelle dimension à l'espace intuitif ni transformer un son simple en son double ni inventer un passage entre couleurs et sons, encore moins un passage direct entre le bleu et le jaune (sans la médiation du rouge ou du vert) (Stumpf, 1907 : [30] 195-96)[19].

---

[18] Sur la différence entre les propositions analytiques de Kant et les *relations of ideas* de Hume, cf. Proust (1986 : 28 sq.). On sait par ailleurs que « les *relations of ideas* humiennes ont fourni la matrice du synthétique *a priori* (le fameux "*a priori* matériel") des *Recherches logiques* » de Husserl (Benoist, 1999 : 97).

[19] Comparez avec Lotze (1874/1989, II : 218) : « À vrai dire, on peut faire passer l'œil, de façon continue, de l'impression d'une couleur à l'impression d'une autre, au moyen de teintes intermédiaires adroitement choisies ; mais à partir du rouge, on n'obtient de l'orange ou du violet que par un mélange avec du jaune ou du bleu, qui demeure encore sensible en tant que tel pour la représentation ; il reste qu'en soi, il n'y a pas de passage reliant ce qui fait que le rouge est rouge à ce qui fait que le bleu est bleu. Si l'on n'avait jamais eu qu'une sensation de rouge, mais non une sensation de bleu, on

Ainsi comprise, la « phénoménologie » couvre un champ d'investigations très vaste. Elle est le titre d'une discipline dont les énoncés ont le statut de vérités matérielles *a priori*, donc *valent* (au sens de Lotze) indépendamment de l'état du monde et de celui du sujet. C'est une vérité apriorique matérielle, par exemple, que l'on peut entendre deux sons en même temps sans les entendre l'un à côté de l'autre, mais que l'on ne peut pas percevoir deux couleurs sans les percevoir l'une à côté de l'autre (Stumpf, 1939 : 180), etc. Contrairement à Lotze, Stumpf estime toutefois, à la suite de Brentano, que le domaine des phénomènes sensibles n'est pas le seul champ d'investigations susceptible de donner lieu à des propositions qui *valent*. Les phénomènes psychiques sont eux aussi susceptibles d'être décrits d'un point de vue eidétique et matériel. Mais il faut aussi en dire autant des configurations psychiques (*Gebilde*) qui forment les corrélats des actes, et dont Stumpf assigne l'étude à une discipline spéciale, qu'il nomme « eidologie » (en référence à Platon). Dans l'*Erkenntnislehre* de 1939, Stumpf considérera la phénoménologie, la psychologie et l'eidologie comme trois disciplines « axiomatiques matérielles ». Ces disciplines cherchent à mettre au jour des « axiomes », donc des propositions fondamentales qui ne sont pas dérivables d'autres propositions ni de l'expérience ; mais d'autre part, ces axiomes sont des axiomes « matériels », qui sont fondés dans la nature même des phénomènes étudiés et qui doivent donc être soigneusement distingués des axiomes de la logique formelle.

3 / Le caractère matériel et eidétique des considérations qui forment le soubassement de la théorie lotzéenne de la validité a également été relevé par Husserl, qui l'a mis en avant avec insistance dans son « Esquisse de préface » aux *Recherches logiques* (1913). La phénoménologie, écrit Husserl, se définit avant tout comme une *analyse eidétique* des phénomènes psychiques. Dans les termes des *Ideen* I, elle entend être une ontologie matérielle de la région « conscience », c'est-à-dire mettre au jour les lois d'essence qui structurent le domaine du mental. Or, sans encore apercevoir la portée de cette découverte, Lotze, déjà « avait considéré le domaine des données de sensations, des données de couleurs et de sons, comme un champ de connaissances idéales, donc "ontologiques" » (Husserl, 1913/1939 : [321] 386). L'avancée décisive, précise Husserl, tient à la prise de conscience d'un contraste entre les *relations of ideas* de Hume, qui sont fondées dans la nature des contenus eux-mêmes, et les jugements analytiques de Kant, qui sont des constructions logiques fondées sur le principe (formel) de contradiction. Comme l'admet Husserl lui-même, c'est ce contraste qui a joué un rôle majeur dans sa conversion à

---

ne [219] découvrirait rien dans la nature simple du rouge qui pourrait conduire, par une quelconque modification, augmentation ou diminution, à la représentation du bleu ».

l'antipsychologisme – celle-là même qu'il attribue à l'influence de Lotze sur sa propre pensée. Le fait que Lotze ait mis au jour le domaine des contenus sensibles comme un domaine de connaissances idéales, donnant lieu à des propositions vraies d'un certain genre, immunisées contre l'état du monde et du sujet, a vraisemblablement pesé sur la phénoménologie husserlienne naissante. Toutefois, le rôle de Lotze, sur ce point, ne doit pas être surestimé. Selon Husserl, il y a quelque chose que Lotze n'a pas vu : le fait que l'étude des actes ou des états mentaux intentionnels constitue « un champ de connaissance *a priori* infiniment plus riche » que le domaine des sensations, susceptible d'être étudié de manière systématique (*id.*).

4 / Enfin, un autre point important réside dans l'idée selon laquelle la validité est une propriété des propositions, non des concepts ou des représentations. Les propositions aprioriques matérielles *valent* ; mais les concepts, pris isolément, *signifient* simplement quelque chose (Lotze 1874/1989, III : 521). À cet égard, la théorie de l'*a priori* matériel est parfaitement compatible avec la thèse de l'origine empirique des « idées » ou des représentations. Bien sûr, un aveugle ou un sourd de naissance, pour reprendre l'exemple de Stumpf, ne disposent pas des représentations de couleurs et de sons. Mais comme le remarque Lotze (1874/1989, III : 508-09), il suffit qu'une couleur ou un son soit une fois perçu pour que l'idée correspondante soit située dans l'ensemble des relations éternellement valides entre contenus de sensations. C'est que les relations entre contenus exprimées par les propositions aprioriques matérielles ne sont pas établies par induction à partir d'expériences répétées, mais *valent* indépendamment de l'état du monde et des expériences du sujet. L'empirisme, comme l'écrira Stumpf, a raison sur un point : « Les concepts sont finalement tous tirés de la perception », mais il reste qu'« il peut y avoir des connaissances aprioriques pour l'établissement desquelles de nouvelles expériences ne sont nullement nécessaires » (Stumpf, 1939 : 126).

Bibliographie

Bauch, B., « Lotzes Logik und ihre Bedeutung im deutschen Idealismus », in *Beiträge zur Philosophie des deutschen Idealismus*, n° I/2, 1918, p. 45-58.

Benoist, J., *L'a priori conceptuel. Bolzano, Husserl, Schlick*, Paris, Vrin, 1999.

Bergmann, H., *Das philosophische Werk Bernard Bolzanos mit Benützung ungedruckter Quellen kritisch untersucht*, Halle/Saale, Niemeyer, 1909 ; républié chez Hildesheim-New York, Olms, 1970.

Beyer, Ch., *Von Bolzano zu Husserl. Eine Untersuchung über den Ursprung der phänomenologischen Bedeutungslehre*, Dordrecht, Kluwer, 1996.

Bolzano, B., *Wissenschaftslehre* (1837), Leipzig, Meiner, 2ᵉ éd., 1929.

Brentano, F., *Briefe an Carl Stumpf 1867-1917*, Graz, Akademische Druck- und Verlagsanstalt, 1989.

Dastur, F., « La logique de la "validité". Husserl, Heidegger, Lotze », in *La phénoménologie en questions*, Paris, Vrin, 2004, p. 15-29.

Dewalque, A., « Validité du sens ou idéalité des significations ? Rickert et Husserl : deux variétés de logique pure », in *Les Études philosophiques*, 2008/1, p. 97-115.

–, « L'autonomie des catégories syntaxiques (Husserl, Heidegger, Pfänder) », in A. Dewalque, B. Leclercq et D. Seron (eds.), *La Théorie des catégories. Entre logique et ontologie*, Liège, PULg, Coll. « Philosophie », 2011, p. 119-147.

–, *Être et Jugement. La fondation de l'ontologie chez Heinrich Rickert*, Hildesheim, Olms, 2010.

–, « Le sens de l'idéalisme platonicien selon Lotze », in S. Delcomminette et A. Mazzù (eds.), *L'Idée platonicienne dans la philosophie contemporaine*, Paris, Vrin, 2012a, p. 71-95.

–, « Idée et signification : le legs de Lotze et les ambiguïtés du platonisme », in B. Collette-Ducic et B. Leclercq (eds.), *L'Idée de l'idée. Éléments de l'histoire d'un concept*, Louvain-Paris, Peeters, 2012b, p. 187-214.

Erdmann, B., *Logik. Logische Elementarlehre*, E. Becher éd., Berlin-Leipzig, De Gruyter, 1923.

Falckenberg, R., *Hermann Lotze, sein Verhältnis zu Kant und Hegel und zu den Problemen der Gegenwart*, Leipzig, Barth, 1913.

Gabriel, G., « Objektivität : Logik und Erkenntnistheorie bei Lotze und Frege », in R. H. Lotze, *Logik. Drittes Buch. Vom Erkennen (Methodologie)*, G. Gabriel éd., Hamburg, Meiner, 1989, p. ix-xxvii.

Glockner, H., « Lotzes Deutung der Platonischen Ideen », in *Die Pädagogische Hochschule*, n° 2, 1930, p. 7-17.

Hauser, K., « Lotze and Husserl », in *Archiv für Geschichte der Philosophie*, n° 85, 2003, p. 152-178.

Heidegger, M., *Sein und Zeit* (1927), Tübingen, Niemeyer, [17]1993.

–, *Logik. Die Frage nach der Wahrheit*, in *Gesamtausgabe* (= *GA*), Bd. 21, Frankfurt/Main, Klostermann, 1995.

Husserl, E., *Logik. Vorlesung 1902/03*, in *Husserliana Materialien*, Bd. II, Dordrecht, Kluwer, 2001.

–, « Entwurf einer "Vorrede" zu den Logischen Untersuchungen » (1913), in *Tijdschrift voor Philosophie*, n° 1, 1939, p. 106-133, 319-339 ; trad. fr. J. English, « Esquisse d'une Préface aux *Recherches logiques* », in E. Husserl, *Articles sur la logique*, Paris, PUF, 1975 ([2]1995), p. 352-407.

Kant, I., *Kritik der reinen Vernunft* (= *KrV*), in *Gesammelte Schriften*, Akademie-Ausgabe (Ak.), Bd. III (B = 1787) et Bd. IV (A = 1781), Berlin-Leipzig, De Gruyter ; trad. fr. J. Barni, A. J.L. Delamarre et F. Marty, *Critique de la raison pure*, Paris, Gallimard, 1980.

Lask, E., *Die Logik der Philosophie und die Kategorienlehre* (1910), rééd. in *Gesammelte Schriften* II, Tübingen, J.C.B. Mohr (Paul Siebeck), 1923 ; trad. fr. Courtine J.F., de Launay M., Pradelle D. et Quesne P., *La logique de la philosophie et la doctrine des catégories*, Paris, Vrin, 2002.

–, *Die Lehre vom Urteil* (= *LvU*), Tübingen, J.C.B. Mohr (Paul Siebeck), 1912 ; rééd. in *Gesammelte Schriften* II, Tübingen, J.C.B. Mohr (Paul Siebeck), 1923.

Liebert, A., *Das Problem der Geltung*, Berlin, Reuther & Reichard, 1914 (*Kant-Studien Ergänzungshefte* 32).

Lotze, R. H., *Logik*, Leipzig, Weidmann, 1843.

–, *Mikrokosmos. Ideen zur Naturgeschichte und Geschichte der Menschheit*, Leipzig, Hirzel, [1]1864 ; Leipzig, Meiner, [6]1923.

–, « Die Ideenwelt », in *Logik. Drittes Buch. Vom Erkennen* (1874), Hamburg, Meiner, 1989, p. 505-523 ; trad. fr. A. Dewalque, « Le monde des Idées », dans *Philosophie*, n° 91, 2006, p. 9-23 (une version révisée de cette traduction verra prochainement le jour dans un recueil intitulé *Platon néokantien*, A. Dewalque éd., Paris, Vrin, à paraître).

–, *Metaphysik. Drei Bücher der Ontologie, Kosmologie und Psychologie*, Leipzig, Hirzel, 1879.

–, *Briefe und Dokumente*, R. Pester et E. W. Orth éd., Würzburg, Königshausen & Neumann (Studien und Materialien zum Neukantianismus 20), 2003.

Marty, A., *Untersuchungen zur Grundlegung der allgemeinen Grammatik und Sprachphilosophie*, Halle, Niemeyer, 1908.

Michaltschew, D., *Philosophische Studien. Beiträge zur Kritik des modernen Psychologismus*, Leipzig, Engelmann, 1909.

Misch, G., « Einleitung », in R. H. Lotze, *Logik. Drei Bücher vom Denken, vom Untersuchen und vom Erkennen*, Leipzig, Meiner, 1912, p. ix-xcii.

Morscher, E., « Von Bolzano zu Meinong », in R. Haller (Hrsg.), *Jenseits von Sein und Nichtsein*, Graz, Akademische Druck-u. Verlagsanstalt, 1972, p. 69-102.

Pester, R., *Hermann Lotze. Wege seines Denkens und Forschens. Ein Kapitel deutscher Philosophie- und Wissenschaftsgeschichte im 19. Jahrhundert*, Würzburg, Königshausen & Neumann, 1997.

Proust, J., *Questions de forme. Logique et proposition analytique de Kant à Carnap*, Paris, Fayard, 1986.

Rollinger, R., « Hermann Lotze on Abstraction and Platonic Ideas », in *Poznani Studies in the Philosophy of the Sciences and the Humanities*, n° 82, 2004, p. 147-161.

Ssalagoff, L., « Vom Begriff des Geltens in der modernen Logik », in *Zeitschrift für Philosophie und philosophische Kritik*, n° 143, 1911, p. 145-190.

Stumpf, C., « Zur Einteilung der Wissenschaften », in *Abhandlungen der Königlich-Preußischen Akademie der Wissenschaften*, Philosophish-historische Classe, Berlin, Verlag der Königliche Akademie der Wissenschaften, 1907,

p. 1-94 ; trad. fr. D. Fisette, « Classification des sciences », in C. Stumpf, *Renaissance de la philosophie. Quatre articles*, Paris, Vrin, 2009, p. 169-254.

–, « Zum Gedächtnis Lotzes », in *Kant-Studien*, n° 22, 1918, p. 1-26.

–, *Erkenntnislehre*, Bd. I, Leipzig, Barth, 1939.

Waldschmitt, L., *Bolzanos Begründung des Objektivismus in der theoretischen und praktischen Philosophie*, Würzburg, Triltsch, 1937.

Windelband, W., *Lehrbuch der Geschichte der Philosophie*, H. Heimsoeth (Hrsg.), 14ᵉ éd. augmentée, Tübingen, J.C.B. Mohr (Paul Siebeck), 1950.

Entre Kant et néo-kantismes

Jugement éthique et jugement esthétique chez Lotze

Charlotte MOREL

CNRS, UMR 5037/ ENS de Lyon (France)

1. L'analyse de la valeur dans le cadre d'une logique du sens

Dans le présent travail, il s'agira d'analyser le lien entre esthétique et logique chez Lotze. Nous avons déjà proposé ailleurs de lire son esthétique comme une « logique du sens » (Morel, 2012 : 375-397)[1]. Cette

---

[1] La question esthétique chez Lotze a globalement reçu très peu de commentaires. Voici cependant quelques éléments. D'abord dans les ouvrages généraux sur Lotze : on trouve peu sur cette question dans l'ouvrage de Reinhardt Pester (1997), mais y figure cependant l'analyse des deux essais esthétiques que Lotze (1845 et 1847), dont celui que nous mettons ici au centre de notre propos : *Über den Begriff der Schönheit* (cf. Pester, 1997 :154-156). Très complet sur l'ensemble du cheminement lotzéen, l'ouvrage de Max Wentscher (1913) traite des deux essais esthétiques de 1845 et 1847, de la *Geschichte der Ästhetik in Deuschland* [*GÄD*], et commente plusieurs recensions liées au champ esthétique, notamment la célèbre recension de Hanslick et celle du *System der Ästhetik* de Weisse. Dans l'excellent ouvrage de Herbert Schnädelbach consacré à la philosophie en Allemagne de 1831 à 1933, la présentation de la philosophie lotzéenne, que nous recommandons par ailleurs, doit rester succincte et ne prend pas en compte la dimension esthétique de la *Werththeorie* (Schnädelbach, 1983 : 206-218). S'il ne le développe pas, Schnädelbach note bien par ailleurs que c'est, entre autres, « sa confrontation au problème du beau artistique » qui amène Lotze à une théorie du *jugement de valeur* (Schnädelbach, 1983 : 217). Les études spécifiquement consacrées à l'esthétique de Lotze sont particulièrement anciennes (à notre connaissance elles s'échelonnent entre 1886 et 1926 ; il s'agit souvent de travaux de thèse), et se placent le plus souvent dans la perspective d'une esthétique classique, qui ne prend pas pour propos de croiser la dimension esthétique et la dimension logique de l'œuvre de Lotze. Enfin, heureusement, certaines études relatives à la philosophie des valeurs de Lotze contiennent aussi des éléments très intéressants sur l'esthétique, et cette fois le lien à la dimension logique est présent : ainsi au premier chef le remarquable article de Piché (1997) – qui de surcroît fournit d'autres références pertinentes telle que Gadamer, (1977). Nos remercions vivement C. Piché de nous avoir communiqué la référence de son travail, dont nous avons pris connaissance après la rédaction de l'article. La

expression mérite deux commentaires, qui doivent servir ici à introduire notre propos :

– dans l'analyse lotzéenne du phénomène esthétique, la dimension logique s'introduit par l'étude des formes judicatives qu'implique ce phénomène – notamment la forme judicative de l'évaluation esthétique (cf. *GÄD* : 225-246, consacré au débat avec les positions de Herbart).

– Le terme de sens peut s'avérer ambigu : et il ne s'agit pas, précisément, de gommer ces ambiguïtés possibles. En effet, ce terme est d'abord lié chez Lotze à l'horizon de la valeur (*Wert*) (Lotze, 1885 : 309)[2].

Concernant la question des formes logiques elles-mêmes, nous avions proposé que le jugement impliquant le « sens » soit précisément à interpréter, chez le premier Lotze, comme la forme judicative de l'union du subjectif et de l'objectif. Le terme de « sens » nous confronterait alors à une forme qui pourrait être jugée hybride d'un point de vue logique, pour lequel la pureté résiderait dans un pôle entièrement objectif de la forme. Cependant, il faut rappeler s'agissant de Lotze que le subjectif a bien sûr une place possible dans la logique pour peu qu'on la pose comme transcendantale. Dans ce cas il s'agit donc évidemment que ce subjectif soit lui-même pur, c'est-à-dire transcendantal.

Dans le jugement lotzéen qui a pour corrélat le sens, qu'il soit éthique ou esthétique, il faut en tout cas reconnaître de manière parallèle à ce qu'a été chez Kant l'analyse du jugement esthétique un jugement intermédiaire entre les formes de l'objectif et du subjectif (chez Kant, la forme nouvelle n'étant pas bien sûr elle-même « entre » les *cadres* du subjectif et de l'objectif, mais du côté de la subjectivité tout en acquérant pourtant en même temps l'une des *caractéristiques* de l'objectivité, à savoir l'universalité). Mais chez Lotze, il s'agit qu'un tel jugement se place entre ce que Kant avait lui-même appelé pour sa part dimension logique (objectif) et esthétique (subjectif) du jugement.

La considération de ces positions lotzéennes demande alors de revenir sur la structure des « jugements de valeur », soit sur les jugements éthiques

---

révision de cet article pour la publication nous est l'occasion d'indiquer en notes les croisements de notre approche avec la sienne, qui sont nombreux dans le détail.

[2] Cf. *infra*, annexe III. Voir aussi (Piché, 1997 : 503-504). À la p. 506 du même article, la beauté est encore désignée chez Lotze comme le « paradigme de toute valeur » ; (Wentscher, 1913 : 137-138). Plus largement, Schnädelbach rappelle le lien entre sens et valeur dans le cadre d'un idéalisme qui devient, avec et après Lotze, un « idéalisme du sens et de sa donation » (*Sinngebung*), soulignant de façon complémentaire le lien de ce « besoin d'un sens pour le monde » (*Weltsinn*), que l'approche causale du monde ne suffit pas à satisfaire, avec un mode « esthétique » de l'expérience du monde (Schnädelbach, 1983 : 216). Dans les études consacrées à la philosophie de la valeur chez Lotze, mentionnons encore l'importante étude de Centi (1993), très complète à la fois sur les aspects métaphysique, scientifique et logique de la question.

et esthétiques, pour essayer d'analyser plus précisément leur caractère formel en tant que jugements. En d'autres termes, qu'est-ce qui fera, ou ferait, que la valeur (*Wert*) aurait vraiment une validité (*Geltung*), une forme de validité propre ?

On partira de l'analyse du jugement éthique pour passer à celle du jugement esthétique. Dans les textes que nous considérons, Lotze commente la forme kantienne de ce premier type du jugement, pour faire lui-même le passage vers le second. Dans ce passage s'effectue alors aussi la position du problème qu'on peut juger absolument centrale dans son propos général sur la théorie des jugements : lequel passe par la considération de la catégorie de la *contingence*. Quelque spécifiques que soient au départ les analyses considérées (relatives aux formes judicatives elles-mêmes spécifiques du jugement éthique et du jugement esthétique), pourra-t-on trouver par là un éclairage sur la question générale du jugement, et son lien avec le concept lotzéen ultérieur de validité, lui aussi dans son extension la plus générale (incluant les « trois grands types » de jugement – donc tout aussi bien le jugement « logique » de connaissance) ?

De la forme du jugement éthique à celle du jugement esthétique : de la critique de l'objectivisme kantien à un principe commun de la valeur

La perspective de Lotze peut donc être placée dans l'horizon kantien qui intègre à la logique sa dimension subjective à partir de l'acceptation générale du cadre transcendantal. Mais en même temps Lotze ne se prive pas de trouver insuffisant le détail des analyses logiques de Kant sur le jugement. (Pour schématiser, on pourrait dire que selon Lotze Kant est trop subjectiviste en esthétique, trop objectiviste en éthique)[3]. On peut

---

[3]   Pour le premier point : cette formulation pourrait heurter tant Lotze a justement souligné avec une insistance toute particulière que le positionnement du jugement esthétique dans la « subjectivité » a été « l'un des mérites les plus essentiels » de Kant (GÄD : 65) ; (cf. Piché, 1997 : 509) ; l'essai *Über den Begriff der Schönen* l'affirme déjà (on peut se rapporter à sa traduction dans ce volume, cf. *infra*) ; mais il y va toujours chez Lotze d'une dialectique de l'objectif et du subjectif (Wentscher, 1913 : 138) ; l'analyse assez exhaustive de ce point que Fritz Bamberger établit en partant du « Lustprinzip » de la philosophie de la valeur chez Lotze mérite aussi d'être mentionnée (Bamberger, 1924 : 75-83). Même si cela est trop vite formulé, on pourrait dire que Kant s'intéresse au jugement esthétique dans le sujet (et ce même, selon Piché, sous l'angle seul de la représentation, que Lotze quant à lui juge alors trop « étroit » (Piché, 1997 : 515)) – or Lotze, lui, entend également envisager quelles *occasions* d'exercer ce jugement tiennent à l'objectivité extérieure du monde : pour Lotze « le plaisir lui-même n'est pas seulement le bien-être (*Wohlsein*) qu'éprouve l'esprit dans sa jouissance, mais en même temps la reconnaissance d'un [plan] objectif : la beauté, l'excellence (*Vortrefflichkeit*) la bonté (*Güte*) de ce qui l'occasionne » (Schnädelbach, 1983 : 218 ; Lotze, 1847). Ainsi Bamberger conclut-il en se basant sur ce positionnement

alors partir de certaines pages où Lotze critique cet « objectivisme » de la philosophie pratique kantienne.

Tout en se gardant de tout relativisme, c'est la catégorie de la *nécessité* dans le jugement éthique que Lotze conteste : déjà, dans la recension de Hermann Ulrici, il positionne le jugement éthique comme ce qui est porté sur un contenu seulement « possible », mais non « nécessaire à la pensée »[4]. Partons donc de l'idée que le registre éthique se déploie au contraire dans l'horizon d'une contingence (comme celle du matériau de la vie éthique)[5] – même si nous avons en même temps à penser l'*universalité* du jugement – inhérente cette fois à sa forme.

Par ailleurs, un autre biais permet aussi à Lotze de revenir sur la question de la nécessité du jugement éthique pour la contester : dans une optique résolument opposée à Kant, il s'agit de contester que cette nécessité advienne en étant fondée par la médiation de *concepts*. L'objectivité du jugement éthique se retrouve donc mise en question – du moins précisément dans sa thématisation kantienne :

> Avant d'évoquer la façon dont Kant explique ce rapport [entre jugement éthique et objectivité conceptuelle], nous devons pourtant mettre en doute qu'il en aille effectivement tout à fait ainsi. Que la bonté de ce qui est moralement bon soit démontrable par subsomption d'un mode d'agir particulier à une loi morale suprême, on ne l'admettra que si avec Kant on croit voir exprimée la nature essentielle du bien dans le principe universel qu'il [Kant] donne à la raison pratique : que la maxime de l'agir se prête à la législation universelle. Cependant, par cette formule Kant lui-même n'entendait pas proprement avoir si bien déterminé l'essence du bien qu'elle impliquât en même temps le fondement de la majesté catégorique (*verpflichtend*) du commandement moral ; cette congruence à la législation universelle ne valait au fond pour

---

lotzéen que le plaisir « n'est pas seulement subjectif (…), [mais] [qu'] il a aussi un caractère objectif et objectuel (*objektiv-gegenständlich*) » (1924 : 83). Et au final dans le cadre de l'idéalisme téléologique lotzéen il s'agit que le jugement esthétique se fasse le témoin et l'occasion d'une concordance certes fortuite, mais réelle, des fins du sujet et de l'ordonnance du monde : à nouveau en cela l'idéalisme de Lotze entendra que le jugement téléologique puisse s'exhausser au-dessus de son statut seulement réfléchissant chez Kant (Piché, 1997 : 511, 515) ; (cf. Wentscher, 1913 : 137).

[4]   "Denkmöglich, aber nicht denknotwendig" au contraire de ce que pose Ulrici (cf. Lotze 1891 : 63).

[5]   Bien sûr, chez Kant, on sait que la nécessité proprement pratique est liée au contraire à la forme du jugement qui énonce le devoir, et précisément pas à son contenu (normativisme formel : le contenu ne procède lui-même que de la forme, en l'occurrence celle de la légalité : obéir à la loi parce qu'elle est la loi). Chez Lotze, la prise en compte de la contingence au niveau de la matérialité de l'action n'implique pas qu'on renonce le moins du monde à la nécessité pratique (celle d'un véritable *devoir*-être), mais souligne déjà en revanche que le sens formel de la nécessité va changer.

lui que comme la marque qui nous garantit la présence d'une valeur (*Wert*) morale dans chaque maxime de l'agir (*GÄD* : 47).

Nous passons ici, dans le principe du jugement moral, du principe de la *loi et du concept* au principe de la *valeur*. Il faut alors véritablement tenter d'élucider ce que représentent formellement les termes de « sens » et de « valeur » *pour la conscience* (en l'occurrence la conscience morale) ; quelle structure logique peut-on réellement leur attribuer au sein même de ce rapport à la conscience ?

Repartons de l'analyse du jugement éthique. Sur ce terrain, l'interprétation logique de Kant est clairement posée : le jugement moral est à intégrer dans l'architecture classique du jugement par où un *concept* (celui du bien) se fait la pierre angulaire d'un *raisonnement* (*Begriff/ Schluss*) par la subsomption du cas particulier. Lotze le souligne : jusqu'à quel détail Kant n'est-il pas allé, dans la *Critique de la raison pratique*, quant au commentaire de cette « congruence » de l'action particulière et de ses principes universels (*GÄD* : 48). Mais, dit-il encore, « c'est parfaitement à l'opposé qu'il traite des questions esthétiques » :

> Naturellement il ne pouvait pas prétendre déduire *logiquement* la beauté en général d'un quelconque fondement légal (*Rechtsgrund*), pourtant on eût été en droit d'attendre que son principe par lequel « le beau plaît sans concept » l'eût conduit à reconnaître [dans] ce qui [nous] plaît (*das Gefallende*) une *pluralité de formes originaires*, qui ne pussent se ramener les unes aux autres ni se déduire d'un fondement supérieur (*GÄD* : 48).

L'architecture logique du jugement esthétique n'est plus tributaire de celle de l'ordonnance du concept à l'activité de subsomption (Kant, 1997 : 130) ; il n'en reste pas moins que Lotze réclame alors l'investigation de ces « autres types d'architecture ». En effet on peut considérer que, dans la *Logique*, Kant n'a détaillé des formes du raisonnement de la faculté de juger (réfléchissante) que celles qui restent pourtant appliquées au jugement logique ou activité de connaissance (analogie, induction) ; dans la *Critique de la faculté de juger* d'autre part, si le principe d'une faculté de juger réfléchissante est posé pour l'activité esthétique du jugement, la façon dont chaque cas particulier sera subsumé sans concept par rapport à la règle du « libre jeu des facultés » n'est pas davantage analysée en cette « pluralité » possible de « formes originaires » que pourrait prendre une telle activité réfléchissante.

Le premier point à retenir de ces éléments est alors le fait qu'est visée une congruence de la forme des jugements éthique et esthétique[6]. Mais

---

[6] (*GÄD* : 51) : « Par conséquent nous avouons que la distinction du jugement esthétique et éthique que Kant nous propose ici n'est pas décisive, bien qu'en effet il est exact que c'est avec une rigueur incomparablement plus grande que l'on peut démontrer notre

(c'est alors le second point), une explication des rapports plus précis des deux types de jugement, au sein de leur homologie nouvellement affirmée, fournit aussi le point d'appui recherché pour la tâche prescrite quant à l'architecturelogique plus précise du jugement esthétique. Voici un passage décisif à cet égard :

> Parmi les raisons de ce comportement, je n'en soulignerai qu'une. Le goût esthétique, précisément parce qu'il ne réclame qu'un plaisir qu'il ne sera pas indispensable de ressentir pour le tout de notre vie, veut être entièrement et parfaitement satisfait et ne trouve rien beau qui flétrisse, ne fût-ce que par le plus léger manque, l'omnilatéralité (*Allseitigkeit*) de cette satisfaction. Au contraire le jugement éthique, se rapportant à des actions auxquelles nous ne pouvons nous soustraire, mais que le plus pressant de nos devoirs est de réaliser d'une manière ou d'une autre, est dans le cas de devoir renoncer à la concordance complète de la décision prise et de l'intégralité du sentiment émanant de notre intériorité. Pour atteindre seulement l'indispensable décision, nous devons souvent nous contenter de suivre des principes généraux, mais considérer en revanche le défaut de satisfaction que laissent si souvent ouvert les conséquences qui sont à tirer de ces principes en cas d'un conflit de devoirs, ou même indépendamment de cela, comme un sacrifice que nous sommes contraints d'offrir au commandement suprême pour contribuer à la réalisation du bien en général. Ainsi a-t-on l'apparence que les règles de notre agir se peuvent *plus strictement déduire* de principes que notre jugement esthétique, *alors qu'au fond* il s'agit seulement de ceci, à savoir que dans le registre éthique, nous devons souvent nous contenter d'une *déduction incomplète* (*GÄD* : 51-52).

En quoi a-t-on bien là, en effet, un point de départ concernant l'architecture logique du jugement ? Peut-être, au contraire, pourrait-on croire d'abord qu'il n'est ici question que d'une *psychologie* de la décision éthique confrontée à celle du plaisir esthétique (fût-ce d'ailleurs avec une finesse particulière) ? Le rôle donné à la contingence, déjà cursivement pointé plus haut dans le domaine éthique (paradoxalement en tant justement qu'il correspond à un *devoir*-être)[7], s'accompagne pourtant d'un horizon logique au moins dans la mesure où on en replacerait le

---

devoir à partir de la subsomption du cas donné sous des points de vue universels ». Piché prend lui aussi en compte le positionnement respectif des jugements esthétiques et éthiques chez Lotze (cf. Piché, 1997 : 511-512, 514). Voir enfin Gadamer (1977) dont la perspective même est de montrer que c'est par un lien fondamental opéré entre éthique et esthétique que Lotze introduit la « signification systématique nouvelle » de l'esthétique dans le traitement philosophique de la notion de valeur. Le propos fondamental de Gadamer est de montrer comment Lotze, selon ses propres termes, pose le beau comme « vision élargie de l'éthique », et entend par là conférer à cette dernière sphère un « sérieux encore plus haut » (*höhere Ernst*) (Gadamer, 1977 : 208 sq.).

[7] Ce qui spécifie la nécessité proprement *morale* serait ainsi de ne pas exclure de soi, mais au contraire d'inclure en son propre concept, la *contingence* (*ontologique*).

concept dans le cadre des catégories kantiennes. L'horizon logique considéré est donc celui de la logique transcendantale – et de ce point de vue il s'agirait de demander à Kant une « déduction » plus complète du jugement esthétique du point de vue de son propre système de catégories, en l'occurrence celles de la modalité.

La contingence comme cadre général de l'interprétation des jugements

Lotze souligne à maintes reprises le rôle esthétique de la contingence (Piché, 1997 : 506)[8]. Il le développe notamment dans un argument original qui vient compléter l'approche du dernier texte cité. Dans ce premier extrait, la contingence porte d'abord sur le plaisir subjectif – donc d'une part sur l'effet du jugement, ou encore son signe pour l'esprit, d'autre part sur un effet (le plaisir) qui, bien qu'il soit – peut-être – amené par une structure qu'il est possible de réduire logiquement, n'en est pas pour autant lui-même de nature logique.

Le second raisonnement, qu'il faut croiser avec le premier, déplace la contingence du côté des conditions de ce qui fait d'abord la matière du jugement :

> [Là où un] but doit être déployé dans l'effectivité, il ne pourra utiliser toutes les propriétés des moyens qui sont à sa disposition, mais au contraire ceux-ci présenteront des aspects qui ne s'intégreront pas dans la relation de finalité, qui bien plutôt lui sont indifférents mais qu'on ne peut cependant empêcher de se résoudre, selon le commandement pur des lois universelles, en *effets secondaires contingents*. […] Là où ces propriétés, forces et événements indépendants de la relation de finalité, tout le déploiement collatéral du contingent s'adjoignent à la conduite et l'issue de celle-ci [*scil.* de la relation finale], [soit] au *sens* de ces plus hautes pensées, nous trouvons partout la *libre jouissance d'une beauté surpassant la nécessité* (Lotze, 1885 : 311-315 ; 312-313 note)[9].

---

[8] (Wentscher, 1913 : 137) : « L'idée du beau doit exprimer à sa manière une réconciliation [entre le règne des moyens et des fins dans l'univers] qui est toujours contingente ».

[9] En 1868, l'idée est conservée et s'avère même résurgente tout au long du chapitre consacré à Kant, mais dans une version désormais passée au crible de l'approche transcendantale (cf. *GÄD* : 42-43). Reprenant au départ le point de vue kantien d'une téléologie envisagée selon l'usage purement réfléchissant de la faculté de juger, Lotze parvient à la conséquence que la prise en compte croisée du final et du contingent est un élément constitutif nécessaire de l'élaboration d'une « science esthétique ». Plus loin, lorsqu'il introduit le fonctionnement de la catégorie kantienne de la finalité sans fin, Lotze use à nouveau de la catégorie de la contingence pour moduler la conclusion de Kant quant à la beauté adhérente : car la beauté « adhérente » n'est pas moins « belle » d'adhérer à une finalité (organique), si la *contingence*, à laquelle on conserve selon le raisonnement exposé ci-dessus le rôle de fonder pour nous paradoxalement *mérite et valeur* du donné, est cette fois maintenue en ce qui concerne la rencontre

Comme chez Kant, la perspective centrale à partir de laquelle s'étalonne l'évaluation esthétique est la finalité (Piché, 1997 : 506 ; 508 ; 515). Mais outre le fait qu'elle n'est pas appliquée ici de la même manière, par ailleurs la contingence est présente encore à un dernier niveau, cette fois celui de la matière du jugement : ce qui apparaît de manière détournée, mais à mon sens essentiel à reconnaître. Car certes, le raisonnement lotzéen part de l'idée d'un effort réellement finalisé du sujet, sans doute dans le domaine pratique (« [là où un] but doit être déployé dans l'effectivité ») ; et le contingent apparaît alors d'abord seulement relatif à cette finalité qui reste celle du sujet : la sphère d'action de cette finalité pratique, confrontée aux conditions ontologiques du réel, offre un « reste » désigné comme contingence. Mais l'adjonction du membre central de la citation, évoquant dans de tels restes des effets « qu'on ne peut […] empêcher de se résoudre, selon le commandement pur des lois universelles, en effets secondaires contingents », porte aussi une autre dimension. Si les « lois universelles », les lois pratiques pures, « commandent » avec toute nécessité à un sujet, qu'on suppose ici manifestement animé d'une volonté absolument ferme, qu'est-ce qui induit pourtant le « reste » de son action finalisée lorsqu'elle passe dans l'effectivité ? Ce ne peut être que la résistance d'une réalité « indifférente » à cette finalité, certes, mais qui du même coup diffracte son action en de nombreuses « circonstances adjacentes », « effets secondaires » de l'action qui dans le passage de l'action à l'effectivité sont effectivement contingents en eux-mêmes. On aurait là un moment aristotélicien d'une éthique qui se heurte à l'« indétermination » de la matière dans laquelle va s'insérer l'action,

---

même entre perfection objective et *Formenschönheit* (*GÄD* : 56-58). Cf. enfin (*GÄD* : 68) le retour fait de ce raisonnement au paradigme central de la *liberté*. Quant à la distinction de l'agréable et du beau, elle est faite non plus comme chez Kant selon le critère de pureté (Lotze s'en sert en amont pour distinguer le plaisir de l'« attrait » : ce dernier n'étant bien appelé que par une matière et non, comme pour le plaisir, par une forme), mais selon que dans la considération de ces objets du plaisir nos facultés se rapportent respectivement *activement* ou *passivement* à cette pureté. « Les objets du plaisir esthétique sont donc les impressions qui donnent à l'âme l'occasion de déployer cette activité ; ceux qu'elle n'accueille que passivement en elle, pour s'en sentir, sans savoir consciemment comment, provoquée et stimulée, ne sont qu'agréables » (*GÄD* : 55). Certes, la forme en elle-même est censée recouvrir déjà l'activité de l'esprit qui, en réalité, est seul à la (re)construire. La pureté chez Kant, attachée à la forme disjointe de la matière, contient son lien analytique à l'activité. Selon ce schéma, la distinction subséquente de Lotze doit tomber. Mais on pourrait choisir plutôt d'en tirer argument pour différencier le concept d'activité, notamment au-delà de la perspective kantienne : notamment comment situera-t-on la catégorie de l'activité par rapport à celle de la spontanéité, la passivité par rapport à la réceptivité ? Même non développée, la remarque de Lotze suggère des formes d'activité antérieures à ce partage. On peut par exemple se demander ce qu'il en est, dans cette perspective, de l'*affection*, pour retrouver derrière ce terme non la simple passivité de la réceptivité mais la source de la disjonction possible entre affections *actives et passives*.

dans laquelle la complexité infinie de la nécessité naturelle se résout elle-même en effets contingents au sens d'imprédictibles.

Pour résumer ce à quoi tend l'argument, la contingence visée par Lotze est donc tout aussi bien objective que subjective. On pourrait faire encore un pas dans l'amplification du rôle conféré à la contingence dans le cadre du jugement, en l'élargissant d'ailleurs, dans ce cas, du seul jugement esthétique au jugement éthique. Car dans la spécificité qui les oppose à la structure du jugement théorique, jugement esthétique et éthique ont bien comme socle commun l'intervention de cette nuance modale dans ce que l'on pourrait appeler un préjugement descriptif, préalable au jugement évaluatif : l'objet du beau, du bien *pourrait* ne pas être. Il y a alors dans la pensée de Lotze cette originalité, renversant strictement la conception issue du concept métaphysique de perfection, que la *valeur* ne s'attache plus comme dans ce premier cas à la nécessité, mais au contraire à la contingence.

Revenons-en au jugement esthétique lui-même : quel y est exactement le point d'insertion de la contingence et inversement de la nécessité ? L'hypothèse sur laquelle on peut déboucher est que c'est peut-être en réalité en un *faisceau de jugements* qu'il le faudra décomposer pour en rendre compte adéquatement : l'unité phénoménalement claire du « jugement de goût », ou du jugement évaluatif en général est-elle donc un leurre ? Le jugement de goût impliquerait premièrement un *préjugement ontologique*, sans quoi la perspective de la valeur n'aurait ensuite pas d'ancrage : ceci, qui est beau, en tant même qu'il est beau *pourrait ne pas être*. Du jugement de valeur au préjugement ontologique, le rôle de la contingence se redouble de la matière à la forme, ce qu'on peut encore exprimer en disant qu'il est contingent que ce matériau lui-même ontologiquement contingent s'accorde avec la forme subjectivement finalisée de mon action ou de mes états de connaissance.

Se greffent ensuite les *jugements pratiques* portant sur la qualité attendue du plaisir, et c'est ici, comme Lotze l'indique ci-dessus, que divergent jugement éthique et esthétique : dans l'attitude esthétique, affirmait notre premier extrait, notre satisfaction *doit* être totale[10] ; et l'affirmation modalement opposée (notre satisfaction *peut* ne pas l'être)

---

[10] Ne s'interrogera-t-on pas, toutefois, en remarquant que l'attitude esthétique aurait alors la même caractéristique que l'attitude hédoniste ? Outre que le critère s'avère alors n'être pas assez spécifique, on pourra même douter qu'il convienne en regard du critère du désintéressement (à supposer du moins qu'on le conserve). Cependant ce point peut être éclairé en rappelant le type de satisfaction dont il est question dans la « faculté de plaisir et de peine ». Celle-ci est distincte de la « faculté de désirer » : et Lotze proposera justement, pour s'opposer à la conception kantienne du « plaisir esthétique désintéressé », de préciser l'opposition de l'agréable et du beau comme ce qui plaît respectivement aux sens dans la *sensation* (*Empfindung*), ou à l'imagination dans

rend en effet assez correctement la caractéristique de l'attitude éthique qui subordonne la satisfaction sensible à la nécessité pratique de la loi.

Ici, c'est donc le plaisir lui-même qui devient l'objet du jugement : mais alors que chez Kant, la distinction des types de jugements se fait à cet égard entre objectif et subjectif, *isolant* le jugement esthétique des jugements éthique et aléthique, chez Lotze, esthétique et éthique sont cette fois mis en parallèle tout en recevant une différenciation logique supplémentaire en l'espèce d'un jugement subsidiaire sur la qualité (ou plutôt la modalité) du plaisir lui-même.

Ainsi le plaisir esthétique reste appréhendable logiquement : et si l'on suit le texte de Lotze, ce qui devient enfin nécessaire ou contingent est en dernier lieu le *cours de la déduction possible du principe au point d'application concrète* du jugement – c'est-à-dire le point où une logique du jugement s'articule dans celle d'un *système* des jugements. Et c'est là que s'opère, en fonction de l'étape précédente, l'inversion du schéma plus communément reçu, selon laquelle la déduction « esthétique » sera jugée désormais complète, la déduction éthique incomplète[11].

Mais s'il faut en croire Lotze, il faudra aussi admettre que la nature de la processualité esthétique aura enfin et corrélativement une autre caractéristique, voire une autre fonction dans l'esprit du sujet : *masquer* psychologiquement (phénoménologiquement ?) le détail achevé de cette déduction *en droit logiquement complète*, car elle laisse pour ainsi dire l'esprit, au sein même de son activité, dans un horizon de confusion propre à l'appréhension sensible des représentations[12].

---

l'*intuition* (*Anschauung*) (matière ou forme du donné sensible), tandis que, toujours dans la perspective kantienne, le bon plairait à la *raison* par le *concept* (cf. *GÄD* : 46).

[11] On peut reprendre le passage déjà cité en soulignant : « Nous devons souvent nous contenter de suivre des principes généraux, mais considérer en revanche le défaut de satisfaction que laissent si souvent ouvert les conséquences qui sont à tirer de ces principes en cas d'un conflit de devoirs, ou même indépendamment de cela, comme un sacrifice que nous sommes contraints d'offrir au commandement suprême pour contribuer à la réalisation du bien en général. Ainsi a-t-on *l'apparence que les règles de notre agir se peuvent plus strictement déduire de principes* que notre jugement esthétique, *alors qu'au fond* il s'agit seulement de ceci, à savoir que *dans le registre éthique, nous devons souvent nous contenter d'une déduction incomplète* ».

[12] (*GÄD* : 54) : « Quand bien même l'âme qui remarque le beau n'est, de même, pas en mesure de se rendre à elle-même distincts les fondements de son jugement pour lui donner la *forme logique d'une connaissance*, elle se sent pourtant active en elle-même (*überhaupt*) ». La perspective est ici baumgartenienne. Le point de contact de Lotze avec la pensée de Baumgarten se trouve dans Leibniz, comme en attestent à la fois le texte de jeunesse consacré à Leibniz (Lotze, 1891 : 551-566) ; (cf. Wenscher, 1913, 307) et le texte d'ouverture de *GÄD*, qui évoque dans les termes suivants un « point de contact » de la doctrine leibnizienne avec l'esthétique : « à égale distance [des représentations les plus et les moins parfaites], certes l'homme a quelque accès à la clarté circonstanciée de la connaissance logique, mais d'autre part seulement à un mixte

Mais revenons objectivement à la question du système des jugements. Opposer deux types de déduction possible des jugements (selon cette alternative d'une complétude ou incomplétude dans le procédé par lequel ils ont à appliquer un principe à une réalité concrète), c'est aussi finalement énoncer un critère logique qui puisse s'avérer opérant dans la tâche d'établir la continuité des différents types de jugements dans un système général. On peut même tâcher d'illustrer d'un exemple (volontairement choisi comme exemple limite) l'application qu'on peut faire d'un tel système pour situer l'un par rapport à l'autre le domaine éthique et le domaine esthétique : un cas de conscience moral qui se présenterait par hasard (puisqu'ici nous sommes toujours renvoyés à la contingence) sous les auspices de cette concordance parfaite par rapport aux attentes de la subjectivité ne sera-t-il pas vécu comme *identique à une expérience esthétique*[13] ?

Conclusion – prolongements néo-kantiens

Chez Lotze, la « logique du sens » dont nous avons essayé de traiter ici sous les auspices du jugement esthétique est donc de par sa nature propre difficilement appréhensible, parce qu'elle superpose à l'ordre logique strict, sur laquelle elle ne cesse pourtant nécessairement de prendre appui, le renvoi métaphysique qui projette, pourrait-on dire, le sujet *au-delà de lui-même* – comme c'est ici le cas du jugement éthique qui serait passé au-delà de la stricte application de la loi. Il n'y a de valeur de ce qui « vaut » que sur le fond de la contingence généralisée de la réalité. Ce qui vient d'être montré pour les jugements dits « de valeur », esthétiques et éthiques, peut en effet être étendu aux jugements

---

indifférencié de représentations obscures : l'appréhension sensible » (*GÄD* : 9). Le rapport à l'esthétique se donne alors, effectivement comme chez Baumgarten, comme la problématisation des rapports de ces deux modes de connaissance. L'esthétique comme science de la perfection de la connaissance sensible a précisément pour tâche de ne pas laisser dans l'ombre et dans l'indifférenciation cet apport de la part sensible de notre connaissance. (Voir *GÄD* : 10 pour l'évocation précise de la genèse de la nouvelle science esthétique de Baumgarten à partir de ce socle leibnizien).

[13] Nous empruntons primitivement l'idée d'une telle situation à Schiller. En effet, dans les *Kalliasbriefe*, une parabole illustre plusieurs attitudes morales en mettant en scène les réactions de plusieurs personnages face à un blessé réclamant secours : l'intention bonne mais non suivie d'effet face à une circonstance adjacente, l'attitude non morale purement intéressée, l'action morale faite par devoir contrairement à l'inclination, et enfin au contraire l'harmonie du devoir et de l'inclination. C'est cette dernière bien sûr que Schiller met en avant comme perfection morale, laquelle s'exprime non pas seulement par la *bonté*, mais se voit nommé la *beauté* de l'action (« médite pourquoi l'action du portefaix est belle » (*Schiller*, 1972 :198-199).

« logiques » de connaissance – selon un cadre d'interprétation qui sera repris très globalement par la philosophie de la valeur du néo-kantisme[14].

Le sens de cet argument général est le suivant. Lotze a identifié, entre les deux sphères plus traditionnelles de l'effectivité, le « troisième règne » de la « validité » (*Geltung*) (Lotze, 1874 : 493-511) ; celle-ci, en elle-même objective, fonctionne par ailleurs en même temps subjectivement *comme une valeur* que recherchera l'esprit (*Wert*)[15] : quoi que ces contenus « valent » ou aient leur validité dans la sphère d'une nécessité intemporelle et d'une effectivité détachée de toute concrétude et de toute empiricité, il reste bien justement *contingent* que l'effort de l'esprit arrive en chaque cas, en chaque exercice du jugement, à en *dégager purement la forme*.

Ainsi, ce que la génération suivante hérite de Lotze (chacun des Windelband, Rickert, Lask, Husserl, salue la perspective ouverte par ce « troisième règne » à la mesure du repositionnement qu'il lui permet d'opérer dans le champ logique)[16], ce n'est pas seulement cette ouverture du plan de la « validité » en elle-même : c'est bien plutôt la question même du croisement de la « validité » et de la « valeur ». En même temps, cette question reste problématique en elle-même, comme le montre la divergence rapide des positions : mais en tout cas il faut la voir à l'œuvre non seulement lorsque Lotze identifie explicitement le « domaine de la validité » au troisième livre de la logique de 1874, mais déjà dans la position bien antérieure résumée par la formule de 1843 : « la logique a son point de départ dans l'éthique » (Lask, 2002 : 42). Dans les théories ultérieures de la valeur, un des points de polémique et de différenciation important a précisément été de savoir si la « valeur » qu'on peut attribuer notamment à la « validité » logique et théorique devait être interprétée « éthiquement » (Rickert, 2000) (Lask, 2000). Mais nous sommes alors renvoyés à ce que Lotze lui-même, une génération plus tôt, cherchait à

---

[14]   On sait cependant que ce lien de la métaphysique à la logique chez Lotze est précisément ce qu'a critiqué Husserl cette fois, tout en reconnaissant l'importance décisive de Lotze « pour la théorie de la connaissance » (cf. Dastur, 1994 : 37). Sur les liens de Lotze au néokantisme (Pester, 2001 : 297-307), (Willey, 1978 : 40-57).

[15]   Ce pour quoi on peut donc en même temps essayer de comprendre la difficile formule : « l'éthique est le fondement du logique » (Lotze, 1843 : 9) ; (cf. Piché, 1997 : 498-499 ; 503-504), à la fois pour la position de la vérité comme valeur, le lien au néo-kantisme, le lien de l'idéalité au devoir-être, et l'élargissement de la *Geltung* à l'ensemble des valeurs : notamment à la beauté comme « prototype » même des valeurs.

[16]   C'est la « réussite décisive de Lotze que d'avoir découvert, à côté des modalités de l'étant et du supra-étant, le valoir comme un domaine tiers ». De Windelband à Husserl en passant par Cohen et Rickert, dont Lask dit dans cette page pour chacun un mot de ce qu'ils doivent à leur prédécesseur, « l'élaboration par Lotze de la sphère de la validité a frayé la voie empruntée par la recherche philosophique actuelle » (Lask, 2002 : 34-35 ; 41-42).

entendre par le terme « éthique ». Lorsque Lask rejette celui-ci[17], a-t-il justement vraiment en tête ce qu'il faut comprendre dans l'usage lotzéen du mot (lequel est peut-être alors mal choisi) ? Le passage par la problématique de la contingence, que nous avons ici essayé de mettre en évidence dans la perspective lotzéenne de la valeur, milite à notre sens pour une réponse très nuancée à cette question. En tout état de cause, s'il s'avérait possible d'établir par les textes que Lotze lui-même est resté ambigu sur cette question, la génération qui le suit aura très nettement identifié dans cette ambiguïté même le *problème* qu'il lui revient de traiter.

Enfin, dans cette nouvelle tradition philosophique du néo-kantisme, le traitement de ce problème reste corrélé à la place donnée à la contingence – notamment dans l'optique de Windelband. C'est justement sous l'égide de Lotze que celui-ci produit, en tant que doctorant, son premier travail – *Les doctrines du hasard* (*Die Lehren des Zufalls*) (Windelband, 1916 ; cf. Dufour, 2002 : 52). La perspective de cette étude consiste à mettre en exergue, après le concept « causal » et le concept « téléologique » de contingence ou de hasard (*Zufall, Zufälligkeit*), encore un « troisième concept » – dans lequel, nous dit-on, « la véritable patrie des deux autres pourrait bien être à chercher » (Windelband, 1916 : 70) : le concept « logique » de contingence. « La contingence existe d'abord dans l'abstraction » :

> C'est seulement quand le général est appréhendé, à partir d'une série, comme ce qui en est le concept universel, que le reste des caractères possédés par chaque objet est nommé contingent et ce qui est toujours satisfait dans tous les cas « le nécessaire-en-soi », *to kath'auto* (Windelband, 1916 : 70-71).

« C'est pourquoi », venait encore de dire Windelband, « le contingent n'a pas de valeur (*Wert*) réelle et pas de valeur métaphysique » : mais sa valeur, pouvons-nous ajouter, est *pour la pensée*, n'intervenant en cela « que dans le procès de notre constitution du concept » (Windelband, 1916 : 70). Dans une perspective plus large, c'est en même temps le positionnement même du néo-kantisme, qu'Éric Dufour a bien rappelé, de reprendre appui dans la perspective d'une contingence maintenue dans le monde (toujours cependant du point de vue de notre pensée, une fois reprise la perspective fondatrice de la révolution copernicienne), comme « irrationalité » partielle du réel à notre connaissance, reposée comme principe à celle-ci dans l'item même de la « chose en soi », et dans l'extériorité de l'intuition à la pensée (Dufour, 2002 : 32). Sur ce point, c'est peut-être dans la thèse de Lask, à son tour, déposée cette fois auprès de Windelband, qu'on pourra en trouver une attestation absolument

---

[17] (Lask, 2000 : 304) : « Nous réclamons un concept axiologique non éthique de la connaissance ».

synthétique à partir de l'analyse des points de vue kantien et fichtéen qui font le propos de l'ouvrage :

> [Sur la question du rapport originaire (*Grundverhältnis*) du particulier et du général tel qu'il est anciennement posé, nous trouvons en effet développé chez Kant le point de vue correct] : que la plénitude supérieure de contenu qui distingue le particulier de son concept générique, [si bien que] celui-ci ne nous permet pas de déduire celui-là pour notre connaissance, que le rapport du particulier à l'universel en rapport avec notre appréhension conceptuelle (*Begreifen*) mérite donc d'être nommé *irrationnelle* (Lask, 1923 : 39)[18]

– ce qui peut encore s'exprimer ainsi : « Le particulier n'est pas logiquement contenu dans l'universel sous lequel il se tient pourtant – il est donc, eu égard au concept, *contingent* » (Lask, 1923 : 39)[19].

Pour finir, alors, le résultat de toute l'analyse de Lask sur le « rationalisme kantien » se condense dans la formule que « le point de vue analytique fondamental doit nécessairement culminer dans le principe logico-transcendantal de la contingence » (Lask, 1923 : 115)[20]. Quant à l'analyse de Fichte, la formule plus synthétique pourrait être ce qui suit : « l'affirmation de la '*contingence*' transcendantale »[21] est ce qui servira à « exprimer le fait que le réel ne suive pas du formel » (Lask, 1923 : 74), dans le cadre d'une interprétation attachée à mettre en exergue la double dimension d'un idéal-réalisme revendiqué par Fichte dans le maintien du pôle empirique, qui s'assure une indépendance constitutive par rapport au pôle rationnel du rapport de l'esprit au réel. La contingence est alors

---

[18] C'est Lask qui souligne – de même que dans la citation suivante. Le chapitre s'intitule « Le concept logico-transcendantal de contingence » dans la première partie consacrée à Kant : I. 1., B). Sur le choix du terme « irrationnel », « irrationalisme », central dans la thèse, on pourra faire le lien avec l'ouvrage d'Alfred Bäumler (1923), paru la même année que cette réédition de l'ouvrage de Lask. À cet ouvrage on a justement reproché le choix du terme d'« irrationalité », qui en effet ne devra absolument pas être compris comme l'*anti*-rationnel, mais tout simplement l'horizon d'incommensurabilité de l'individualité à l'analyse logique – soit rien plus que le « reste » inanalysable logiquement qui définira dans une perspective critique, pour Lask, le maintien du pôle empirique du connaître, et qui fera précisément le complément du pôle rationnel pour engendrer toute connaissance possible.

[19] Kant, conformément au sens général de sa logique et des « conditions de l'universel transcendantal », transpose alors ce « concept logique de la contingence » en « concept logico-transcendantal de la contingence » (Lask, 1923 : 39).

[20] Dans l'introduction du chapitre intitulé « Le concept logico-transcendantal de contingence » (Lask, 1923 : 115-127) de la deuxième partie de la thèse, consacrée à Fichte – chapitre qui porte le même titre qu'un chapitre précédent de la première partie, consacrée à Kant. Le chapitre dont nous parlons pour Fichte commence alors par la formule que nous citons, pour synthétiser les acquis de la section homonyme concernant Kant.

[21] C'est Lask qui souligne et place les guillemets internes à la citation.

le « concept limite [de la philosophie] transcendantal » (*transcendantaler Grenzbegriff*) (Lask, 1923 : 126).

Or, c'est bien sur le fond de ce « présupposé »[22], ou ce point de départ philosophique, pris dans la perspective générale de la contingence comme irrationalité partielle du réel par rapport à la pensée, que se découpe par contraste nécessaire le domaine propre de la validité. Car celle-ci mesure finalement comme pierre de touche, dans chaque domaine, l'écart entre ce qui devra apparaître ou non contingent à la pensée[23].

Un des héritages possibles de Lotze serait finalement la perspective selon laquelle le système de la validité pourrait lui-même être traduit comme système de positionnements possibles de tous nos types de jugements *par rapport* au concept (« logico-transcendantal », si l'on veut, comme le dit Lask) de contingence. Ainsi dans un tel système, on devrait pouvoir poser qu'un jugement éthique et un jugement esthétique, par exemple, se distinguent finalement de par leur positionnement différent à cet égard, ainsi que nous avons essayé de le retracer plus haut à partir des textes.

Bibliographie

Bamberger, F., *Untersuchungen zur Entstehung des Wertproblems in der Philosophie des 19. Jahrhunderts*, I., *Lotze*, Halle, Niemeyer, 1924.

Bäumler, A., *Das Irrationalitätsproblem in der Ästhetik und Logik des 18. Jahrhunderts bis zur Kritik der Urteilskraft*, Halle, Niemeyer, 1923, tr. fr. O. Cossé et A. Baeumler, *Le problème de l'irrationalité dans l'esthétique et la logique du XVIIIe siècle, jusqu'à la Critique de la faculté de juger*, Strasbourg, Presses universitaires, 1999.

Centi, B., *L'armonia impossibile. Alle origini del concetto di valore in R. H. Lotze*, Milano, Guerini Studi, 1993.

Dastur, F., « Husserl, Lotze et la logique de la "validité" », in *Kairos*, 1994, 5, p. 31-48.

Dufour, É., « Introduction », in Windelband, W., *Qu'est-ce que la philosophie ? et autres textes*, Paris, Vrin, 2002.

Gadamer, H.-G., « Das ontologische Problem des Wertes » [1971], in *Kleine Schriften* IV, Tübingen, Mohr, 1977, p. 205-217.

Kant, I., *Logique*, Paris, Vrin, ⁵1997.

Lask, E., *La Logique de la philosophie et la doctrine des catégories*, tr. fr. J.-F. Courtine, M. de Launay, D. Pradelle, Ph. Quesne, Paris, Vrin, 2002.

---

[22]   Relever toujours (Lask, 1923 : 126) : « *Vorurteil* ».

[23]   Chez Fichte, ou plutôt Maïmon lui-même convoqué « comme maillon d'une chaîne qui se développe pour tendre vers Fichte » (Lask, 1923 :126), médité par Lask : « le philosophe transcendantal doit tout approcher muni du présupposé de la possibilité d'une appréhension conceptuelle complète, et par conséquent *mesurer à cet idéal* jusqu'à la dimension immédiate de l'expérience » (Lask, 1923 : 126) (nous soulignons).

–, « Y a-t-il un primat de la raison pratique en logique ? » [1908], tr. fr. M. de Launay in Cohen H. *et al.*, *Néokantismes et philosophie de la connaissance*, tr. fr. sous la direction de Marc de Launay, Paris, Vrin, 2000, p. 295-307.

–, *Fichtes Idealismus und die Geschichte* [1902], in *Gesammelte Schriften*, Bd. I. Tübingen, J.C.B. Mohr/ Paul Siebeck, 1923.

Lotze, R.H., *Logik*, Leipzig, Weidmann'sche Buchhandlung, 1843.

–, « Über den Begriff der Schönheit » [1845], in *Kleine Schriften*, I, Leipzig, Hirzel, 1885.

–, « Über Bedingungen der Kunstschönheit » [1847], in *Kleine Schriften*, II, Leipzig, Hirzel, 1886, p. 205-272.

–, « Recension du *System der Logik* de Hermann Ulrici (1852) » [1853], in Lotze, *Kleine Schriften*, III. Leipzig, Hirzel, 1891.

–, *Geschichte der Ästhetik in Deutschland* [GÄD], München, J. G. Cotta, 1868, Not. I, 1 : « Die Anfänge der Ästhetik durch Baumgarten, Winckelmann und Lessing », p. 3-17 ; l, 2 : « Kants Grundlegung der wisschenschaftlichen Ästhetik », p. 3-70 ; I, 9, « Rückkehr zur Aufsuchung der wohlgefälligen Urverhältnisse des Mannigfaltigen bei Herbart », p. 225-246.

–, *Pensées d'un idiote* [sic] *sur Leibniz et Spinoza* [non daté], in Lotze R.H., *Kleine Schriften*, III, *op. cit.*, p. 551-567.

Lotze, *Logik*, Leipzig, Hirzel, 1874, Not. III 2, p. 493-511.

Morel, Charlotte, « Lotze : l'esthétique comme logique du sens », in C. Morel (dir.), *Esthétique et logique*, Lille, Presses du Septentrion, 2012, p. 375-397.

Pester, Reinhardt, *Hermann Lotze : Wege seines Denkens und Forschens* ; *ein Kapitel deutscher Philosophie- und Wissenschaftsgeschichte im 19. Jahrhundert*, Würzburg, Königshausen & Neumann, 1997.

–, « Lotzes Verhältnis zu Kant und zum Neukantianismus », in *Kant und die Berliner Aufklärung. Akten des IX. Internationalen Kant-Kongresses*, Gerhardt, V. Rolf-Peter Horstmann, R.-P., Schumacher, R. (hrsg.), n° 193, Bd. 5 (Sektionen XV-XVIII), Berlin, New York, de Gruyter, 2001, p. 297-307.

Piché, C., « Hermann Lotze et la genèse de la philosophie des valeurs », in *Études philosophiques*, 4, 1997, p. 493-539.

Schnädelbach, H., *Philosophie in Deutschland 1831-1933*, Frankfurt/Main, Suhrkamp, 1983, p. 206-218.

Schillers Werke, Nationalausgabe, Petersen, J. (hrsg.), Weimar, Böhlau, tome 26 [Schillers Briefe 1790-1794], Lettre de Schiller à Körner, 18 février 1793.

Wentscher, Max, *Hermann Lotze I : Lotzes Leben und Werke*, Heidelberg, C. Winter, 1913.

Willey, T. W., *Back to Kant. The Revival of Kantianism in German Social and Historical Thought 1860-1914*, Detroit, Wayne State UP, 1978.

Windelband, W., *Die Lehren vom Zufall*, [1870], Tübingen, J.C.B. Mohr/ Paul Siebeck, 1916.

Sur ce que l'antipsychologisme husserlien doit à Lotze

Maria GYEMANT

Archives Husserl, Paris (France)

Introduction

Le nom de Lotze apparaît dans un nombre relativement réduit de textes husserliens publiés durant sa vie et toujours de manière plus ou moins allusive[1]. Il accompagne généralement le nom d'autres auteurs, notamment de Herbart dans les *Prolégomènes* et de Bolzano à plusieurs reprises, auteurs dont Husserl reconnaît explicitement l'influence et critique les idées. On a beaucoup discuté dernièrement cette influence lotzéenne avouée mais jamais explicitée en détail par Husserl (Martinelli, 2002 ; Dastur, 2004), et notamment dans le but de relativiser le poids des autres influences, bien connues et généralement acceptées : celle de Brentano (Fréchette, 2010 ; Hauser, 2003) et celle de Bolzano[2].

Mon objectif dans ce travail est de montrer l'étendue réelle de cette influence que Lotze a eue sur Husserl quant à la question de l'idéalité et, plus précisément, lesquels des éléments de son interprétation des *Idées* platoniciennes ont été retenus par Husserl et lesquels rejetés. Husserl est assez explicite sur le premier point quand il répond à Melchior Palàgyi, dont le livre de 1902 n'est rien d'autre qu'une des toutes premières recensions aux *Recherches logiques*. À l'accusation d'avoir simplement repris la thèse de Bolzano sans le citer, que Palàgyi lui impute, Husserl répond :

---

[1] On trouve une liste très complète de ces références de Husserl à Lotze in Varga (2013).

[2] Husserl lui-même avoue dans la recension au livre *Le conflit des psychologistes et des formalistes dans la logique moderne* de Melchior Palagyi (Husserl, 1975 : 211-221) n'avoir compris le sens des propositions en soi chez Bolzano qu'une fois trouvée la clé dans l'interprétation lotzéenne des *Idées* de Platon. L'interprétation de Lotze est donc un ingrédient essentiel dans le développement husserlien des thèses de Bolzano sur les vérités en soi, sans lequel l'influence de Bolzano, si souvent reconnue et exploitée par les commentateurs, n'aurait pas pu agir. Sur ce point, je renvoie au chapitre III du livre de Beyer (1996).

En ce qui concerne spécialement mes concepts de significations « idéales », de contenus idéaux de représentation et de jugement, ils ne proviennent absolument pas à l'origine, comme le dit déjà l'expression « idéal », de la logique de Bolzano, mais de celle de Lotze. Ce dernier a exercé sur moi une influence profonde, particulièrement par toutes les réflexions qu'il a groupées autour de son interprétation de la théorie platonicienne des idées. C'est d'abord l'assimilation intime de ces réflexions de Lotze, incomplètement clarifiées à mon avis, qui m'a donné la clé pour pénétrer dans les conceptions de Bolzano, étranges et d'abord incompréhensibles dans leur naïveté phénoménologique, et dans les trésors de la *Théorie de la science* (Husserl, 1975 : 216).

Si on prend au pied de la lettre ce texte, sans la réinterprétation lotzéenne des *Idées* platoniciennes, les propositions en-soi de Bolzano seraient restées pour Husserl « des entités mythiques suspendues entre l'être et le non-être » (Husserl, 1975 : 216). C'est donc bien le statut ontologique des propositions en soi de Bolzano qui est en jeu. Et donc, corrélativement, c'est bien la réinterprétation du *statut ontologique* des *Idées* que Husserl semble avoir retenu de Lotze, plus précisément la distinction qu'il introduit entre plusieurs modes de la réalité, dont aux idéalités correspond la valeur (*Geltung*). La thèse de Lotze est donc, d'après l'aveu même de Husserl, essentielle pour éclairer aussi le sens qu'il donne à l'idéalité des significations dans les *Recherches logiques* (Husserl, 1913 ; 1921).

Je voudrais, dans ce travail, montrer que cette interprétation acceptée en général sans réserve par l'exégèse husserlienne, et qui concorde avec ce que Husserl lui-même affirme de l'influence de Lotze, ne peut pas être juste. Nous disposons, en effet, de textes de la même époque que l'intérêt de Husserl pour Lotze, et notamment la critique qu'il fait de la thèse d'habilitation de Twardowski en 1894, où Husserl prend une position très forte contre la multiplication des statuts ontologiques des objets. Et cette critique est présente également en 1901 dans l'*Appendice aux §§ 11 et 20* de la Ve *Recherche logique*, ce qui veut dire que Husserl n'y a pas renoncé entre temps.

Heureusement, mon point de vue est soutenu explicitement par un texte que Husserl rédige en 1897 et qui n'a jamais été publié. Il s'agit du manuscrit K I 59 (Husserl, 1897)[3] qui porte de manière égarante le titre *Lotze – Mikrokosmos*, alors qu'il ne traite nullement de *Mikrokosmos* mais constitue précisément un commentaire détaillé du chapitre II, *Ideenwelt*, de la *Logique* que Lotze publie en 1874. Ce texte a des bonnes chances d'être en effet le chapitre sur Lotze que Husserl promettait dans une note

---

[3]   Je remercie très chaleureusement M. le Professeur Ullrich Melle et M. le Docteur Thomas Vongehr de m'avoir permis de consulter et citer ce manuscrit, ainsi que les annotations que Husserl a faites en marge de son édition de la *Logique* de Lotze.

de ses *Prolégomènes* (Husserl, 1913 : 219, tr. fr. 243) et auquel il renonce par la suite par faute de place[4]. Et dans ce texte Husserl développe sa critique, indiquée de manière assez laconique dans plusieurs passages, de la distinction entre significations formelles et réelles, qui est pour Husserl un faux problème propre à tout psychologisme. Le faux problème est celui d'une correspondance, que l'on devrait construire et justifier, entre le monde réel, objectif, que nous connaissons et la connaissance conçue comme activité subjective. Le texte du manuscrit montre qu'il ne s'agit pas chez Lotze, comme l'on pourrait croire, de deux questions distinctes et déconnectées, l'une que Husserl approuve, qui est la réinterprétation de la théorie des *Idées*, et l'autre qu'il rejette, la distinction entre significations réelles et formelles. Il s'agit, au contraire, d'un problème qui apparaît chez Lotze à même sa réinterprétation des *Idées*, et c'est précisément ce que Husserl déplore : « Sa grande œuvre logique, quelque riche qu'elle soit en idées originales et digne de ce profond penseur, n'est, par suite, qu'un mélange hybride et inharmonieux de logique psychologiste et de logique pure » (Husserl, 1913 : 219 ; tr. fr. 242-243).

Je pense en effet que si nous voulons bien comprendre quoi et combien l'antipsychologisme husserlien doit à Lotze nous devons montrer que la théorie lotzéenne des *Idées* n'aurait pas pu être adoptée par Husserl en bloc, et que c'est précisément ce qui semble une solution au problème du statut ontologique des propositions en soi bolzanienne, la distinction entre les quatre modes de la *Wirklichkeit*, qui pose problème pour Husserl. Par ailleurs, il faudra montrer que cette multiplication des statuts ontologiques va de pair avec une retombée dans le psychologisme, selon le même aspect que Husserl critiquait chez Twardowski : celui de conférer un statut ontologique particulier aux objets idéaux et, dans un mouvement presque automatique de faire dépendre ce statut ontologique spécial de la pensée entendue en un sens psychologique. Husserl a bien trouvé chez Lotze, comme il l'avoue dans l'« Esquisse d'une préface aux *Recherches logiques* » de 1913 (Husserl, 1979 : 129 ; tr. fr. 378), quelque chose de génial, quelque chose qui lui a permis de développer une théorie de l'idéalité selon le modèle de Bolzano, tout en surpassant le problème ontologique que l'on trouve chez cet auteur. Mais je pense que la génialité de cette solution ne vient pas de Lotze mais de l'usage que Husserl en fait : il l'utilise notamment pour élargir la catégorie de l'objet

---

[4] Pour une argumentation extensive en faveur de l'hypothèse que le manuscrit K I 59 est en effet le chapitre manquant sur Lotze que Husserl voulait introduire dans les *Recherches logiques* (Varga, 2013). L'argument le plus convaincant me semble celui qui souligne que le manuscrit commence par une critique de Herbart, qui a été effectivement reprise dans le § 59 des *Prolégomènes* et qui finit par une référence à Lotze. Le texte de ce manuscrit semble donc être en directe continuité avec le § 59 des *Prolégomènes*, comme la note mentionnée l'indique, par ailleurs.

afin d'inclure les idéalités, sans que celles-ci soient mises sur un autre plan ontologique que celui des objets dits « réels ». Ce sont, inversement, les objets réels qui sont désormais pensés par Husserl sur le modèle des objets idéaux, en tant qu'objets vrais[5].

L'élucidation du statut ontologique des idéalités dans les *Recherches logiques* est un problème épineux que je n'aurai pas le temps d'attaquer ici. Je voudrais simplement nuancer la position de Husserl par rapport à Lotze et montrer que l'attitude de Husserl envers la théorie des *Idées* n'est pas aussi univoque que l'on pourrait croire en lisant les courts passages cités. La solution lotzéenne contre l'objection de platonisme qui pourrait être soulevée contre la logique pure, solution qui passe par le concept de *Geltung*, ne peut pas être telle quelle, je le pense, le coup de génie que Husserl a tant apprécié dans l'interprétation de Lotze.

Voici donc les points que je voudrais attaquer dans ce travail. Premièrement je me propose de développer le rapport de Husserl à Lotze, à partir des textes bien connus des *Prolégomènes* (1901), de la recension du livre de Palàgyi (1903) et de *l'Esquisse* de 1913. Dans un deuxième temps, je ferai une analyse du texte même de Lotze auquel Husserl fait référence, en montrant ses tensions et difficultés intrinsèques. Enfin, dans une troisième partie de ce travail j'analyserai les points de la position de Lotze que Husserl a effectivement critiqués dans le manuscrit K I 59. La question qui me préoccupera sera de montrer quel élément de la position de Lotze a pu donner à Husserl une clé pour comprendre les propositions en soi de Bolzano et pour développer sa propre idée de l'idéalité. C'est uniquement à la lumière de ces analyses qu'il sera possible de cerner le sens précis des références allusives à Lotze et de tirer une conclusion sur le poids véritable de son influence.

Husserl sur Lotze dans les textes publiés

Les trois textes importants dont nous disposons aujourd'hui et dans lesquels Husserl fait référence à Lotze sont le § 59 des *Prolégomènes à la logique pure* de 1901, la recension au livre de Melchior Palàgyi, *Le conflit des psychologistes et des formalistes dans la logique moderne* de 1903 et l'*Esquisse d'une préface aux* Recherches logiques de 1913. De ces trois textes, la référence la plus extensive est celle que l'on trouve dans la recension de Palàgyi, où Husserl combat l'accusation d'avoir tout pris à Bolzano sans le citer en montrant qu'en réalité sa conception de l'idéalité vient de Lotze et non pas de Bolzano. Nous trouvons donc dans ce texte un exposé généreux et non critique de l'interprétation lotzéenne de la

---

[5]   Sur ce point voir le chapitre VI « L'objet vrai » in (Benoist 2001), où il parle d'un double élargissement opéré par Husserl : celui du domaine de la vérité aux objets simples et celui de la notion d'être aux objets catégoriaux.

théorie des *Idées*. En revanche, les références à Lotze dans *l'Esquisse* de 1913 sont plus critiques, car le but de Husserl dans ce texte est de départager la phénoménologie de toute autre forme d'antipsychologisme à laquelle elle aurait pu être assimilée et de montrer qu'elle constitue *le seul véritable antipsychologisme*.

À part ces trois textes, l'on trouve des références précieuses à Lotze dans un document récemment découvert qui n'a pas encore été transcrit et qui reste donc pour le moment inaccessible : les notes du cours que Husserl a donné sur Lotze en 1912, prises par un de ses étudiants et redécouvertes au Canada. Nous trouvons également des références plus ou moins fugitives à Lotze (Varga, 2013) dans une note critique de la IIe *Recherche logique*[6] que Husserl ajoute à la deuxième édition et où il fait référence explicitement au § 316 de la *Logique* comme étant le moment où l'antipsychologisme de Lotze échoue dans une nouvelle forme de psychologisme, ainsi qu'à la fin de l'*Appendice* aux *Prolégomènes* intitulé « Références à F. A. Lange et B. Bolzano » (Husserl, 1959 : 243-246), où Lotze est simplement associé à Bolzano dans l'aveu de Husserl qui dit avoir reçu d'eux « l'impulsion décisive » pour ses *Recherches logiques*. Nous trouvons également des courtes références à Lotze dans les *Ideen* III (Husserl, 1971 : 57-59) et dans *Logique formelle et logique transcendantale* (Husserl, 1974 : 271).

Le § 59 des *Prolégomènes* nous intéresse en particulier ici car il nous permet d'identifier l'élément que Lotze a pu ajouter à l'antipsychologisme husserlien. Ce texte place Lotze dans la série d'auteurs qui ont fourni les ingrédients principaux pour la théorie de la logique pure que Husserl avance dans ce texte comme solution au débat avec le psychologisme. De cette série font également partie Leibniz, Kant, Herbart et Bolzano. C'est de Leibniz que Husserl retient l'idée d'une *mathesis universalis* qui sera le modèle pour sa logique pure. Kant lui fournit la distinction entre logique pure et logique appliquée, dont Husserl se sert pour dépasser le débat qui met face à face psychologistes et antipsychologistes sur la question de la fondation de la logique.

Très brièvement, ce débat met face à face deux positions. La position psychologiste consiste à affirmer que, puisque la logique est une des activités de la pensée, et puisque la pensée est le domaine propre de la psychologie, c'est dans la psychologie que la logique trouvera ses lois ultimes. À cet argument, les adversaires antipsychologistes répondent que, dans la mesure où la psychologie prétend être une science, elle doit se

---

[6] (Husserl, 1913 : 132, tr. fr. 155) : « Il est très curieux que, même Lotze, auquel nous sommes très obligés de son interprétation de la théorie platonicienne des *Idées*, ait commis l'erreur d'hypostasier psychologiquement le général. Voir, à ce sujet, ce qu'il écrit dans sa *Logique* en 1874, p. 569 sq., et particulièrement le § 316 ».

déployer selon les règles de la logique, sans quoi elle s'expose aux contre-sens. C'est donc, selon eux, la psychologie qui doit trouver ses lois ultimes dans la logique. Dans les *Prolégomènes*, Husserl dépasse ces deux positions antagonistes en utilisant la distinction kantienne entre logique pure et logique appliquée. Il montre que la logique de la position antipsychologiste est conçue essentiellement comme une logique appliquée, une logique à l'aide de laquelle on vérifie si nos raisonnements sont corrects. Or selon Husserl toute discipline normative, donc cette logique appliquée également, se fonde à son tour dans une discipline théorique. Afin de savoir comment un raisonnement doit être, il nous faut une connaissance théorique de ce qu'est un raisonnement correct. La question est donc de savoir quelle est la discipline théorique qui offre un fondement à la logique normative. L'antipsychologisme de Husserl consiste à identifier cette discipline non pas à psychologie, mais à la logique pure. Ainsi, sa solution, inspirée par la distinction kantienne, dépasse les deux positions antagonistes.

Le but des *Prolégomènes* est donc de cerner le domaine de la logique pure. C'est ici qu'intervient l'influence de Herbart, Lotze et Bolzano. Le mérite que Husserl reconnaît à Herbart est d'avoir distingué entre la représentation au sens logique et la représentation au sens psychologique. « Plus proche de nous que Kant » dira Husserl au début du § 59 des *Prolégomènes* :

> Se trouve d'ailleurs Herbart, principalement parce que, chez lui, un point essentiel est plus nettement en relief et intervient expressément pour la distinction entre le purement logique et le psychologique, point qui en fait est à cet égard décisif, à savoir *l'objectivité du « concept », c'est-à-dire de la représentation au sens purement logique* (Husserl 1959 : 239)[7].

C'est donc chez Herbart que Husserl trouve un premier concept d'objectivité de la signification comme ce qui est répétable à l'identique dans une multiplicité d'occurrences particulières. Cependant, les termes utilisés par Herbart afin de mettre en place cette idée d'objectivité prêtent à des équivoques. En effet, Herbart utilise un vocabulaire qui renvoie plutôt à la psychologie qu'à la logique. Selon Husserl :

> Herbart n'a pas, que je sache, prononcé le seul mot qui aurait pu faire la lumière sur la définition du concept de concept, à savoir que le concept ou représentation, au sens logique, n'est rien d'autre que la signification identique des expressions correspondantes (Husserl, 1959 : 241).

---

[7]   Sur les concepts subjectifs et objectifs voir aussi (Herbart, 1824 : 77) : « Nos idées dans leur ensemble peuvent être envisagées sous deux aspects ; soit comme activités de notre esprit, soit du point de vue de ce qui est pensé par elles. Sous ce dernier rapport, elles s'appellent *concepts* ; mot qui, en désignant le *conçu*, oblige à faire abstraction de la manière dont nous pouvons recevoir, produire et reproduire l'idée ». Cité par Husserl dans les *Prolégomènes*, *Ibid.*, p. 216 ; tr. fr. p. 240.

Le problème de Herbart est qu'il ne voit pas la véritable différence entre la logique pure et la logique appliquée, notamment le fait que la logique pure n'est pas normative. Husserl se sert dans ce contexte du concept d'idéalité de Lotze pour délimiter le domaine de la logique pure entendue comme une science théorique. Or l'idéalité de Herbart n'est rien de plus qu'une *normalité* : c'est ce qui advient dans la plupart des cas. C'est ainsi que le sens absolu de l'idéalité, que Husserl défend dans chaque mouvement des *Prolégomènes*, échappe à Herbart. C'est ainsi que Herbart, malgré son concept d'idéalité, reste aux yeux de Husserl un psychologiste. Et, malgré son interprétation innovante de l'idéalité, Lotze est soumis, à la fin de ce paragraphe, à la même critique.

Ce point essentiel pour la logique pure qu'est l'idéalité, l'objectivité des concepts, on le trouve donc déjà chez Herbart. On se demande alors qu'est-ce que Husserl a trouvé de plus dans l'interprétation lotzéenne de l'idéalité, qui justifie le fait qu'il qualifie cette interprétation de « géniale » dans l'*Esquisse* de 1913 :

> Quoique Lotze n'ait guère dépassé lui-même le stade d'incohérences contradictoires et le niveau du psychologisme, son interprétation géniale de la théorie platonicienne des idées me fit voir une première grande lumière, et eut une influence déterminante sur toutes mes études ultérieures (Husserl, 1959 : 379).

On sait en effet, depuis la publication de la recension du livre de Palàgyi, mais malheureusement d'une manière assez vague, qu'est-ce que Husserl a trouvé de génial dans la théorie de Lotze : elle lui a permis de mieux comprendre le statut des propositions, représentation et vérités en soi de Bolzano, et de fonder donc sa logique pure sur ce modèle.

> Par « proposition en soi » il ne faut entendre rien d'autre que ce que l'on désigne comme le « sens » de l'énoncé dans le langage quotidien, idéalement objectifiant, et que l'on déclare être une seule et même chose, quand on dit par exemple de différentes personnes qu'elles affirment la même chose ; ou bien aussi ce que l'on appelle en science purement et simplement une proposition, ainsi la proposition qui porte sur la somme des angles, personne n'ayant ici l'idée de penser aux vécus de jugement de qui que ce soit. Et il est aussi devenu clair que ce sens identique ne peut être rien d'autre que le général, l'espèce, par rapport à un certain moment présent dans tous les énoncés actuels du même sens, qui rend possible l'identification, alors qu'habituellement la teneur descriptive des vécus change d'une façon considérable. [...] Si l'on se fonde sur cette conception, alors la théorie de Bolzano selon laquelle les propositions sont des objets, mais n'ont pas cependant d'« existence », acquiert la signification suivante qu'il est facile de comprendre : *c'est qu'elles ont l'être « idéal » ou la valeur* d'« objets généraux » (donc le même être que celui qui est établi par exemple dans les « preuves d'existence » en mathématiques), *mais pas l'être réel des choses*

ou des moments non autonomes des choses, des particularités temporelles en général (Husserl, 1975 : 216-217).

Voici donc, dans ce texte, que Husserl identifie l'influence de Lotze pour la compréhension de Bolzano dans sa distinction entre être réel et valeur. Les choses semblent claires, mais c'est précisément mon point dans ce travail de montrer qu'en réalité ce n'est pas le cas. Afin de mieux comprendre en quoi consiste la « grande lumière » que le texte de Lotze a jetée sur le problème des propositions en soi bolzaniennes, je propose dans la section suivante une analyse du texte de Lotze et du raisonnement qui le conduit à une nouvelle interprétation des *Idées* platoniciennes.

Lotze et la découverte de l'idéalité

L'objectif principal de Lotze dans le chapitre II du troisième livre de sa *Logique* de 1874, intitulé « Le monde des Idées » (*Ideenwelt*), est de montrer que la connaissance est possible même si l'on maintenait des doutes sceptiques quant à l'existence du monde sur lequel porte cette connaissance. Dans les termes de Lotze, au § 315, l'enjeu est : « Qu'on voit clairement comment il peut y avoir une connaissance dont la vérité est tout à fait indépendante de la question sceptique portant sur sa conformité avec une essence des choses qui se situerait au-delà d'elle (Lotze, 2006 : 12) ».

La discussion du scepticisme chez Lotze est branchée dès le départ sur ses origines grecques, et plus précisément sur le scepticisme de l'école d'Héraclite et sa réponse platonicienne. D'où la nécessité de réinterpréter la théorie platonicienne des *Idées* afin d'échapper aux objections contre Platon qui se sont rassemblées durant les siècles sous la forme de la critique de « platonisme ».

Les trois arguments mobilisés par Lotze en faveur de Platon et contre la thèse sceptique sont les suivants. Premièrement, les qualités sensibles, censées changer constamment et tourner dans leur contraire, font, une fois ressenties, des objets constants de la contemplation interne même si elles n'apparaîtront plus jamais dans l'expérience. Deuxièmement, même si on ne sait pas comment ces idées de la pensée représentent des qualités des objets réels, cela ne change rien au fait que la connaissance que l'on a d'elles reste la même sous forme de propositions vraies éternellement valides qui s'opposent à des propositions fausses éternellement invalides. Et finalement, la question de savoir si ce que l'on connaît des qualités sensibles correspond à ce qu'il y en a en réalité est, selon Lotze, un faux problème qui ne se pose que pour ceux qui confondent les sons entendus avec leur définition physique comme des vibrations de l'air et qui ouvrent ainsi un gouffre entre les sons objectifs et les sentiments subjectifs qu'ils causent. Même si l'on avait une toute autre expérience de ces sons, elle n'en constituerait pas moins une connaissance tout aussi valide, dans la mesure justement dont elle rentre dans des relations valides avec d'autres connaissances. Ainsi l'on comprend mieux, affirme Lotze à la fin de ce paragraphe comment Platon

> A vu dans ce monde des Idées le premier objet vrai d'une connaissance sûre ; car les rapports éternels qui trouvent place entre les Idées singulières, qui rendent les unes mutuellement compatibles et provoquent l'exclusion réciproque des autres, forment à tout le moins les limites à l'intérieur desquelles se trouve ce qui doit être *possible* dans la perception (Lotze, 2006 : 13).

À ce moment donc, Lotze rejette lui-même l'idée d'un gouffre qui sépare le monde de la pensée. Mais ce gouffre s'ouvre de nouveau, on le verra, à la fin du chapitre. Jusqu'ici, cependant, tout va bien : la réinterprétation des Idées platoniciennes comme idéalité du contenu de la pensée est tout à fait en concordance avec ce que Husserl entend par idéalité dans les *Recherches logiques*. Le § 316 s'ouvre pourtant sur la difficulté qui semble inhérente à toute forme d'idéalisme, et qui hante ce chapitre jusqu'à la fin et revient de manière symptomatique dans le chapitre IV tant critiqué par Husserl. Que ce soit le « platonisme » de Platon ou aussi le statut ontologique des propositions en soi chez Bolzano, qu'intéresse Husserl dans sa lecture de Lotze, la (fausse) difficulté est celle de savoir si ces Idées peuvent être pensées indépendamment de leur ancrage dans une pensée effective. Car, comme Lotze se demande au début de ce paragraphe :

> Comment pensons-nous au juste des couleurs si elles ne sont vues par personne, ou des sons et leurs différences si ceux-là ne sont entendus par personne et si celles-ci ne sont perçues par personne à la faveur d'une comparaison ? Devons-nous dire que tous deux, alors, ne sont rien (*Nichts sind*) ou ne sont pas (*sind nicht*) ? (Lotze, 2006 : 13)

C'est bien sûr ici la grande difficulté. Car ce que Lotze avait identifié dans le paragraphe précédent comme un faux problème, celui de savoir si quelque chose correspond ou non aux idées « dans la réalité », revient en l'occurrence ici comme question qui porte sur la réalité *psychique* des *Idées*. C'est précisément ce début de paragraphe que Husserl indique d'ailleurs dans sa note critique de la IIe *Recherche logique* où il indique la rechute de Lotze dans le psychologisme. Mais Lotze n'a pas encore renoncé au § 316 à sa lutte contre le psychologisme : il veut toujours soutenir la possibilité d'une connaissance qui reste vraie abstraction faite de toute position du monde, et donc y compris du monde psychique. Les Idées restent éternellement invariables pour Lotze et par rapport à la réalité psychique (la même Idée peut constituer le contenu de plusieurs pensées), et par rapport à la réalité matérielle (si le blanc en tant que qualité d'une chose peut changer en noir, la blancheur en soi ne change jamais en noirceur). Aux deux possibilités, que les Idées ne soient rien en dehors de leur être pensé, ou qu'elles ne soient tout simplement pas, Lotze répond toujours par la négative. Tout l'enjeu de ce paragraphe est donc de négocier un statut ontologique pour les Idées qui ne les rende pas dépendantes de la pensée dont elles sont le contenu. Après avoir examiné la solution insatisfaisante selon laquelle les Idées ont un statut indépendant hypothétique, c'est-à-dire elles sont ce qu'elles sont et leurs relations sont éternellement constantes *si* elles sont pensées, Lotze tourne le dos à ce débat métaphysique en le qualifiant comme une simple confusion due au langage : nous ne possédons pas des distinctions conceptuelles assez fines pour saisir les sens différents dans lequel on affirme la réalité des choses et des *Idées*. Et la solution, très bien connue aujourd'hui, est pour Lotze d'identifier quatre sens à distinguer dans nos positions de réalité (*Wirklichkeit*) :

> Quand on affirme la réalité d'une chose physique on dit qu'elle *est*, quand on affirme la réalité d'un événement on dit qu'elle *se produit*, pour la réalité d'une relation on affirme sa *consistance* et enfin, et c'est ici que les choses deviennent plus compliquées « nous appelons "effectivement vraie" une proposition qui *vaut* (*gilt*) » (Lotze, 2006 : 14).

On voit tout de suite que la réalité de la valeur (*Geltung*) ne s'applique pas à la proposition, mais à sa vérité. La proposition qui vaut n'est pas celle qui est, qu'on affirme, qui possède elle-même en soi la réalité, mais celle dont *la vérité* possède cette réalité, cette effectivité. Donc, une première objection consiste à souligner le fait que finalement, même en prenant en considération ces distinctions conceptuelles, le statut ontologique de la proposition reste toujours en suspens[8]. Mais l'objection que je voudrais faire ne porte pas sur ce point. Elle porte sur ce qui me semble un glissement que Lotze opère dans les paragraphes suivants. Les distinctions dont je viens de parler étaient en fait un moyen d'affiner les sens différents qu'en entend quand on affirme le terme unique de réalité (*Wirklichkeit*) au sujet d'entités différentes (dont les Idées forment l'une des quatre classes). Premièrement donc, il y avait quelque chose de commun à la réalité des choses, des événements, des relations et des Idées. Et deuxièmement, ce qui était différent était non pas cette réalité, mais la façon différente dont on l'entend, afin d'échapper justement aux paradoxes du « platonisme », c'est-à-dire de penser les Idées comme si elles étaient des choses. En d'autres termes, les distinctions étaient d'abord épistémiques et non pas ontologiques.

Mais très vite, ces distinctions conceptuelles deviennent pour Lotze des distinctions ontologiques. Les Idées ne sont pas seulement réelles,

---

[8] Et aussi, un autre problème soulevé par la plupart des commentateurs est celui du statut des propositions fausses.

effectives, elles ont un statut ontologique propre, la valeur, qui est irréductible à la réalité des choses, l'être. En d'autres termes, la thèse des différents sens de la réalité glisse vers une thèse qui postule des réalités différentes, et en outre irréductibles les unes aux autres. Et ce glissement est visible dans le passage suivant, au début duquel Lotze part de la distinction épistémologique entre les sens de la *Wirklichkeit* pour ensuite continuer à en parler comme si la *Wirklichkeit* était simplement *notre affirmation* toujours la même de divers statuts ontologiques, qui eux sont irréductibles les uns aux autres et représentent ce qu'il y a de véritablement objectif. Alors qu'au départ on a l'impression que c'est la *Wirklichkeit* qui est le concept ontologique et ses sens différents qui ont une valeur épistémologique, maintenant c'est la *Wirlichkeit* qui reçoit un sens épistémologique alors que les distinctions sont conçues comme proprement ontologiques :

> Par « effectivité », nous pensons toujours une approbation, mais une approbation dont le sens se forme de façon très différente selon la forme qu'elle admet ; de ces différentes formes, elle doit en admettre une, et aucune n'est réductible à une autre ou contenue en elle. Car de l'être, on ne peut jamais tirer un se-produire, et l'effectivité qui revient aux choses, à savoir le fait d'*être*, ne revient jamais de droit aux événements ; ceux-là ne *sont* jamais, mais ils se produisent ; mais une proposition, d'une part, n'*est* pas comme les choses, et d'autre part, ne se produit pas comme les événements ; que son contenu consiste comme une relation, on ne peut aussi le dire que si les choses entre lesquelles elle énonce un rapport *sont* ; mais en soi, et abstraction faite de toutes les applications que ce contenu peut recevoir, son effectivité consiste en ce qu'il *vaut* et en ce que sa contrepartie ne vaut pas (Lotze, 2006 : 14-15).

Lotze a en effet besoin que ces distinctions soient sur le plan ontologique et non pas simplement sur le plan conceptuel. Car pour lui l'objection de « platonisme » se fonde sur une confusion entre l'être et la valeur, une confusion qui vient effectivement d'une ambiguïté du langage mais qui porte sur une distinction proprement ontologique : les Idées ne sont pas à la manière des choses, et quand Platon dit qu'elles ne sont pas dans le monde des choses c'est précisément ce qu'il avait en vue[9]. La confusion vient de la tendance, déjà présente chez Platon, d'objectifier les vérités, de leur ôter le format propositionnel qui leur est propre et de les transformer en des concepts simples dont le format est trop similaire à celui des choses. Mais en réalité les Idées ne sont nullement des choses, et ne sont donc pas quelque chose qui *est*. Jusque-là Bolzano aurait dit

---

[9] (Lotze, 2006 : 18) : « Ce qui n'est pas dans l'espace, pour les Grecs, cela n'*est* pas, et si Platon renvoie les Idées dans cette patrie non spatiale, il n'y a pas là une tentative d'hypostasier leur validité pure en un quelconque type d'effectivité qui *est*, mais bien l'effort manifeste d'écarter d'emblée toute tentative de ce genre ».

la même chose par rapport à ses propositions en soi. Mais le pas de plus chez Lotze est d'aller jusqu'au bout de cette idée et d'affirmer que, alors que les Idées ne sont pas (*sind nicht*) à la manière des choses, elles ne sont pas rien (*Nichts sein*) non plus, elles ont un statut ontologique propre : la valeur[10].

Husserl – critique de Lotze (K I 59)

Husserl lit ce chapitre de la *Logique* de Lotze très attentivement, en faisant de nombreuses annotations en marge du texte. La plus importante pour nous est celle en bas de la page 515 : « Les vérités en soi de Bolzano, conforme plus haut », parce que c'est la première et la seule annotation où Bolzano est mentionné. Il s'agit notamment du passage où Lotze distingue entre la valeur des Idées et leur production là où on les considère comme contenus de pensées qui surgissent effectivement dans l'esprit de quelqu'un. Les Idées, dit Lotze dans ce passage :

> Ne jouissent naturellement de l'effectivité de l'être qu'à l'instant où, en tant qu'objets ou produits d'un représenter qui justement se produit, elles deviennent des composantes de ce monde variable qui est celui de l'être et du se-produire ; mais nous sommes tous convaincus, à l'instant où nous pensons le contenu d'une vérité, de ne pas l'avoir créé de toutes pièces, mais seulement de l'avoir reconnu ; même quand nous ne le pensons pas, il *valait* et il vaudra, séparé de *tout* étant, aussi bien des choses que de nous (Lotze, 2006 : 7).

Au sujet de cette annotation sur Bolzano, je pense qu'on ne risque pas beaucoup si l'on affirme que c'est à ce passage que Husserl fait référence comme au coup de génie qui a jeté la lumière sur les vérités en soi de Bolzano. Lotze fait dans ce passage la distinction que l'on trouve aussi chez Bolzano entre une dimension objective et une dimension subjective de la représentation. Mais, alors que Bolzano se contente de souligner que la représentation objective n'est pas quelque chose qui existe, que seule la représentation subjective existe en tant qu'elle se produit à tel ou tel moment dans tel ou tel esprit, Lotze fait le pas de plus et donne un statut ontologique propre aux représentations objectives : certes, elles ne *sont*, à la manière des choses, que là où elles constituent le contenu d'acte de pensée effectif. Mais si ce n'est pas le cas, elles ne cessent pas d'être tout aussi réelles (*wirklich*) car elles continuent à valoir. C'est en lisant ce passage que Husserl doit avoir compris deux choses. La première est que l'objectivité se déploie à même les actes subjectifs, thèse

---

[10] Faute de place j'ai limité mon commentaire de chapitre « Le monde des Idées » aux paragraphes 315 et 316 qui me semblent les plus importants pour le problème discuté ici. Pour un commentaire plus développé de ce texte, je renvoie au troisième chapitre de Beyer (1996).

qui sera formulée explicitement dans l'*Esquisse* de 1913 comme avoir été l'enjeu des *Recherches logiques*[11]. La deuxième est que ce n'est pas l'être subjectif des actes qui est premier pour la connaissance, mais l'être objectif des vérités.

Au début du manuscrit K I 59 de 1897 Husserl reconnaît à Lotze le mérite d'avoir pour la première fois poussé jusqu'au bout la distinction entre objectif et subjectif : « Parmi les Logiciens importants en dehors de l'école de Herbart, Lotze est le seul qui a reconnu l'importance fondamentale de la distinction entre subjectif et objectif et a cherché de lui rendre justice avec un élan renouvelé »[12]. C'est bien le rapport entre objectif et subjectif qui intéresse donc Husserl dès le départ chez Lotze. Cependant, il nous semble étonnant que Husserl ait adhéré sans aucune réserve à la stratégie lotzéenne d'isoler le domaine de l'idéalité en lui conférant un statut ontologique à part. Car en 1894 il avait critiqué justement ce type de solution que Twardowski avait proposé dans sa thèse d'habilitation (Twardowski, 1993 : 85-200) au problème des représentations sans objet. Pour Twardowski les objets se divisent en deux catégories : les objets réels, qui ont une existence spatio-temporelle, et les objets intentionnels, c'est-à-dire tous les autres objets, les objets idéaux compris, qui possèdent une autre forme d'existence qu'il appelle *Bestehen*. Contre cette distinction Husserl rassemble toute une série d'arguments, dont certains seront repris dans l'*Appendice aux §§ 11 et 20* de la Ve *Recherche logique*, en 1901, où Husserl dit :

---

[11] (Husserl, 1975 : 361-362) : « Cette tension si nettement indiquée entre ce qui est purement logique et ce qui est psychologique dans le tome I de l'ouvrage, et le malaise ainsi produit, ne doivent donc absolument pas être niés. Mais ce n'est pas que l'auteur ait à s'en excuser. Au contraire, les discussions avec le psychologisme auraient manqué à la fonction essentielle qu'elles avaient à remplir dans le cadre de l'ensemble de l'œuvre, si elles n'avaient pas provoqué ce malaise, ou si, par leur présentation, elles l'avaient réduit à un degré moindre. Il n'y a que ceux qui ressentent profondément, et sous la forme la plus élevée possible, le caractère embarrassant de l'affaire, il n'y a que ceux qui se voient contraints, par la dissolution critique des préjugés aveuglants du psychologisme, de reconnaître l'idéal purement logique, mais qui, en même temps, par la mise en évidence des rapports essentiels de l'idéal avec le psychologique, se trouvent contraints de ne pas laisser tomber, mais au contraire de ne pas le perdre de vue, en tant que c'est là quelque chose qui va de pair d'une manière ou d'une autre – qui peuvent aussi comprendre que de telles critiques antipsychologistes étaient certes indispensables pour obtenir précisément cette reconnaissance de l'idéal comme quelque chose de donné avant toute théorie, mais que l'on ne peut pas absolument s'en tenir à de telles critiques ».

[12] (Husserl, 1897 : 5a) : « Unter den bedeuteten Logikern ausserhalb der Schule Herbarts ist Lotze der einzige, welcher den Unterschied zwischen Subjektivem und Objektivem nach seiner fundamentalen Bedeutung würdigte und ihm in wiederholten Anläufen gerecht zu werden versuchte ».

Quand on dit que l'objet est « simplement intentionnel », cela ne signifie nullement pas : *il existe*, quoique seulement dans *l'intentio* (donc comme une composante réelle de celle-ci), ni : il existe dans celle-ci quelque ombre de l'objet ; mais cela veut dire : ce qui existe c'est l'intention, la « *visée* » d'un objet de telle sorte, mais *non* l'objet. Si par contre, l'objet intentionnel existe, ce n'est pas seulement l'intention, l'acte de visée qui existe, mais *aussi* ce qui est visé (Husserl, 1962 : 231).

Ce que Husserl souligne dans ces passages, la thèse qu'il soutient avec conviction de 1894 jusqu'en 1901, est qu'il n'y a qu'un seul type d'existence et non pas plusieurs. Certes, la *Geltung* de Lotze n'est pas la le *Bestehen* de Twardowski. Twardowski entendait par *Bestehen* une forme d'existence immanente à la conscience et donc dépendante de celle-ci : les objets en question n'existaient que dans la mesure où on y pensait. En revanche, pour Lotze la *Geltung* est justement la façon dont les idéalités existent indépendamment de la pensée, de manière purement objective. Cependant, en introduisant des distinctions ontologiques entre les choses et les Idées, Lotze laisse la porte ouverte au retour du psychologisme : quoi qu'on puisse en dire, les Idées n'existent pas pour Lotze à la manière des autres choses, leur existence n'est pas l'existence familière des tables et des chaises. Et si l'on introduit de telles distinctions entre des façons d'être on arrive très vite à établir une hiérarchie entre elles et à glisser de nouveau sur la pente du psychologisme. Le chapitre IV qui traite de la distinction entre une signification formelle et une signification réelle des lois logiques n'est que le symptôme de ce glissement, et ne peut donc pas être isolé de la théorie de la *Geltung* : il en est, au contraire, une conséquence. Or ce glissement est exactement ce que Lotze n'arrive pas à éviter à la fin de son chapitre sur « Le monde des Idées », quand il parle d'un « abÎme miraculeux » (*Abgrund von Wunderbarkeit*) qui sépare le monde des Vérités de celui de ce sur quoi ces Vérités portent :

Qu'il y a des vérités générales qui ne sont pas elles-mêmes comme les choses, et qui dominent pourtant le rapport des choses, c'est là pourtant, pour le sens qui s'y plonge, un prodige impénétrable (*ein Abgrund von Wunderbarkeit*) (Lotze, 2006 : 21).

C'est dans le manuscrit K I 59 que nous trouvons une réponse directe de Husserl à ce passage. Et cette réponse est que la seule chose étonnante dans l'affaire est que Lotze, qui a si bien distingué entre objectif et subjectif, a pu dans le même texte s'égarer de manière si fâcheuse dans les vieux problèmes psychologistes. Car, selon Husserl, il n'y a rien d'étonnant que la connaissance correspond à la façon dont les choses sont effectivement : c'est en fait sa définition même. En réalité, la distinction entre des sens différents de la réalité semble avoir amené Lotze aux mêmes difficultés pour lesquelles elle se voulait la solution. Car si la valeur des vérités est irréductible et incommensurable à l'être des choses il y a lieu de s'étonner, comme Lotze, du fait que ces Vérités trouvent leur valeur justement dans l'être des choses. C'est pourquoi, selon Husserl, on ne doit pas perdre de vue, là où l'on fait, comme Lotze, des distinctions entre les sens différents de l'être, l'unité sous-jacente du concept d'être que l'on considère. En d'autres termes, l'être n'est pas quelque chose qui appartient uniquement aux choses, mais à tout ce qui est vrai, que ce soit des choses, des relations, des événements ou, évidemment, des vérités.

> On doit aux avantages de notre langue d'avoir les expressions distinctes de « valeur » en rapport avec la vérité (ou, comme je préfère le formuler : les états de choses vrais) et d'« être » en relation aux choses. Mais ne devons-nous pas justement aux avantages de cette langue aussi la désignation unitaire, ne parlons-nous pas de manière sensée de Réalité, c'est-à-dire de l'être réel ou vrai, aussi bien en rapport avec les états de choses et objets idéaux qu'en rapport avec des choses et événements ? Et ne pouvons-nous pas parler simplement d'être, là où un état de choses vaut, un événement se produit, là où un concept subsume d'autres concepts comme étant ses vrais objets et ainsi de suite ? L'esprit de notre langue n'exige en tout cas nullement de restreindre le concept d'être aux seules choses. Bismarck existe, il est ; que la terre se meut, que 2 x 2 font 4 – cela *est*, que l'équation du troisième degré est soluble algébriquement – cela est. Il y a un chiffre pair plus grand que 3 et plus petit que 5. C'est ainsi, réellement, véritablement, ce n'est pas simplement de la pensée, et ce n'est pas une pensée fausse[13].

Ainsi, selon Husserl, la vraie distinction ne peut pas être du côté du statut ontologique des choses, car dans la mesure où l'on dit qu'elles sont, nous le disons toujours exactement dans le même sens. La seule distinction que l'on peut identifier c'est au niveau de ce dont on dit l'être. En effet, on peut distinguer entre choses physiques, événements, relations et objectivités, et ces distinctions sont tout à fait pertinentes. Mais là où l'on affirme qu'elles sont, on l'affirme toujours au même sens.

---

[13] (Husserl, 1897 : 8a) : « Der Gunst der Sprache danken wir die unterscheidenden Bezeichnungen Geltung in Beziehung auf Wahrheiten (oder wie ich lieber sagen würde : wahre Sachverhalte) und Sein in Beziehung auf Dinge. Aber verdanken wir der Gunst eben dieser Sprache nicht auch verbindende Bezeichnungen, sprechen wir nicht sinnvoll von Wirklichkeit, das ist wirklichem oder wahrem Sein sowohl in Beziehung auf Sachverhalte und Begriffsgegenstände wie in Beziehung auf Dinge und Ereignisse ? Und können wir nicht kurzweg von Sein sprechen, wo ein Sachverhalt gilt, ein Ereignis geschieht, wo ein Begriff anderen Begriffen als ihr wahrer Gegenstand entspricht usw. ? keineswegs fordert der Geist unserer Sprache die Beschränkung des Seinsbegriffes auf reale Dinge. Bismarck existiert, ist ; dass die erde sich bewegt, dass 2 x 2 gleich 4 ist – das *ist*, dass eine Gleichung dritten Grades algebraisch lösbar ist – das *ist*. Es existiert eine gerade Zahl die grösser als 3 und kleiner als 5 ist. Es ist so, ist wirklich, wahrhaft so, es ist nicht bloßer Gedanke, es ist kein falscher Gedanke ».

Ce qui est peut-être réel, une chose réelle ou un processus réel ; mais elle peut être aussi quelque chose qui n'est pas réel, une unité de pensée, comme par exemple l'égalité des angles d'un triangle équilatéral, une espèce qui existe, comme *le* numéro 10 et ainsi de suite. L'être en tant que tel est ici partout le même, il est l'être-véritablement (*wahrhaft-sein*) ; c'est uniquement ce qui est qui est différent[14].

On voit donc s'opérer chez Husserl un renversement radical par rapport à la position de Lotze. Celui-ci concevait la *Wirklichkeit* comme étant le concept le plus large, plus large que l'être. D'où la rechute dans le psychologisme. Car on entend spontanément la *Wirklichkeit*, la réalité, comme étant le mode propre d'être des choses physiques. Et en revanche, réduire la sphère de l'être aux seules choses physiques, comme le fait Lotze, signifie en un certain sens se condamner à la conclusion soit que les Idées ne sont pas (ce qui est la thèse de Bolzano), soit qu'elles sont à la manière des choses (ce qui est la thèse « platoniste » qu'il essaie d'éviter). En revanche, Husserl pose le concept d'être comme le plus large. Mais par être il n'entend pas uniquement l'être réel, spatio-temporel, des choses. Chez Husserl, le sens du concept d'être est élargi, afin qu'il puisse accommoder aussi l'être des idéalités.

Il est donc dommageable de réduire le concept d'être aux choses ; on attribue toujours aux choses l'être-chosique, de même qu'à ce qui est mental l'être-mental, alors que les deux moments, celui du vrai et celui de ce qui est vrai, se distinguent clairement. Vérité et Existence sont alors de l'ordre de l'objectif, tel que nous l'entendons, quelle que soit la matière qui est posée comme vraie[15].

Et cet élargissement que Husserl opère sur le concept d'être, et qui est au fondement et de la logique pure, et de sa contrepartie, la théorie de la connaissance, que Husserl avance dans les *Recherches logiques* est justement l'élargissement de l'être à l'être vrai. Ainsi, pour Husserl, ce n'est plus la *Geltung*, l'être propre des Vérités, qui se construit sur le modèle de la réalité des choses physiques, mais inversement, l'être des choses est un être objectif, qui fonde des vérités et qui est donc par

---

[14] (Husserl, 1897 : 9a) : « Das Seiende kann ein Reales sein, ein reales Ding oder ein realer Vorgang sein ; aber auch ein Nichtreales, ein gedanklicher Zusammenhang, wie z. B. die Gleichheit der Winkel eines gleichseitiges Dreiecks, eine seiende Spezies, wie *die* Zahl 10 usw. Das Sein als solches ist hier überall dasselbe, est ist wahrhaft-sein ; nur das, was ist, was ist, ist verschieden ».

[15] (Husserl, 1897 : 9a) : « Schädlich ist daher die beschränkung des seinsbegriffes auf Dinge ; dem Dinge schreiben wir eben dinglich-sein zu, wie dem gedanklichen gedanklich-sein, wobei die beiden Momente, das des wahres und das, was darin wahr ist, klar auseinanderten. Ist nun aber Wahrheit und Existenz ein in unserem Sinne Objektives, was immer sonst die Materie sei, die als wahre (*gestr.* : seiende) gesetzt ist ».

excellence l'être vrai, qui peut s'attribuer de la même façon aux choses, aux événements, aux relations et aux idéalités.

Les analyses de Lotze sont, effectivement, celles qui ont dirigé Husserl dans la bonne direction. Identifier l'être des Idées à l'être vrai, à la *Geltung*, était une solution astucieuse au problème du statut ontologique de l'idéalité. Mais uniquement dans la mesure où cette interprétation jette une lumière sur l'être en général, tel qu'il est pertinent pour la connaissance, y compris là où il s'agit de l'être des choses physiques, des événements ou des relations. Comme Husserl le dit à plusieurs endroits, la faute de Lotze n'est pas de s'être carrément trompé, mais de s'être égaré parmi les distinctions conceptuelles qu'il avait lui-même introduites. Son intuition avait été juste, mais il n'a pas su en tirer les conséquences (Husserl, 1975 : 391).

Ainsi, si l'on se place au bon point de vue, celui depuis lequel l'être est toujours l'être vrai, depuis lequel la connaissance se déploie à même les choses, de l'énigme dont parle Lotze, l'*Abgrund von Wunderbarkeit* dans lequel s'est effondrée son intuition concernant l'objectivité des *Idées*, ne reste plus que le faux problème psychologiste duquel Lotze semblait se détacher de manière si prometteuse. Certes, dira Husserl à la page 10a du manuscrit K I 59 :

Pour celui qui reste à moitié dans le subjectivisme, qui entend d'une part choses, événements, mondes comme existant en soi, et d'autre part conçoit tout ce qui est logique comme des instances de pensée subjectives, s'ouvre toujours comme conséquence de ce partage confus cet abysse prodigieux (*Abgrund von Wunderbarkeit*) : Ici les choses, là notre pensée. Comment se réunissent-elles, comment clarifier le miracle de leur harmonie[16] ?

Or, Husserl continue :

Depuis le point de vue objectiviste tout ceci est clair. La Vérité n'est pas subjective et l'existence des choses objective ; Vérités et Existences des choses ne sont pas hétérogènes, des entités mutuellement incommensurables ; elles appartiennent l'une à l'autre et s'accordent entre elles, en tant que Vérité

---

[16] (Husserl, 1897 : 10a) : « Freilich, wer im Subjektivismus zu einer Hälfte stecken bleibt, wer einerseits Dinge, Ereignisse, Welten als an sich existierend annimmt, und auf der anderen Seite doch alles Logische in den subjektiven Denktätigkeiten aufgehen lässt, für den öffnet sich, eben als Kosequenz der unklaren Halbheit dieser Abgrund von Wunderbarkeit : Hier die Dinge, dort unser Denken. Wie kommen beide zusammen, wie das Wunder ihrer Harmonie erklären ? Für den objektivistischen Standpunkt ist hier alles klar. Die Wahrheit ist nicht subjektiv und die Existenz des Dinges objektiv ; Wahrheiten und dingliche Existenzen sind nicht heterogene, miteinander incommensurable Entitäten (Einheiten) ; sie gehören zusammen und stimmen zusammen, wie Wahrheit und wahre Sache, das Eine so objektiv wie das andere, und beide korrelativ, also untrennbar aufeinander bezogen ».

et chose vraie, l'une aussi objective que l'autre, et les deux corrélatives, donc appartenant inséparablement l'une à l'autre (Husserl, 1975 : 391).

Conclusion

J'ai essayé de montrer dans ce travail que la position de Husserl envers la théorie des Idées de Lotze est beaucoup plus nuancée que ce que l'on pourrait croire, en lisant les courts passages publiés où Husserl mentionne Lotze. En effet, c'est bien cette interprétation, qui permet à Lotze de concevoir une vraie objectivité des Vérités, qui l'a poussé malheureusement vers un retour au psychologisme – et cela, comme j'ai essayé de le montrer, non pas parce que la thèse de départ était fausse, mais parce que Lotze n'arrive pas à s'arracher complètement à ses préjugés. Il conçoit, finalement, l'être essentiellement sur le modèle de l'être physique des choses, ce qui fragilise sa tentative de penser une forme d'être qui puisse également supporter les idéalités. C'est pourquoi je pense que l'on ne devrait pas surenchérir sur l'influence que Lotze a eue sur les *Recherches logiques*. Certes, Lotze a beaucoup influencé Husserl sur d'autres points : sur l'inclusion des mathématiques dans la logique pure, sur l'idée d'une distinction entre premiers et seconds universaux, qui pose une intuition qui porte directement sur des généralités (Rollinger, 2003 : 151-164), sur la conception de l'espace, etc. Mais en ce qui concerne la question de l'idéalité, je pense que le génie est entièrement du côté de Husserl et que le texte de Lotze n'a constitué que l'occasion qui a permis à Husserl une première intuition de ce qui deviendra, dans les *Recherches logiques*, sa théorie entièrement originale de l'idéalité.

Bibliographie

Benoist, J., *Intentionnalité et langage dans les* Recherches logiques *de Husserl*, Paris, PUF, 2001.

Beyer, C., *Von Bolzano zu Husserl : eine Untersuchung über den Ursprung der phänemenologischen Bedeutungslehre*, Dordrecht, Kluwer, 1996.

Dastur, F., *La phénoménologie en questions*, Paris, Vrin, 2004.

Fréchette, G., « L'intentionnalité et le caractère qualitatif des vécus. Husserl, Brentano et Lotze », in *Studia phaenomenologica*, vol. X, 2010, p. 73-99.

Hauser, K., « Lotze and Husserl », in *Archiv für Geschichte der Philosophie*, 85, 2003, p. 152-178.

Herbart, J.F., *Psychologie als Wissenschaft, neu gegründet auf Erfahrung, Metaphysik und Mathematik*, vol. I, Königsberg, 1824.

Husserl, E., Manuscrit K I 59/4a-24a, « Lotze-Mikrokosmos », 1897.

–, « Recension du livre de Melchior Palagyi : *Le conflit des psychologistes et des formalistes dans la logique moderne* », *Zeitschrift für Psychologie und*

Physiologie der Sinnesorgane, 31 (1903), p. 287-294, in Husserl, E., *Articles sur la logique*, tr. fr. J. English, Paris, PUF, 1975, p. 211-221.

–, « Entwurf einer "Vorrede" zu den *Logischen Untersuchungen* (1913) », Fink, E. (ed.), *Tijdschrift voor Philosophie* I (1939), in Husserl, E., *Articles sur la logique*, tr. fr. J. English, Paris, PUF, 1975.

–, *Logische Untersuchungen*, 2ᵉ édition allemande, Halle, Max Niemeyer, Band II/1, 1913, Band II/2, 1921, tr. fr. H. Elie, A. Kelkel, R. Schérer, tome I, *Prolégomènes à la logique pure*, Paris, PUF, 1959, tome II/1, *Recherches logiques I et II*, Paris, PUF, 1961, tome II/2, *Recherches logiques III, IV et V*, Paris, PUF, 1962, tome III *Recherches logiques VI*, Paris, PUF, 1963.

–, *Ideen zur einer reinen Phänomenologie und phänomenologischen Philosophie. Drittes Buch : Die Phänomenologie und die Fundamente der Wissenschaften*, The Hague, Martinus Nijhoff, 1971.

–, *Formale and transzendentale Logik. Versuch einer Kritik der logischen Vernunft*, The Hague, Martinus Nijhoff, 1974.

Lotze, R.H., *Logik, Drei Bücher vom Denken vom Untersuchen und vom Erkennen*, Leipzig 1880, tr. fr. A. Dewalque, chapitre II « Le monde des Idées », *Philosophie*, n° 91, septembre 2006.

Martinelli, R., « Origine dei concetti e logica pura. Herbart, Lotze e Husserl », in Poggi, S. (a cura di), *Le leggi del pensiero tra logica, ontologia e psicologia. Il dibattito austro-tedesco (1830-1930)*, Unicopli, Milano, 2002.

Rollinger, R.D., « Hermann Lotze on Abstraction and Platonic Ideas », *Poznan Studies in the Philosophy of the Sciences and the Humanities*, 2003, vol. 85, p. 151-164.

Twardowski, K., *Zur Lehre vom Inhalt und Gegenstand der Vorstellungen*, Wien, Alfred Hölder, 1894 ; tr. fr. English, J., *Sur la théorie du contenu et de l'objet des représentations*, in *Husserl-Twardowski, Sur les objets intentionnels (1893-1901)*, Paris, Vrin, 1993, p. 85-200.

Varga, P.A., « The Missing Chapter from the *Logical Investigations* : Husserl and Lotze's Formal and Real Significance of Logical Laws », in *Husserl Studies*, 29, n° 3, p. 181-209.

Théorie des concepts sériels

Jocelyn BENOIST

Université Paris 1 – Panthéon Sorbonne, Paris (France)

Cassirer, dans *Substance et Fonction* (Cassirer, 1977 : 33-34), met en avant un apport central de la logique lotzéenne, à savoir la réforme de la notion de concept[1]. Et en effet, sans doute, pour le débat contemporain, un des aspects les plus intéressants de l'héritage du philosophe allemand réside-t-il dans sa façon très originale d'aborder la question de la suture du conceptuel et de l'expérience, plus précisément, dans sa théorie des concepts perceptuels en tant que *concepts sériels*. Il paraîtra certainement opportun d'exhumer aujourd'hui des réflexions dont il apparaîtra qu'elles méritent assurément de trouver leur place dans le débat qui à présent fait rage sur la nature et les limites du conceptuel et du non conceptuel.

La notion de contenu

La question est formulée, déjà chez Lotze, dans les termes d'une interrogation sur le « contenu » de la perception. Pour donner sa valeur exacte à ce point, il faut, en un premier temps, rappeler quelques éléments relatifs à cette notion de « contenu » (*Inhalt*) tel qu'elle est introduite dans la *Logique*.

Le « contenu » au sens où l'entend Lotze est essentiellement *contenu représentationnel*. Il se définit comme *ce que nous représentons*, par opposition à la simple affection : « Un contenu qui en lui-même signifie quelque chose, et que nous représentons [et non] une simple affection que nous subissons » (Lotze, 1989 : 507).

Ce point est important : il inscrit le *contenu* dans l'ordre de la pensée, parce que de la représentation. Quelle que soit l'importance de l'affection sensible chez Lotze, il ne faut pas oublier le caractère fondateur de la transformation unifiante de ces affections en représentations, à la base de

---

[1] Nous avons déjà eu l'occasion de présenter ailleurs (Benoist, 2006) cette reprise de Lotze par Cassirer.

la *Logique* (Lotze, 1989 : ch. I Λ). Or, c'est à partir du moment où il y a représentation qu'on peut parler de « contenu ».

De façon tout à fait spectaculaire, le concept d'un tel « contenu » représentationnel vient au premier plan, au Livre III, dans l'interprétation proposée de la théorie platonicienne des Idées, dont on sait l'influence qu'elle aura sur Husserl. Le « contenu » devient un nom de « l'Idée ». De façon remarquable, une telle identification va de pair avec la contestation de la ligne d'interprétation traditionnelle des Idées platoniciennes par la généralité. La notion de contenu porte en effet *l'idéalité plus que la généralité*, et l'identification des Idées à des contenus va donc dans le sens de leur propre interprétation dans les termes de l'idéalité plus que ceux de la généralité. Une condition du déplacement de cette conception « généralisante » de l'Idée est, on le verra, la reconnaissance de l'existence de concepts sériels, qui capturent une série d'instances sans en retenir une propriété caractéristique commune.

Selon la lecture lotzéenne de l'Idée, ce qui compte en premier lieu, plus que la séparabilité éventuelle de l'Idée par rapport aux perceptions singulières (*Einzelwahrnehmungen*), c'est son statut de contenu représenté, pourvu d'une signification propre et, comme tel, d'une fondamentale *objectivité*.

Au flux héraclitéen des « affections », entendues comme « impressions », l'analyse lotzéenne oppose l'objectivité et la stabilité des « contenus » représentés. Le contenu « signifie toujours ce qu'il signifie et ses rapports avec les autres contenus ont aussi une validité éternelle qui reste toujours égale, tant que ni lui-même ni les autres contenus ne se renouvellent dans notre perception effective » (Lotze, 1989 : 507).

La notion de contenu est donc intrinsèquement liée à l'introduction d'une certaine forme d'*a priori* matériel (*a priori* du contenu, précisément) dont la phénoménologie retiendra la leçon : il y a des relations entre les contenus qui valent en soi et par soi. Plus : qui ont une validité « éternelle ». Là résiderait l'essence du platonisme.

Or il est remarquable que l'exemple donné spontanément par Lotze soit celui de contenus qui sont des *qualités sensibles* :

Dans notre perception les choses sensibles changent de propriétés ; mais lorsque le noir devient blanc et le sucré amer, ce n'est pourtant pas la noirceur elle-même qui se mue en blanc, ni la saveur sucrée en amer. Chacune de ces propriétés, bien plutôt, restant éternellement égale à elle-même, cède la place à une autre, et les concepts à travers lesquels nous pensons les choses ne participent pas à cette variabilité que nous énonçons, en vertu des changements qu'elles connaissent, de ces choses dont ils sont les prédicats (Lotze, 1989 : 507-508).

Les qualités sensibles, en tant que contenus, sont donc « éternelles ». C'est évidemment à ce genre de passage que pense Husserl lorsque, dans son esquisse de préface de 1913 aux *Recherches Logiques*, il écrit :

« Lotze avait considéré le domaine des données de sensation, des données de couleurs et de sons, comme un champ de connaissances idéales » (Husserl, 1975 : 386). En effet, Lotze, dans sa lecture originale de la théorie platonicienne des Idées, ouvrait ainsi le champ d'un *platonisme de l'expérience*, dans lequel la phénoménologie allait s'installer.

En même temps, il faut noter que cette idéalité des qualités sensibles, selon le texte de la *Logique* que nous venons de citer, est adéquatement capturée par certains *concepts*. Le concept de « noir », le concept de « blanc » ne bougent pas, nous dit-on, à l'image des qualités en question. Et le système de relations *a priori* dont l'analyse lotzéenne fait de la reconnaissance un aspect fondamental du platonisme est présenté comme interne à l'espace des concepts. Les relations concernées relient les concepts comme tels, ces concepts « qui eux-mêmes non pas fugitifs, mais éternellement égaux à eux-mêmes et constants, pris ensemble forment un système de pensées (*Gedankensystem*) invariable et le premier objet digne de ce nom et solide d'une connaissance immuable » (Lotze, 1989 : 508).

Cette connaissance, « première » et « immédiate », nous donne accès non seulement à chaque contenu conceptuel (*Begriffsinhalt*) en tant qu'unité close sur soi, et à son opposition à tous les autres, mais aussi aux relations de ressemblance ou de parenté (*Verwandtschaft*) qu'il y a entre les différents concepts.

En ce sens, c'est un véritable *a priori* conceptuel[2] que met en avant la logique lotzéenne.

Que cet *a priori* ait une dimension phénoménologique, au sens où il a pour contenu les relations entre les concepts de *qualités sensibles* également, et peut-être même en premier lieu, n'en est que plus intéressant. Il y va de la capacité du conceptuel à thématiser le perceptuel.

Au paragraphe suivant de la *Logique* (§ 315), cet *a priori* est présenté comme l'objet propre d'une connaissance soustraite à la menace sceptique. En effet, la validité d'une telle connaissance ne dépend absolument pas de son accord avec une essence des choses qui en serait complètement indépendante.

Car une telle connaissance n'est pas une connaissance de la réalité. Lotze introduit ce point ainsi :

---

[2] Au sens où nous avons introduit ce syntagme in (Benoist, 1999) mais en l'appliquant alors à Bolzano et non à Lotze.

Le cours du monde extérieur nous cût-il confrontés une seule fois, dans une apparition fugitive, à la perception de deux couleurs ou deux sons, notre pensée les séparerait tout de suite à dater de cet instant et les stabiliserait ainsi que leurs affinités et contrastes en tant qu'objet durable d'intuition intérieure, que la perception nous les présente dans une effectivité répétée ou non (Lotze, 1989 : 508-509).

Certes, la différence entre les deux contenus semble ne pouvoir être expérimentée qu'à l'occasion de perceptions effectives, mais l'important est que la connaissance de cette différence constitue ultérieurement un acquis définitif, et indépendant comme tel de l'effectivité de telles perceptions.

Car les lois qui ont trait aux contenus et à leurs relations paraissent en toute rigueur indépendantes des conditions moyennant lesquelles ces mêmes contenus peuvent se retrouver dans la perception de choses effectives, qui en « participent », suivant le lexique platonicien. De façon marquante, un tel principe s'applique aux couleurs ou aux sons, dans leur systématicité propre. Même si nous ne savions pas comment il peut se faire qu'un objet effectif soit rouge ou un son effectif grave ou aigu, « nous n'en garderions pas moins la certitude que la série des couleurs elle-même, l'échelle des sons, sont des touts dont la cohésion répond à une loi et que, quant aux relations de leurs membres entre eux, des vérités éternellement valides s'opposent à des faussetés éternellement invalides » (Lotze, 1989 : 509).

Il faut donc reconnaître une *légalité du sensible*, qui, dans son principe, est indépendante de l'effectivité de celui-ci.

Or, cette légalité, comme telle, est légalité du *contenu* sensible : c'est le contenu rouge qui est dans un certain rapport au contenu bleu ; le contenu *do* qui est dans un certain rapport au contenu *sol*.

De façon décisive, la notion de contenu sert ici à capturer la *validité de l'expérience sensible*. En effet, là où la physique nous dit que le son n'est qu'une vibration de l'air, et la couleur, de l'éther, et où il semble possible que ces vibrations « apparaissent, à des êtres organisés différemment de nous, sous la forme de genres de sensations qui nous sont tout à fait inconnues, les couleurs et les sons que *nous* avons vus et entendus, après que nous les avons une fois ressentis, forment un trésor, mis en sécurité pour nous, de contenu valide en soi dont la cohésion interne répond à une loi » (Lotze, 1989 : 509). Ce qui valide le phénoménologique (que Lotze n'appelle pas encore ainsi, du moins dans ce contexte), c'est précisément le fait qu'il constitue un champ de légalité *a priori*. En d'autres termes, sa valeur est d'avoir un contenu, le contenu qu'il a, et que ce contenu constitue en lui-même un champ de relations définies, quel que soit son statut par ailleurs : illusoire ou réel, c'est-à-dire reflétant l'être des choses ou non.

En même temps cet ancrage « phénoménologique » d'au moins certains contenus – ceux que considère d'abord Lotze – dans la perception n'est pas sans soulever un problème.

En effet, comment maintenir le sens de l'idée d'une qualité perceptuelle indépendamment de l'effectivité de sa perception ? « Comment pensons-nous à proprement parler à propos de couleurs, lorsqu'elles ne sont vues par personne, ou de sons et leurs différences lorsque ceux-ci ne sont entendus par personne et ces dernières ne sont perçues comparativement par personne ? » (Lotze, 1989 : § 316).

Il semble tout de même difficile de séparer le contenu de la perception de l'effectivité de la perception.

Pourtant, indépendamment même de sa perception, on ne peut tenir ce contenu pour *rien*. En effet, *en tant que nous les pensons*, « chaque couleur et chaque son sont des contenus déterminés se distinguant des autres, par conséquent un quelque chose et non un rien » (*loc. cit.*).

C'est donc une fois de plus à la pensée qu'est confiée la garde du contenu comme tel, fût-il contenu de la perception : celui-ci y trouve sa consistance propre, qui est celle d'une détermination. Le contenu est définitionnellement contenu déterminé, il s'identifie essentiellement à un tel être-déterminé (être ceci ou cela) et c'est en tant qu'être-déterminé qu'on peut dire qu'il est, ou en tout cas qu'on est conduit à lui attribuer le statut d'entité.

En même temps, ce statut paraît éminemment problématique. Comme le rappelle Lotze, un son entendu par personne semble n'avoir guère plus de sens qu'une douleur qui ne serait éprouvée par personne. Il est clair qu'il *n'est pas*, ni en lui-même, ni dans notre représentation. Alors, comment lui attribuer le statut d'entité ?

C'est précisément mise au défi de donner un statut aux contenus perceptuels « en eux-mêmes » (c'est-à-dire purement en tant que contenus) que la sémantique lotzéenne est conduite à sortir du registre de la stricte ontologie et à faire une place au concept de « validité » (*Geltung*) en tant que modalité de subsistance (statut méta-ontologique) d'une entité.

Bien sûr, l'expression *Geltung* résulte d'une substantivation du *es gilt*, qui renvoie d'abord au statut logique des propositions (*Sätze*) valides. Cependant, c'est référée aux *contenus* qu'elle va devenir le nom du statut de certaines entités, à côté des *choses* (*Dinge*) qui *sont* (*Sein*) et des *événements* qui *arrivent*, suivant une (méta-)ontologie tricatégoriale.

Alors, il s'agit de faire eu égard au concept de représentation une distinction fondamentale :

> Aux représentations, dans la mesure où nous les avons et les saisissons, revient l'effectivité au sens événementiel, elles arrivent en nous, car en tant

qu'extériorisations d'une activité représentationnelle, elles ne sont jamais un être au repos, mais un être qui dure ; mais leur contenu, dans la mesure où nous le considérons séparé de l'activité représentationnelle que nous tournons vers lui, n'arrive plus, pas plus qu'il n'*est* comme les choses sont, mais il *vaut* (*gilt*) seulement (*loc. cit.*).

Un des aspects fondamentaux du thème de la *Geltung* est donc qu'il assure la prise en charge métaphysique de l'idéalité des contenus sensibles (de ces différentes « significations » que sont les qualités sensibles), c'est-à-dire de la différence de catégorie qu'il y a entre la perception comme événement et la détermination du perçu (comme « rouge », « blanc », « grave », « aigu », etc.).

Ainsi la nécessité de l'analyse de la perception, suivant ses deux dimensions catégoriales bien distinctes (la perception comme événement / le perçu comme « contenu »), joue-t-elle un rôle central dans l'invention du dispositif catégorial lotzéen, par bien des côtés atypiques, et décisif pour l'entrée dans l'âge contemporain de la philosophie : tant pour Husserl que pour Frege.

C'est sur cette base, qu'il fallait rappeler, que peut, dans certains textes, faire surface l'expression « contenu de la perception » (*Wahrnehmungsinhalt*).

C'est le cas, notamment, au § 351 de la *Logique*. Or, de façon intéressante, c'est alors sur le fond d'une distinction entre le *donné* et l'*interprété* (*gedeutet*). Suivant un geste très classique, Lotze, ici, essaie de cerner le contenu proprement perceptuel : ce dont on peut dire dans une scène que c'est « proprement vu », et non jugé.

Par exemple, on pourrait être tenté d'interpréter la phrase « César traversa le Rubicon » dans des termes purement phénoménologiques[3] :

> Un certain groupe, certes quelque peu variable mais gardant sa cohésion, d'impressions sensibles, qu'abréviativement on appelle « César », a changé de position spatiale par rapport à un autre groupe d'impressions sensibles qu'on appelle « Rubicon », de telle façon que, dans l'intuition d'un seul et même observateur, il a d'abord été perçu à droite puis à gauche de ce deuxième groupe (Lotze, 1989 : 582).

Cependant une telle interprétation rencontre une objection majeure. À savoir que

> Le fait que ce groupe César ait été *le même* à droite et à gauche, et donc qu'il ait changé de position, ne réside pas dans le contenu de la perception, mais est une assomption qui place un substrat constant dont seules les relations changent sous une variation globale et constante du phénomène (*loc. cit.*).

---

[3] Nous employons ici cette expression au sens de Mach.

En d'autres termes, il n'y a d'identité que judicative. Qualifier un groupe de phénomènes comme « le même », c'est déjà s'arracher à la variabilité de l'apparaître phénoménologique.

Il ne peut donc y avoir de « choses », ni corrélativement de mouvements (qui, comme tels, supposent l'identité de choses en mouvement), dans la perception elle-même, entendue au sens strict – c'est-à-dire purifiée des jugements qui sans arrêt interfèrent avec elle.

> À chaque fois que nous parlons de quelque mouvement spatial, nous n'exprimons déjà plus la perception, mais une hypothèse à son propos ; nous n'avons pas *vu* que le même réel *a* a parcouru successivement les lieux *m*, *n*, *p* ; le fait observé est juste que, à des moments successifs des phénomènes *semblables* (*gleich*) étaient visibles à des points de l'espace successifs (*loc. cit.*).

La perception au sens strict ne nous donne que le similaire (*das Gleiche*) et non l'identique (*dasselbe*). Donc pour qualifier quoi que ce soit comme chose ou déterminer quoi que ce soit comme « événement », on ne peut se contenter du donné perceptuel : il faut l'interpréter (*deuten*), y ajouter quelque chose par le jugement.

Il est intéressant que Lotze reprenne cette opposition kantienne du « donné » et de l'« interprété » en faisant du « donné » un certain type de « contenu » : ce que, précisément, il appelle « contenu de perception » (*Wahrnehmungsinhalt*). En deçà de tout point de vue et de toute interprétation, il ne reste qu'un tel « contenu de perception », contenu qui, dit le philosophe, constitue le « matériau brut » (*Rohmaterial*) à partir duquel peuvent être construits d'éventuels jugements.

Les concepts perceptuels

Cette image des « matériaux bruts » sur lesquels la pensée construit constitue certainement la figure par excellence du « mythe du donné », dont Lotze est assurément un des représentants attitrés. Son souci de tracer une ligne de démarcation ferme entre la perception – ce qui est proprement perceptuel, « ce qui est réellement vu » – et le jugement va dans ce sens.

Cependant, dans la mesure où ces matériaux bruts sont décrits comme des « contenus » de la perception, la question se pose inévitablement de leur statut logique. De tels « contenus », comme tels, peuvent-ils être réfractaires au concept ? Pour le dire dans les termes du débat actuel, le « contenu de perception » est-il « contenu non conceptuel » ?

À ce stade, il faut attirer l'attention du lecteur sur une distinction absolument fondamentale pour la théorie de la connaissance lotzéenne. Là où Lotze essaie d'isoler la couche du « proprement perçu », il raisonne en termes d'« impressions » (*Eindrücke*) sensibles. Cependant, *une impression n'est pas encore une représentation*. La première question posée au début de la *Logique* est celle de la *transformation des impressions en représentations*. Là où il s'agit de construire des jugements, l'esprit a besoin de briques logiques identifiables et pourvues d'une certaine stabilité : celles-ci sont des représentations, et non des impressions. Donc si « brut » soit-il, il faut qu'il arrive quelque chose au matériau pour qu'il devienne matériau.

C'est cette transformation que, pour Lotze, traduit, au niveau linguistique, l'opération logique fondamentale qu'est l'imposition d'un nom.

Or, une telle opération, en un certain sens, est le lieu d'émergence de la notion de « contenu ». En effet :

> Sitôt que nous avons donné le nom de vert ou de rouge aux différentes excitations que les ondes de lumière produisent à travers nos yeux, nous avons séparé quelque chose qui auparavant était indivis : l'acte sensoriel, de la matière sensible à laquelle il se rapporte (*unser Empfinden von dem Empfindbaren, auf das es sich bezieht*). Nous plaçons maintenant ce sensible devant nous (*stellen dieses Empfindbare vor uns hin*), non plus comme état de notre pâtir, mais comme un contenu, qui est en lui-même ce qu'il est et signifie ce qu'il signifie, et continue à être et signifier cela, que notre conscience se tourne vers lui ou non (Lotze, 1989 : 15).

La notion de « contenu » renvoie donc à ce qui, dans l'impression, peut être désigné et donc détaché de la simple facticité de « l'état » dans lequel se trouve le sujet. En ce sens, « ce que je vois » – qui, logiquement, ne se confond pas avec mon acte de vision – est un contenu – et non pas un état.

Ainsi la perception, d'impression, devient-elle « représentation » : les idées de contenu – comme ce qui est logiquement mis « en face » de nous – et de représentation sont solidaires, et parler de « contenus » des impressions, comme le fait le passage sur le proprement perçu, c'est déjà les traiter en représentations.

Maintenant, à ce niveau, il semble que puisse surgir un problème, *le* problème. On a dit que la transformation (*Verwandlung*) de l'impression en représentation si elle n'était pas l'effet de la nomination, en tout cas s'exprimait adéquatement en elle. Or, de ce point de vue, il peut sembler qu'un gouffre se creuse entre la particularité fondamentale de ce qu'on a pourtant envie de décrire comme le contenu des impressions – les traitant donc déjà comme des représentations – et la généralité supposée de la signification des mots de la langue.

On retrouve bien sûr ici l'argument de la « finesse de grain » de l'expérience perceptuelle, volontiers employé aujourd'hui par les théoriciens du « contenu non conceptuel ». Il semblerait que :

> Les mots de la langue ne désignent jamais les impressions telles qu'on peut les vivre (*erleben*) ; car ne se laisse vivre ou ressentir (*empfinden*) réellement qu'une nuance particulière de rouge, un genre particulier de douceur, un degré déterminé de chaleur, non pas le rouge, le doux ou le chaud universel du langage. La généralisation que le contenu ressenti a subi dans ces expressions et toutes celles de ce genre, on a coutume de la tenir pour une imprécision inévitable du langage, et peut-être même du représenter qui utilise ces expressions pour s'exprimer. Incapable de, ou plutôt non accoutumé à créer un nom déterminé pour chaque impression singulière, la langue efface dans ses mots les petites différences de l'une à l'autre et ne fixe que ce qui est éprouvé immédiatement en toutes comme un commun dans la sensation. Par cette réduction de ses moyens expressifs à un nombre mesuré, elle rend sans doute seulement possible la communication des représentations, mais ceci aux dépens de l'exactitude du communiqué (Lotze, 1989 : 27).

Les familiers de ce débat reconnaîtront immédiatement les arguments habituels, qui tendent toujours vers la même conception ineffabiliste du contenu perceptuel. Celui-ci, comme tel, serait incommunicable. C'est-à-dire, il serait incommunicable lui-même : on ne pourrait que l'approcher par le discours en le diluant dans la généralité.

Or Lotze est un des rares philosophes modernes à s'inscrire résolument en faux contre une telle conception : « Je ne crois pas que cette conception puisse pleinement rendre justice à la signification des faits » (*loc. cit.*).

Les arguments qu'il avance à cet effet sont de différents types. Tout d'abord, en admettant le point de vue « généralisant », qui impute à la signification linguistique une généralité de principe, il n'y a aucune évidence à ce que cette généralité doive nécessairement creuser un écart insurmontable et créer une inadéquation de principe entre le dit et le senti. En effet, le philosophe souligne que « dans une pluralité d'impressions différentes, se trouve précisément quelque chose de commun, qui est pensable séparément de leurs différences » (Lotze, 1989 : 28). Certes, il serait métaphysiquement tout à fait possible que nos impressions soient toutes si différentes qu'elles soient purement et simplement incomparables. Rien, dans la grammaire de l'impression, n'exclut cette possibilité. Cependant, *de fait*, ce n'est pas le cas. Nos impressions sont souvent telles que cela a un sens d'y reconnaître quelque chose comme un élément commun.

Évidemment, ce point suppose déjà une torsion logique : en isolant cet élément commun, de la grammaire de l'impression, on est passé à celle du contenu. L'idée de Lotze, cependant, est que nos impressions – ou, tout au moins, certaines de nos impressions –, de fait, sont telles qu'elles se prêtent à une telle torsion.

Dès lors, l'apparent « manque de précision » (*Mangel an Genauigkeit*) de nos désignations ne constitue pas réellement une objection. Tout d'abord, ce n'est pas parce qu'elles ne capturent pas le contenu sensible dans toute sa « finesse de grain » (sa nuance) supposée qu'elles n'en restituent pas positivement quelque chose, quelque chose qui s'y trouve effectivement. D'autre part, la « précision » est par définition quelque chose qui se module. On peut toujours affiner l'échelle de mesure en fonction de laquelle par exemple nous distinguons un rouge d'un autre. La logique déployée alors est celle des grandeurs intensives : une intensité, par définition, se mesure, et, partout où il y a mesure, la question est posée de l'échelle suivant laquelle on mesure, qui est par définition modulable, et qui, comparativement, peut présenter une plus ou moins grande précision, c'est-à-dire une plus ou moins grande capacité de discrimination. Il n'y a, en droit, pas de limite à un tel raffinement de la mesure.

Ces arguments, qui vont dans le sens d'une défense de la thèse « généralisante », moyennant sa sophistication, ne constituent cependant pas la pointe de l'analyse lotzéenne. Le génie du philosophe, salué par Cassirer, tient plutôt dans l'introduction d'un tout autre point de vue, qui consiste à si ce n'est abandonner la thèse généralisante, en tout cas à la réécrire de fond en comble et lui donner une signification tout à fait différente.

De façon très frappante – qui fait sans doute de cette *Logique* de Lotze, dans son archaïsme et son anachronisme même à sa propre époque, un des points d'origine de la philosophie du langage du XXe siècle et d'aujourd'hui –, le philosophe attire alors notre attention sur *le simple fonctionnement du langage même, et la façon dont celui-ci a toujours déjà résolu le problème philosophique que nous nous posons.*

En premier lieu, il faut remarquer que le langage, de ce point de vue, n'effectue pas tant une *généralisation* qu'une *sélection*. Il est bien vrai qu'au lieu d'assigner un nom à chaque impression de couleur, nous n'usons que de quelques noms : « bleu », « rouge », « jaune », puis situons les sensations auxquelles nous n'avons pas donné de nom par rapport à celles qui en ont un. Ainsi nous arrive-t-il de parler de « rouge bleuâtre » ou de « jaune rougeâtre ». Or, souligne Lotze :

> Cet expédient ne sert pas essentiellement à se rapprocher d'une précision inaccessible ; il exprime plutôt la conviction que seules ces quelques couleurs constituent des points fixes (*feste Punkte*) qui méritent proprement des noms, tandis que le reste doit être déterminé par des expressions approchées, parce qu'elles ne sont que des approximations de ces points fixes, ou des termes intermédiaires (*Zwischenglieder*) par rapport à eux (*loc. cit.*).

En d'autres termes, ce n'est pas tant que le langage est incapable de saisir telle ou telle nuance particulière et donc qu'il est obligé de la traiter, par approximation, comme une « nuance de... » ou une nuance « entre ... et ... ». C'est bien plutôt que précisément ladite nuance *est* « nuance de... » ou nuance « entre ... et ... ». L'approximation n'est pas la marque de notre incapacité à cerner la chose même, mais elle est dans la chose même. Il est essentiel aux couleurs de se présenter précisément comme des nuances, au sens exact où une nuance renvoie nécessairement à quelque chose qui est « nuancé », « décliné », à des « points fixes »[4].

De ce point de vue, pour Lotze, le langage, en déployant un espace logique des couleurs, ne fait qu'exprimer le système de relations propre aux couleurs en tant que *contenus*. La « sélection », ici, est le moyen de faire ressortir les points saillants et la structure du système, système dans lequel se situe tout contenu coloré que nous voudrions penser. Le lexique de la couleur, dans sa finitude propre, donne une forme immédiatement visible à cette systématicité.

De ce point de vue, la limitation du lexique, loin de borner fâcheusement notre prise sur le contenu, devient précisément le moyen de le saisir effectivement, dans sa nature propre. En effet, « si nous avions réellement des noms particuliers et indépendants pour chaque nuance du bleu, alors nous perdrions complètement les relations positives qui existent entre les contenus » (*loc. cit.*).

Ce que touche donc le langage, essentiellement, c'est cet *a priori matériel du* « *contenu* » dont nous avons précédemment parlé.

Raisonner en termes de « contenus » et reconnaître un « contenu » aux représentations, c'est s'installer dans un espace organisé. Les contenus ne sont pas pures singularités ; ils sont *essentiellement en relation les uns avec les autres*.

Au titre de ces relations intrinsèques (« relations internes »), on peut envisager d'abord le phénomène essentiel de la déclinaison (gradation) d'une généralité et non sa simple mise en facteur commun. À la base de cette représentation du fonctionnement de certains concepts, on trouve le modèle kantien de la construction des grandeurs intensives. Or c'est par sa médiation que s'effectue la première rencontre avec l'idée, essentielle, de « concept sériel », qui donne une dimension toute nouvelle à la notion traditionnelle de la « généralité » des concepts.

---

[4] Tout champ sensible ne possède pas ainsi de points fixes : ainsi, ce n'est pas le cas de celui des sons, qui est un *continuum* homogène, et qu'il faut structurer arbitrairement, en le munissant d'un repère selon lequel on exprime l'objectivité des rapports harmoniques (qui eux sont pourvus d'une certaine naturalité, mais ne sont que des rapports) (cf. Lotze, 1989 : § 176).

Si nous parlons de bleu clair, bleu sombre, bleu marine, etc., alors nous ordonnons ce divers en séries (*in Reihen*) ou en un tissu de séries (*Gewebe von Reihen*), et dans chaque série un troisième terme résulte d'un second par l'intensification de la même modification sensible dans un élément commun à tous (*eines in allen Gemeinsamen*) par laquelle le second était issu du premier (Lotze, 1989 : 28-29).

Autrement dit, « bleu » est un *concept graduel* : il est essentiel à ce que signifie « bleu » que l'on puisse identifier et répertorier une *série* de bleus, situés les uns par rapport aux autres selon une gradation.

À ce niveau, l'analyse traditionnelle des concepts en termes de « marque distinctive », de facteur commun présent dans différentes représentations, n'est pas encore démentie. Ce qui fait tous les bleus, c'est bien un « élément commun ».

En revanche, c'est là le point essentiel, *tout ce qui est bleu n'est pas bleu de la même façon*. Et, pour chaque contenu bleu, cette façon particulière d'être bleu, qui est un *degré*, s'explique certes par la présence dans le contenu en question d'un certain élément commun, mais *pas au même degré* : il est plus ou moins là, et le bleu du contenu considéré – donc la raison pour laquelle nous le disons « bleu » – est fonction du degré de présence dudit élément dans ce contenu. À des quantités plus ou moins grandes de cet élément commun correspondent des bleus différents, pour lesquels cela a également un sens d'être appelés « bleu » du point de vue du langage.

Le point important, ici, c'est que, dans certaines limites, ces différentes nuances, caractérisées par la présence plus ou moins grande de l'élément commun, *soient également du bleu*. Le « bleu clair » n'est pas moins du bleu que le « bleu foncé ». En ce sens, il n'y a pas un bleu qui constituerait en lui-même la norme du bleu, norme par rapport à laquelle les autres nuances que nous appelons « bleu » se tiendraient quant à elles dans un certain écart. Bien sûr, certaines nuances, comme on l'a vu, sont telles qu'on ne les appellera plus « bleu », mais on les situera, par exemple, entre le bleu et le rouge. On parlera alors de « bleu rougeâtre ». Cela n'empêche pas toutefois que l'on appelle tout uniment bleu, éventuellement en ajoutant un qualificatif (« bleu clair », « bleu foncé », « bleu pâle »), toutes sortes de nuances colorées. Celles-ci ne sont pas plus ou moins bleues au sens où elles participeraient plus ou moins de l'essence, supposée invariable, du bleu (et donc où elles seraient respectivement aussi plus ou moins « non bleues »), mais cela peut en revanche avoir un sens de situer ces contenus que nous appelons « bleus » sur une échelle du plus et du moins *interne* à l'espace du « bleu » : suivant qu'il s'agit d'un bleu (qui est du bleu de toute façon) *plus ou moins intense*. Car il est de l'essence d'une couleur d'avoir une intensité. « *Être bleu* », *c'est alors appartenir à cet espace de variation* de l'intensité d'un certain facteur.

En ce sens, le concept de bleu est un concept éminemment *sériel* : dont il est essentiel qu'il puisse s'appliquer à une *série de contenus différents*, qui peuvent être ordonnés suivant leur intensité en tant que contenus bleus précisément. Se placer dans la série, *c'est* être bleu : cela fait partie du concept de « bleu ».

Ainsi, de tels *concepts graduels* fournissent un premier exemple de concepts tels qu'il y ait *différentes façons pour les choses auxquelles ils s'appliquent d'être telles qu'ils puissent s'y appliquer.*

Néanmoins cette diversité des conditions d'application d'un seul et même concept, alors, ne tient pas à l'absence de tout facteur commun entre les différents contenus considérés, mais plutôt à la modulation de ce facteur, qui connaît différents degrés.

Or la pointe extrême de la réflexion menée par Lotze sur les concepts tient dans la reconnaissance du fait que ce n'est pas toujours le cas et dans la remise en question de l'idée même d'« élément commun » entre les différentes instances d'un concept.

En effet, ce qui vaut du concept d'*une* couleur, comme « bleu », ne vaut pas par exemple du concept générique de « couleur ».

Ce qui fait d'un contenu rouge un contenu coloré, c'est d'être rouge, d'un contenu bleu un contenu coloré, c'est d'être bleu. Or, entre le rouge et le bleu, on ne peut pas dire qu'il y ait un élément commun qui varierait en intensité. Le rouge et le bleu sont fondamentalement différents et c'est dans cette différence même qui est la leur qu'ils sont l'un et l'autre une couleur. Une couleur, c'est « toujours une nuance singulière et déterminée de couleur » (Lotze, 1989 : 30), de même qu'un son a toujours une hauteur, une force et un timbre définis. Or, c'est là le point important, *cette exigence de détermination est inscrite dans les concepts mêmes de couleur et de son.*

Cela veut donc dire qu'un concept comme le concept de couleur ne peut être adéquatement caractérisé par l'isolation d'un élément représentationnel commun. En d'autres termes, « si, comme l'usage linguistique ordinaire incline à le faire, nous entendons par représentation la conscience d'un contenu qui serait au repos en face de nous (*der ruhig vor uns steht*), ou une intuition de ce qui peut être placé devant nous » (Lotze, 1989 : 31), alors le nom de représentation ne peut échoir à un tel concept. En ce sens, *certains concepts au moins ne sont pas des représentations.*

Cette idée pourrait aisément être confondue avec celle d'une *transcendance de l'universel*, d'autant plus que, au moins en un premier temps, elle s'énonce dans ces termes. L'élément de contenu commun ne peut être donné nulle part — ne peut être « représenté » — donc il est transcendant : il y a bien un élément commun, mais qui « ne peut être compris dans aucune intuition », *idéal*. On trouverait là le principe même du platonisme, comme réalisme transcendant de l'universel.

Pourtant, la force de l'analyse lotzéenne, c'est son immanentisme de principe : l'idée que la qualification des contenus comme couleurs est indissociable du fait qu'ils sont une teinte particulière.

Dès lors, si l'identité de concepts comme celui de « couleur » ne peut être donnée dans le sensible, cela n'a pas de sens de chercher à se la donner ailleurs non plus. Elle n'est purement et simplement *pas représentable*, au sens où elle ne peut tenir dans une représentation – et pas seulement une représentation sensible. Elle relève plutôt d'un *problème* au sens quasi mathématique du terme, comme lorsque, ayant un certain nombre de points donnés, il s'agit de reconstruire une fonction – donc quelque chose qui n'est pas du même ordre, et ne peut être « donné » au sens où l'est un point – dont la courbe représentative passerait par tous ces points. « Des mots comme couleur ou son sont en réalité des désignations abréviatives de problèmes logiques (*logische Augaben*) qui ne se laissent pas résoudre sous la forme d'une représentation close » (*loc. cit.*).

Dès lors, il devient impossible de représenter les concepts en général sous l'espèce d'un certain type de généralité abstractive, celle de la « marque distinctive » (*Merkmal*).

Lotze s'explique sur ce point dans l'attaque en règle qu'il formule contre les théories de l'abstraction, dans la partie du livre I de la *Logique* consacrée à la *formation des concepts*.

Si on appelle abstraction l'isolation des éléments communs entre des exemples particuliers, alors « un regard sur la praxis réelle du penser » ne confirme pas que ce soit la façon dont nous formons des concepts, dans de nombreux cas. Ainsi, par exemple,

> L'or, l'argent et le plomb sont différents par la couleur, l'éclat, le poids et la densité. Mais leur universel (*ihr Allgemeines*) que nous appelons métal, nous ne le trouvons pas en laissant purement et simplement de côté dans leur comparaison ces différents caractères (*Merkmale*) sans aucun substitut (*ohne Ersatz*) (Lotze, 1989 : 40).

En effet, un métal n'a pas nécessairement la couleur, le poids ou la densité de l'or, mais il a nécessairement une couleur, un poids et une densité. L'idée *générale* de métal est précisément celle d'une substance qui, entre autres, a de tels attributs.

La question alors posée est celle de savoir ce que peut signifier avoir de tels attributs *en général*.

En ce point, il faut être très prudents car l'ironie frégéenne nous guette qui tourne en ridicule le chat passé à la lessive de l'abstraction psychologique, qui ne serait plus ni noir ni blanc, mais peut-être gris clair (Frege, 1971 : 145). Un chat, précisément, est nécessairement noir ou blanc ou d'une autre couleur déterminée. Et penser un chat en général, c'est penser cela : un être qui a *une couleur déterminée ou une autre*. Donc pas une « couleur en général » obtenue par abstraction à partir des couleurs données comme une sorte de couleur minimale qui n'en serait pas une – c'est-à-dire aucune particulière. Ce qu'il nous faut, c'est une couleur générale *qui puisse être une couleur particulière ou une autre* : suivant les cas, telle ou telle couleur donnée.

C'est à ce niveau qu'intervient le geste décisif de Lotze, qui consiste à introduire des *variables*, avec un sens tout nouveau de la généralité :

> Dans tous ces exemples, l'universel ne surgit pas au moyen de la simple omission des divers caractères p^1 et p^2, q^1 et q^2, qui apparaissent dans les différents cas singuliers comparés, mais par le fait qu'à la place des caractères laissés de côté (*weggelassen*) sont introduits les caractères universels P et Q, dont p^1, p^2 et q^1, q^2 sont des espèces particulières (*Einzelarten*) (Lotze, 1989 : 40-41).

Cette abstraction d'un genre nouveau, loin de laisser échapper la particularité, la cerne exactement, puisque la variable est *ce qui peut être un particulier ou un autre* du genre défini.

Dans une telle perspective, l'éventuelle omission d'un aspect particulier de la chose prend une valeur tout à fait différente de celle qu'elle pouvait avoir dans les théories traditionnelles de l'abstraction. Ici, Lotze anticipe une analyse en termes de « ressemblance de famille » telle que développée par Wittgenstein ou le pragmatisme. Le seul cas où il y ait « omission » d'un facteur (car c'est bien de cela qu'il s'agit : chaque variable représente un *facteur* constitutif du genre de contenu considéré) est celui dans lequel un facteur essentiel à un cas n'est pas présent dans d'autres recouverts par le même concept, comme la sensation dans la plante, là où il s'agit de construire le concept général d'être organique, qui recouvre son cas aussi bien que celui des animaux. Il semble alors à première vue que l'on puisse « faire abstraction » dudit facteur dans la construction du concept recherché, que, littéralement, il ne fasse pas partie de sa « formule ». Pourtant, un autre point de vue est aussi possible, suivant la façon de procéder des mathématiciens dans ce genre de situations : on peut aussi bien considérer certains cas tombant sous le concept en question comme ceux *où un certain facteur universel, qui en est constitutif, s'annule*.

La généralité n'est donc plus alors celle d'un résidu abstrait minimal, mais celle d'une formule qui permet d'engendrer chaque cas singulier y compris, dans certains cas, par annulation de certains de ses facteurs. Cela explique que des êtres qui ne répondent pas exactement au même schéma puissent, en définitive, tomber sous le même concept.

Inversement, l'existence de certaines déterminations communes ne suffit pas, en elle-même, à fonder l'existence d'un véritable concept. Ainsi, par exemple, « on peut ranger les cerises et la viande sous le groupe de caractères des corps juteux et rouges, mais on ne croira pas pour autant avoir obtenu par là un concept de genre pour elles, dont elles mériteraient de s'appeler les unes et l'autre des espèces » (Lotze, 1989 : 50). Certes, on pourrait toujours fabriquer un tel concept, mais il paraîtrait alors « arbitraire » (*logische Willkürlichkeit*). En ce sens, les concepts les plus « généraux » cessent d'être de vrais *concepts* généraux et se réduisent plutôt à des « complexes de conditions ».

Cette remarque profonde de Lotze, qui pointe qu'un élément commun n'est ni nécessaire *ni suffisant* pour fonder la subsomption de différentes représentations par un même concept, soulève une difficulté essentielle : qu'est-ce qui fait, en dernier ressort, qu'une combinaison de conditions – ce que nous avons appelé « une formule » – constitue réellement un concept, et non une simple fabrication arbitraire ?

En réponse à cette question, il est probable que Lotze, comme la plupart des philosophes classiques, invoque les propriétés des *contenus* eux-mêmes : un véritable concept est adossé aux propriétés des contenus qu'il met en série. Ainsi, la règle a quelque fondement « naturel ». Il ne serait pas naturel de mettre la viande et les cerises dans le même panier conceptuel.

Pourtant, la langue japonaise donne le même nom (*sakura*) à la fleur de cerisier et au sashimi de cheval, établissant un véritable rapport là où le philosophe occidental ne reconnaît qu'une connexion arbitraire.

Il se pourrait donc en toute rigueur que le seul critère de ce qui fait d'une détermination un concept réel soit de savoir *si elle est effectivement utilisée* comme un concept[5] : avons-nous l'habitude d'isoler par là réellement quelque chose ?

De ce point de vue, ce que Lotze présente comme une marque de la véritable conceptualité, à savoir que le faisceau de déterminations mises en œuvre ait une certaine *structure*, pourrait bien en fait, en être l'effet : par le fait même de conceptualiser, on donne un rôle à différentes déterminations de l'objet, rôle en fonction duquel tel ou tel objet considéré tombe ou non sous le concept en question.

---

[5] Formulant cette hypothèse dans un séminaire avec des mathématiciens, nous avons eu la joie de voir Pierre Cartier y acquiescer et avancer qu'il n'en est pas autrement en mathématique.

Lotze insiste sur le fait que, généralement, les caractères ou notes d'un concept ne sont pas juste juxtaposés. Ils ont un ordre, sont dans des relations définies. Par exemple, on ne peut pas se contenter de dire qu'un triangle a également trois côtés *et* trois angles comme s'il s'agissait de déterminations de même niveau : ce sont les trois côtés du triangle qui forment ses trois angles (Lotze, 1989 : 46). En ce sens là, un concept n'est pas une pure somme de déterminations que le contenu doit satisfaire : celles-ci sont articulées suivant une loi (une « forme »), qui est aussi loi d'engendrement de la série des contenus qui peuvent satisfaire ledit concept.

En même temps, la radicalité de l'approche lotzéenne est telle que, à ce niveau aussi, elle fait droit à la pluralité, d'une façon qui décidément rappelle encore les « ressemblances de famille » wittgensteinienne. En effet, l'auteur de la *Logique* soutient que, lorsqu'on remonte dans la hiérarchie des concepts, y compris la « forme de combinaison » (*Verbindungsform*) entre caractères constitutive du concept peut devenir variable et se mouvoir dans un « espace de jeu » (*Spielraum*) de « configurations variables » (*veränderlicher Gestaltungen*) (Lotze, 1989 : 51).

Cela signifie que, dans certains concepts F, non seulement il faut envisager une pluralité de façons d'être un F, qui définissent autant de concepts particuliers f_0, f_1…, dont la série définit l'extension (cf. la définition de l'extension donnée in Lotze, 1989 : 43) de F, mais une pluralité de séries, correspondant à des variations de la loi définitionnelle dudit concept : comme s'il y avait différentes façons de produire des façons d'être F.

Ce point est important, car il signifie que, en ce qui regarde la loi d'engendrement de la série correspondant à un concept sériel, on ne peut pas non plus appliquer un simple schéma abstractionniste : comme si, dans chaque contenu représentant une instanciation particulière d'un concept sériel, on pouvait retrouver « la même » loi. En réalité, la puissance organisatrice et, du point de vue logique, génératrice, d'un seul et même concept peut présenter des visages bien différents. L'important est plutôt que l'ensemble des légalités organisatrices mises en œuvre par un concept le soient de façon cohérente et articulée, suivant une certaine hiérarchie, selon laquelle des contenus donnés peuvent être pris en charge.

L'aspect remarquable de l'analyse lotzéenne, tient précisément dans sa capacité à reconnaître dans certains concepts des schémas de l'ordre de la formule permettant de produire des singularités, y compris suivant ce qu'on pourrait appeler *la géométrie variable de la formule* et, éventuellement, la déclinaison plastique de celle-ci en *famille de formules*.

L'important est alors que le concept traverse les singularités et ait le pouvoir de les mettre en série. Loin de signifier la pure et simple mise hors jeu du singulier, réputé réfractaire à la conceptualisation, il est son inscription sous une règle dont cette singularité devient une instance puisque cette règle détient le principe de son engendrement. Ainsi une couleur vaut-elle et est-elle ce qu'elle est de son inscription dans la série des couleurs, et cela dans sa singularité même. En ce sens, c'est bien dans la nuance même qu'elle est – cette nuance précise et singulière et de « grain » essentiellement « fin » – qu'elle est conceptualisable et tombe sous le concept de couleur, et à la question d'Evans :

> Comprenons-nous réellement la suggestion suivant laquelle nous avons autant de concepts de couleur qu'il y a de nuances de couleur que nous sommes en mesure de discriminer au niveau sensible ? (Evans, 1982 : 229).

Il faut répondre : « Assurément oui ! » La nuance précise donnée est bien conceptualisable : elle l'est en vertu même de son appartenance à la série des couleurs, donc, comme variante, à l'espace conceptuel ouvert par le concept de « couleur », en tant que concept de série.

Penser le singulier

La particularité sensible, qu'une certaine philosophie voudrait placer en dehors de la prise du concept, apparaît, à la lumière de cette analyse de la notion de « concept », éminemment conceptualisable.

La question qui reste alors en suspens est celle de savoir *s'il reste un écart ou non entre ce que donne la conceptualisation et ce que donne la perception.*

Lotze ne fait pas partie des auteurs qui croient que percevoir, ce soit nécessairement conceptualiser. Mais alors, qu'est-ce qu'apporte en propre le concept ? Et, comme tel, est-il capable de saisir adéquatement ce qu'il y avait dans la perception, ledit « contenu » de la perception ?

Pour poser cette question, Lotze a recours au scénario selon lequel nous percevrions un certain objet pour la première fois, topique dans ce genre de discussion. Supposons que « nous voyons pour la première fois un objet nouveau pour nous ».

Alors, nous pouvons nous contenter de sa perception sensible. Mais nous pouvons aussi demander *ce qu'est cet objet.* Un concept est précisément ce qui répond à cette exigence.

Qu'attendons-nous, lorsque nous formulons ce genre de demande ?

> Nous voulons manifestement apprendre à connaître la règle qui, dans l'état de choses observé, relie les caractères perçus et les transforme en un tout cohérent au comportement déterminé et prédictible (Lotze, 1989 : 44).

Pour Lotze, l'usage que le langage fait des *noms propres* est paradigmatique d'une telle prise conceptuelle sur la singularité. En effet, le fait de donner un nom à ce qu'on voit détermine toujours quelque chose au-delà du vu, quelque chose dont la réoccurrence est possible et qui peut être reconnu comme tel, quelque chose dont cela a un sens de prédire, de façon correcte ou incorrecte, le comportement.

Ainsi, par exemple :

> Alcibiade, pour les pensées humaines, ne signifie jamais seulement une pluralité de points multicolores, qui sont liés dans l'espace suivant un dessin déterminé bien que non absolument immuable, et qui résistent à la tentative de les séparer ; tout aussi peu ce nom exprime-t-il la simple pensée d'accompagnement selon laquelle cette pluralité forme d'une façon ou d'une autre un tout. L'image universelle (*Allgemeinbild*) de l'être humain est bien plutôt co-pensée (*mitbedacht*) comme le schéma selon lequel l'ensemble des caractères observés ici sont à appréhender de façon hiérarchiquement ordonnée (*untereinander*) et avec le comportement qu'il faut attendre d'eux à l'avenir. Pour cette appréhension ne convient cependant ni le nom d'intuition, ni celui d'une simple représentation, mais seulement celui d'un *concept singulier* (*singulärer Begriff*) (*loc. cit.*).

Dans la présentation donnée de la signification du nom propre, il semble que la conceptualité de cette signification soit décidément liée à la mobilisation d'une détermination générale – en l'occurrence, une « image universelle ». Le concept singulier, c'est-à-dire appréhendant la singularité comme telle, n'est possible, dit Lotze, que dans la mesure où un universel, qui s'applique à la singularité considérée, est co-pensé (*mitbedacht*). En d'autres termes, la signification d'un nom propre a toujours une composante descriptive.

Cependant, *premièrement*, il est fondamental que cet universel ne se confonde pas avec le *concept singulier* en question qui, quant à lui, vise bien et capture la singularité comme telle.

Le point important, qui fait du concept singulier un concept, est que l'agent pensant ne se contente pas de l'intuition présente, par exemple de cet ensemble de taches colorées dont il fait actuellement l'expérience : en appelant ce qu'il voit « Alcibiade », il le constitue en quelque chose qu'il est possible de reconnaître à l'avenir, de réidentifier comme *le même* dans un ensemble de données différentes (par exemple une forme différente). C'est précisément cette identité que capture la prise conceptuelle.

D'un autre côté, il est tout aussi essentiel que le concept d'Alcibiade, en tant que concept singulier, ne réside pas dans la simple forme générale (le schéma) d'un être humain, telle qu'elle peut accompagner dans notre esprit la perception actuelle de l'individu Alcibiade.

Ce qui fait le concept singulier, plus précisément, c'est le fait que « l'ensemble des caractères observés », ceux-là mêmes qui sont donnés (et donc qui, actuellement, *sont* Alcibiade), soient à appréhender selon un schéma déterminé – en l'occurrence, celui prescrit par le schéma général de l'être humain.

En d'autres termes, c'est donc *le fait d'appréhender la singularité donnée sous une certaine règle qui permet le « concept singulier »* – c'est-à-dire aussi bien qui constitue *cette singularité même* (et aucune autre) en quelque chose qui peut être thématisé et maintenu et par rapport à quoi on peut énoncer des vérités et des prévisions. Capturer l'objet donné dans sa singularité, c'est le « soumettre à une règle de comportement dont l'application reste en harmonie avec son comportement effectif » (Lotze, 1989 : 46).

Le « concept singulier » peut donc, en première approche, se définir en termes de l'instrumentalisation d'un concept « général » aux fins de la visée d'une singularité comme telle et du suivi à la trace de cette même singularité : ce qui compte, alors, c'est que la généralité en question soit appliquée à ladite singularité et que cela soit *en tant qu'appliquée à cette singularité* qu'elle soit mise en œuvre.

Ensuite et surtout, dans son effort général de fluidification de la notion de « concept », Lotze observe que, pour qu'un « concept singulier » soit possible, il n'est en fait nullement nécessaire que la « généralité » mobilisée, selon laquelle le concept singulier exerce sa prise sur la singularité qu'il vise, soit elle-même d'ordre conceptuel. L'important est que je me donne un angle d'attaque suivant lequel je peux maintenir ma prise identifiante sur la singularité. Mais un tel angle d'attaque peut être déterminé par la référence non pas à un concept, mais, par exemple, comme dans l'exemple donné plus haut, à une certaine « image générale », « dont l'existence est certes pensée avec la co-pensée de la totalité qui lui co-appartient, mais sans que soit donnée la règle structurante de son ensemble » (Lotze, 1989 : 46). Ainsi une certaine image typique de l'homme suffit-elle pour suivre cognitivement Alcibiade à la trace.

Ce qui compte, alors, ce n'est pas tant le caractère de règle formulée de la généralité mobilisée que le fait qu'elle soit effectivement utilisée comme une règle pour normer la reconnaissance, l'anticipation, le suivi cognitifs d'une singularité. Lotze résume synthétiquement : « On peut appeler concept toute appréhension qui, même ne serait-ce qu'avec l'aide d'une image générale non analysée plus avant, ait l'effet de soumettre l'objet donné à une règle de comportement dont l'application reste en harmonie avec son comportement effectif » (Lotze, 1989 : 46).

Il est donc possible et cela a un sens d'exercer une prise conceptuelle sur la singularité – c'est-à-dire sur la singularité *comme telle*. En un certain sens, rien n'est *a priori* soustrait à l'empire du conceptuel.

C'est le résultat de l'audacieuse réforme proposée par Lotze de la notion de concept, qui consiste à secouer quelques mythes, comme celui de la note générale abstractible qui, selon la conception traditionnelle, constituerait la marque universelle du conceptuel, et surtout, plus qu'aucune philosophie auparavant, à faire droit à l'incroyable plasticité et diversité de ce que nous appelons « conceptualiser ». Avec la *Logique* du philosophe allemand était effectué un premier pas dans l'exploration de la *variété du conceptuel*.

C'était aussi par là même la vision traditionnelle des rapports du conceptuel et de l'expérienciel qui était battue en brèche et le problème qui en résultait traditionnellement[6], de savoir s'il fallait accorder aux concepts la capacité de saisir réellement ce qui est donné dans l'expérience, qui était remis en question. Ce genre de question ne peut se poser que tant que l'on adopte une conception « généralisante » des concepts et qu'on ignore la générativité fondamentale de nombre d'entre eux, c'est-à-dire leur capacité d'engendrer le singulier. La théorie des concepts sériels, qui fournit une brillante analyse du fonctionnement de nombre de nos concepts sensibles, aurait dû définitivement faire justice de cette difficulté, qui, vue sous cet angle, apparaît finalement largement comme un faux problème philosophique – un effet de théorie.

Pour autant l'approche lotzéenne, tout en révélant combien notre espace conceptuel dans des pans entiers est tourné vers l'expérience et capable de l'appréhender dans sa finesse et ses nuances, n'avait en rien annulé la différence logique entre « concept » et « expérience » : entre le simple fait d'avoir une représentation – de « se contenter de sa simple perception » – et le fait de vouloir thématiser une identité sur la base de ce contenu représenté. De ce point de vue aussi, il y a certainement quelque chose à retenir aujourd'hui de cette investigation exceptionnellement pénétrante de la grammaire de nos concepts.

Bibliographie

Benoist, J., *L'a priori conceptuel*, Paris, Vrin, 1999.

–, « Contribution à l'histoire de la notion de concept : à la lumière de Cassirer », *Giornale Critico della Filosofia Italiana*, 85, 2006/1, p. 5-24.

---

[6] Et qui a de beaux jours devant lui : à preuve, la persistance du débat sur la question du caractère conceptualisable ou non du contenu de la perception dans la philosophie contemporaine. Très souvent, dans ce genre de débats, on part d'une vision sous-déterminée, ou stéréotypée, de ce qu'on entend par « concepts ». De ce point de vue, la lecture de Lotze ferait le plus grand bien.

Cassirer, E., *Substance et fonction : éléments pour une théorie du concept*, tr. fr. P. Caussat, Paris, éd. de Minuit, 1977.

Evans, G., *The Varieties of Reference*, Oxford, Oxford University Press, 1982.

Frege, G., « Compte rendu de *Philosophie der Arithmetik I* de E.G. Husserl », tr. fr. C. Imbert, in Frege G., *Écrits logiques et philosophiques*, Paris, Seuil, 1971, p. 142-159.

Husserl, E., « Esquisse de Préface aux "Recherches Logiques" » (1913), tr. fr. J. English, in *Articles sur la logique*, Paris, PUF, 1975, p. 352-407.

Lotze, R.H., *Logik*, Hamburg, Felix Meiner, 1989.

James lecteur de Lotze[1]

Stefano Poggi & Michele Vagnetti

Université de Florence, Florence (Italie)

Introduction

L'influence de Lotze sur le développement d'un certain nombre d'idées centrales de la philosophie de William James est sans doute relativement connue, même si elle n'est guère étudiée. Il faut revenir aux années 1930 pour repérer certains textes significatifs consacrés à ce sujet. Ces études sont dues, en fait, à un seul savant – Otto F. Kraushaar – qui, de 1936 à 1940, y a consacré pas moins de quatre articles (Kraushaar, 1936 ; 1938 ; 1939 ; 1940). Kraushaar avait d'abord attiré l'attention sur la présence, chez James, des thèses de Lotze concernant la possibilité d'une psychologie scientifique liée à la recherche dans le champ de la physiologie des sensations. James – qui, d'ailleurs, nomme Lotze déjà dans la préface à ses *Principles of Psychology* (1890) (James, 1950) – a pu également s'inspirer de Lotze en ce qui concerne la relation entre une étude de l'esprit de type scientifique-expérimentale et une problématisation dont la teneur philosophique portait en premier lieu – mais pas seulement – sur la théorie de la connaissance. Les chapitres des *Principles of Psychology* – parus pour la plupart, rappelons-le, sous la forme d'articles de revue, avant d'être réunis dans les deux volumes des *Principles* en 1890 – montrent des traces évidentes, souvent explicites, d'une lecture attentive de tous les ouvrages principaux de Lotze, de la *Medicinische Psychologie oder Physiologie der Seele* (Lotze, 1852) à *Mikrokosmos* (Lotze, 1856).

1. La méthode de recherche en psychologie

L'attention de James a d'abord été attirée par la *Medicinische Psychologie.* James n'est pas seulement un lecteur attentif de Lotze en ce qui concerne l'état d'avancement des études en matière de physiologie des sensations, dans son rapport aux processus psychologiques, mais il

---

[1] Traduit de l'italien par F. Boccaccini ; revu par A. Dewalque.

manifeste aussi beaucoup d'intérêt pour la manière dont Lotze met en évidence le rôle de la réflexion philosophique dans le développement de la nouvelle recherche psychologique. James trouve chez Lotze – dans la *Medicinische Psychologie*, mais aussi dans *Mikrokosmos* – l'intime conviction que la recherche de la vérité, en psychologie, doit être menée tantôt eu égard aux données empiriques, tantôt en tenant compte de la capacité à s'inspirer des valeurs morales et religieuses que le scientisme radical a l'habitude de critiquer violemment. D'ailleurs, James comprend très bien que le refus, dans le chef de Lotze, de toute tentative visant à réduire la riche activité de la pensée à des fonctions cérébrales ne signifie pas un plaidoyer en faveur d'un spiritualisme spéculatif. Au fond, James partage avec Lotze l'idée qu'il est impossible de déterminer *a priori* les lois générales de l'activité de l'esprit. De telles lois doivent être individuées et définies au moyen de l'expérience (Lotze, 1852 : 160). La psychologie ne peut pas éviter de postuler le dualisme entre l'âme et le corps, ainsi que de reconnaître dans le mécanicisme le point de vue auquel il est nécessaire de s'en tenir pour examiner leur interaction de manière à parvenir à formuler des lois. Par contre, il est vrai que le travail psychologique, pour Lotze, n'est pas épuisé par la seule individuation et la description des rapports de corrélation entre l'esprit et le corps. En fait, la question de la genèse et de la manifestation d'une véritable énergie mentale a occupé Lotze de manière centrale : à partir des faits de la vie mentale, il semble, en effet, parfaitement légitime d'inférer l'existence de l'âme. Introduire la notion d'âme en tant que concept capable d'unifier tous les phénomènes psychiques et psycho-physiques, et déterminer la nature de l'âme – c'est là la tâche d'une psychologie rationnelle qui cherche d'abord une confrontation avec les thèses de Herbart et de son école – paraît indispensable afin d'interpréter les données empiriques de la vie psychique. La psychologie de Lotze se présente donc comme une synthèse entre les spéculations de la psychologie rationnelle et les faits empiriques de la psychologie expérimentale.

2. Idéalisme et empirisme en psychologie

Dans les *Principles of Psychology*, la position de James présente à la fois certains points de divergence avec celle de Lotze, mais aussi certains points de convergence – par ailleurs non négligeables. En établissant une corrélation empirique entre, d'une part, des types divers de pensées et de sentiments et, d'autre part, des conditions déterminées du cerveau, la psychologie atteint, en tant que science, une limite infranchissable (James, 1950 : vi) : les questions concernant l'âme – sans parler des problèmes liés à l'existence d'un moi transcendantal – sont des questions qui se situent en dehors d'une psychologie scientifique. En fait, ce sont des questions qui se situent tout simplement en dehors de la psychologie elle-même. Cependant, James tient à souligner que ni sa méthode ni sa théorie ne suivent le matérialisme. Sa conviction, à ce propos, est ferme : pour être reconnue comme valide, une théorie doit non seulement nous offrir des objets capables d'expliquer de manière économique notre expérience sensible, mais aussi satisfaire nos exigences esthétiques et émotionnelles, à savoir les besoins qui appartiennent, de manière essentielle, à notre vie pratique (James, 1890 : 312). C'est précisément à cet égard que l'influence de Lotze sur James se manifeste avec évidence. Et pourtant, au même temps, il y a des différences tout aussi évidentes. Lotze considère effectivement la psychologie comme une sorte de phénoménologie de l'âme qui interroge la vie psychique en repartant de ses effets. Ainsi, il est amené à interpréter les sensations comme une réaction de l'âme à une stimulation : toute sensation est une réponse à un stimulus bien déterminé, auquel s'ajoute en plus la réaction spécifique par laquelle l'âme s'exprime elle-même. Si James se borne à recueillir et décrire les états mentaux, et à les corréler à des phénomènes physiques, Lotze, en revanche, a tendance à toujours lire les états mentaux comme des effets de causes beaucoup plus profondes qui, toutes ensemble, trouvent leur unité dans l'âme en lui donnant, dans un certain sens, la vie (Kraushaar, 1936 : 247). L'exigence fondamentale d'unité, qui traverse de part en part toute la pensée de Lotze, conduit inévitablement à la suppression des limites qui sont celles-là mêmes que James conçoit comme une barrière infranchissable au bord de laquelle la psychologie scientifique poursuit ses recherches. James ne partage pas l'idéalisme moniste de Lotze. Toutefois, il est admiratif de son travail de psychologue empirique.

3. Émotion et volonté

L'influence de Lotze sur James est probablement plus marquée au sujet de l'étude des émotions. L'élément émotionnel correspond, chez James, aux réponses que donne le corps à la présence d'un contenu cognitif donné. Le courant électrique des nerfs, qui traverse tout le corps, est à la base de l'émotion, laquelle a donc une composante physiologique évidente. Lotze, pour sa part, avait déjà soutenu que les oscillations de faible amplitude des organes centraux accompagnent sans variations le flux des idées, non pas comme des causes, bien plutôt comme des effets (Lotze, 1852 : 474). Elles sont, en fait, une sorte de résonance que l'activité de l'âme suscite indirectement dans le substrat matériel afin d'intensifier la vivacité de ses idées. Donc, aussi bien pour Lotze que pour James, l'émotion n'est rien de plus qu'une union entre un état cognitif originaire et une réponse de l'organisme à cet état cognitif. En ce qui concerne les émotions, il s'agit d'un système qui ne postule pas l'existence d'un centre du cerveau séparé, condition qui tend à mettre l'accent sur l'activité du nerf périphérique. Toujours à propos de la théorie du désir, il est raisonnable de parler d'une influence de Lotze sur James. D'ailleurs, James lui-même affirme que Lotze a été le premier à formuler clairement le lien entre la représentation, la volonté et le mouvement accompli (James, 1888 : 401-404 ; cf. Kraushaar, 1936 : 251). Les deux philosophes sont d'accord sur le fait que l'état mental qui précède le mouvement du corps est composé d'anticipations des effets possibles d'un mouvement déterminé. Ainsi, un acte est intentionnellement voulu quand il y a une idée à l'esprit composée par des images de la mémoire capable de nous montrer le but visé par l'acte. L'action idéomotrice configurée représente, aussi bien pour Lotze que pour James, le moteur essentiel du processus de volition. À ce noyau de propulsion s'ajoutent par la suite des éléments de consentement et de contrôle. Le caractère intrinsèquement dramatique de la volonté réside dans la nécessité de choisir parmi diverses idées toutes également disponible pour l'action. L'idée qui prédomine déclenche les mouvements du mécanisme physique approprié en vue du but poursuivi. Aussi bien Lotze que James conçoivent la liberté comme une propriété essentielle de la volonté. La notion d'action doit impliquer, pour Lotze, un élément distinctif d'approbation ou d'intention (Lotze, 1856 : 257). Cet élément est à la base de la volonté, il peut également être supporté ou guidé par des conditions psychologiques supplémentaires. L'exécution d'un mouvement apparaît en effet très souvent déléguée à une sorte de pouvoir inconscient, dont les manifestations conscientes sont les conditions psychologiques en question. Même pour James, chaque mouvement a besoin d'être accompagné par une image représentant les conséquences sensibles qu'il aura (James, 1890 : 501) ; mais, en même temps, il est également certain qu'à la base de l'action, il y a une connexion psycho-physique impénétrable, un lien qui semble se placer au-delà de la sphère de la volonté. La similitude de point de vue entre Lotze et James est, sur ce point, tout à fait remarquable. En outre, James partage avec Lotze la conviction que le sentiment et la volonté ont une incidence beaucoup plus significative dans l'existence humaine que les problèmes de l'attention, de l'intérêt et même du raisonnement, car le sentiment et la volonté sont plus chargés de sens que la raison et les deux philosophes reconnaissent par conséquent une certaine primauté de la raison pratique.

4. L'anti-intellectualisme chez Lotze et James

La primauté attribuée à la raison pratique indique de la façon la plus claire que ce n'est pas seulement dans le champ de la psychologie – même s'il a une importance décisive – que Lotze exerce une influence majeure sur William James. Le philosophe allemand est également pour lui – et, à certains égards, surtout – une source en ce qui concerne les concepts philosophiques. James voit chez Lotze un point d'appui remarquable en vue de fonder une philosophie de l'expérience apte à assumer les résultats de la recherche scientifique. Mais, en même temps, c'est une philosophie capable d'affirmer son irréductibilité aux sciences. C'est la raison pour laquelle les idées philosophiques de Lotze ont eu un écho si important ans le dernier quart du XIXe siècle, non seulement en Allemagne et en Europe continentale, mais aussi en Grande-Bretagne et aux États-Unis. L'impact retentissant de son œuvre est dû principalement à sa vision de l'homme et du monde, telle qu'elle est décrite dans *Mikrokosmos*. Le caractère essentiel de cette conception de l'homme réside dans la tentative constante de concilier les exigences de la morale et celles de la religion – voire celles de l'esthétique – avec l'esprit de la recherche et de la découverte scientifique, sans que cela signifie une adhésion à des formes de relativisme sceptique. La thèse fondamentale de Lotze sur l'incapacité de l'esprit humain à accepter, non seulement le contresens, à savoir ce qui ne peut pas être pensé, mais aussi ce qui est en conflit avec les conditions préalables de notre jugement moral et esthétique (Lotze, 1891 : 63), se reflète de manière analogue chez James, notamment dans sa désapprobation des conceptions du monde qui sont incompatibles avec nos exigences morales profondes et presque instinctives. D'après James, de telles conceptions doivent être écartées et supprimées sans hésitation (James, 1897 : 147). On retrouve ainsi de façon patente, chez James, ce que l'on a si souvent nommé l'« anti-intellectualisme » de Lotze. Il y a, là encore, une nette convergence entre les deux penseurs, qui estiment que seul l'esprit dans son unité, avec ses intuitions morales et esthétiques, peut représenter le critère absolu de la vérité – un critère plus profond et plus contraignant que la simple adhésion constante aux lois de la logique.

5. L'anti-hégélisme : l'importance de l'expérience immédiate

L'« anti-intellectualisme » qui unit James à Lotze s'accompagne d'une hostilité sous-jacente envers la méthode hégélienne, qui était toutefois pour eux l'occasion d'une réflexion d'une grande importance. Si, en fait, Lotze met en question l'identification hégélienne excessive de la pensée et de la réalité, de la logique et de la métaphysique, et si, pour James, Hegel représente en quelque sorte le paradigme même du danger propre à tout intellectualisme moniste (James, 1897 : 263-298 ; James, 1909 : lecture III), il est également certain qu'ils éprouvent tous deux une certaine admiration pour la tentative hégélienne d'assumer entièrement la prétention fondamentalement pratique de la raison, tout en voyant dans la raison théorique la structure téléologique de l'univers. Toutefois, il existe, entre Lotze et James, des différences qui sont tout sauf secondaires, notamment en ce qui concerne leur rapport avec Hegel et, plus généralement, avec toute la tradition idéaliste. Lotze a effectivement tendance à céder à l'esprit de système, même s'il cherche à accomplir un système en termes fondamentalement anti-hégéliens.

Leur différence affleure de manière particulièrement évidente si l'on considère, d'un côté, la thèse de James selon laquelle la réalité n'est connue que par une expérience immédiate – seul critère du réel –, et de l'autre, les efforts de Lotze – exposé dans la *Logik* de 1874 (Lotze, 1912) qui, d'ailleurs, ne semble pas avoir attiré beaucoup l'attention de James – en vue d'élaborer une théorie de la pensée capable de prendre en compte aussi bien son activité de synthèse que les données directes de l'expérience. Lotze propose une théorie qui se focalise sur la façon dont la pensée, même si elle est capable d'individuer et de mettre en évidence la multiplicité de relations du réel, ne s'élève pas, pour cette raison, au niveau d'un élément constitutif de la réalité elle-même. De cette manière, la pensée prend conscience du dualisme incontournable entre connaissance et réalité : ce que nous connaissons dans la perception, ce n'est jamais la présence d'un objet indépendant, mais plutôt connaissons l'action même de l'esprit causée par la présence de cet objet. Il est vrai, cependant, que, pour James aussi – comme il le dit au début de sa carrière dans un essai de 1879, intitulé significativement *The Sentiment of Rationality* (1896) – l'activité de l'esprit est celle d'une pensée engagée dans la transformation de ce qui simplement coexiste dans le flux des impressions, dans quelque chose de cohérent qui dépasse le niveau de la simple association de représentations et, en tant que telle, l'activité de l'esprit ne coïncide nullement avec la réalité qui la guide dans son exploration. C'est l'exploration de la réalité qui, au contraire, constitue le but ultime de la pensée (James, 1920 : 99-10).

6. Le dualisme entre connaissance et réalité

Lotze avait précisément comparé le processus de la pensée et l'échafaudage utilisé dans la construction d'un bâtiment, lequel devient inutile une fois que l'édifice est terminé. La plus grande partie de l'appareil conceptuel utilisé par la pensée n'a qu'une valeur d'instrument. Le processus d'apprentissage commence par remarquer les données en essayant de les encadrer dans des structures conceptuelles – dans des « échafaudages » – à partir desquelles les données seront « libérées » une fois que l'on aura établi leur valeur indépendante et, dans un certain sens, intemporelle. D'ailleurs, James, lui aussi, partage cette manière de voir, comment on peut le constater dans un article sur Kant resté inachevé. Il a certes reconnu l'existence de structures mentales, mais, en même temps, il a souligné que la concordance entre la nature et ces structures est toujours un compromis laborieusement atteint. Or, une fois que l'utilisation de ces structures a été accomplie, la plupart d'entre elles doivent être évacuées (Kraushaar, 1939 : 462). Il est clair que les caractéristiques les plus essentielles de notre structure mentale, de la grammaire et de la logique, violent l'ordre même de la nature : il faut bien reconnaître que ces structures sont une sorte de reflet ; un reflet que nous sommes conduits, à tort, à considérer comme réellement existant.

En poursuivant une comparaison constante avec le dualisme entre la connaissance et la réalité, Lotze et James sont ainsi amenés à se demander s'il faut reconnaître, dans le fruit de la pensée, édifié selon ses lois et ses principes nécessaires, une véritable révélation du royaume de la nature. Lotze a répondu à cette question en affirmant que le monde dans lequel il y a un gouffre infranchissable entre la pensée et la réalité est un monde absurde, esthétiquement et moralement répugnant. Il faut postuler une harmonie préétablie entre l'essence de l'être et les principes de la pensée (Kraushaar, 1939 : 463). Par contre, d'après James, le pas franchi par Lotze mène à un certain absolutisme. C'est plutôt vers l'empirisme qu'il faut se tourner, vers un empirisme ancré dans le contenu de l'expérience immédiate et fondé sur une psychologie de la perception directe, au-delà de toute médiation de la conscience. La logique même semble porter gravement préjudice à la richesse et la variété de l'expérience immédiate.

7. Monisme et pluralisme

La position de James, dans la dernière période de son œuvre illustrée par ses *Essays on Radical Empiricism* (1912), paraît ainsi s'éloigner de la conception philosophique de Lotze. Le trait caractéristique de la réflexion de James, touchant la constitution même de la nature – un trait qui, du reste, était déjà présent dans *A Plurastic Universe* (1909) – consiste à défendre un pluralisme intransigeant. Un tel pluralisme s'oppose, comme une alternative radicale et robuste, à l'idéalisme moniste qui dominait son époque. Ainsi, l'empirisme radical semble pouvoir éliminer à la racine tous les dilemmes dualistes, précisément dans la mesure même où le pluralisme indique le moyen de sortir de l'impasse du monisme de la substance. Il faut s'en tenir à ce qui est donné phénoménalement dans la trame continue de l'expérience, tout en abandonnant la recherche d'une identité nouménale au-delà de cette continuité, à savoir en abandonnant l'idée d'une prétendue identité servant de base à l'explication de la condition de possibilité de l'expérience. Par contre, ce type de recherche avait trouvé une raison chez Lotze[2]. James a donc tiré de Lotze des idées de première importance pour sa philosophie, comme l'examen de l'expérience, la critique de la méthode hégélienne et, finalement, l'hypothèse d'un point de vue pluraliste. Tout cela étant obtenu par une

---

[2]   Note de James en marge du *Mikrocosmus* de Lotze dans l'édition de 1869, III, p. 482.

sorte de « mise en parenthèses » des positions qui, chez Lotze, depuis *Mikrokosmos*, présentaient un caractère entièrement métaphysique, en particulier de la conviction que l'expérience est d'abord régie par des lois synthétiques. Selon Lotze, ces lois examinent et vérifient la cohérence de l'expérience tout en s'engageant à la fois dans l'orientation de la direction d'un être nouménal pur. Or, dans *A Pluralistic Universe* comme dans les *Essays in Radical Empiricism*, il va de soi que, même si James ne rejette pas explicitement les positions de Lotze, sa lecture est devenue plus critique ; il a accentué cette sélectivité dont, à vrai dire, il a toujours su faire usage. James ne peut s'empêcher de remarquer que Lotze défend un monisme. Or, à ses yeux, cela démontre avec évidence que la solution des problèmes nécessitant une analyse attentive des faits ne peut pas être découverte dans une perspective intellectualiste (James, 1909 : 42-43 ; 55 ; 60). En même temps, il est vrai aussi que, dans les quelques traits qui caractérisent, à la fin du XIXe siècle, le point de vue pragmatiste auquel James a abouti, il n'est pas difficile de reconnaître la persistance – remaniée – d'un certain nombre de motifs inspirés par la philosophie de Lotze. On ne peut contester l'influence qu'ont exercée certaines thèses fondamentales de sa *Medicinische Psychologie* de Lotze et de ses contributions au *Handwörterbuch*[3] de Wagner sur les *Principles of Psychology* de James, ainsi que la reconnaissance implicite, mais constante, de l'impulsion décisive pour une révision fondamentale des concepts de processus cognitif et de réalité. Ces deux concepts découlent de la naissance et du développement de l'étude scientifique de l'esprit. Il y a des liens fins, mais très résistants, qui unissent le pragmatisme de William James à la réflexion de Lotze concernant la structure logique de la pensée et la structure des choses que l'on affirme être connues par l'esprit – en d'autres termes : la réflexion sur la relation entre la pensée et la soi-disant réalité. Que les lois de la logique ainsi que les principes qui assurent la formulation des jugements guident l'organisation et le développement de nos connaissances, c'est une idée récurrente et fondamentale chez Lotze. Les lois et les principes nous renvoient constamment à une dimension où la raison pratique exerce une fonction unificatrice et fonde la condition même du pluralisme. En même temps, la raison pratique est respectueuse des implications de l'individualité à cause de la reconnaissance de ces valeurs qu'elle a rendue possible. On voit alors apparaître avec évidence le rôle crucial joué par Rudolph Hermann Lotze – un philosophe tout à fait « continental » – dans la naissance et le développement d'une position de pensée – celle de James – qui compte parmi les plus influentes dans le débat américain de tout le XXe siècle.

---

[3] Cf. deux contributions remarquables de Lotze au *Handwörterbuch der Physiologie* de R. Wagner (6 vols., Braunschweig, Vieweg, 1842-1853) : *Leben und Lebenskraft* (Lotze, 1842) et *Seele und Seelenleben* (Lotze, 1846), republiées in (Lotze, 1885).

Bibliographie

Kraushaar, O.F., « Lotze's Influence on the Psychology of William James », in *Psychological Review*, XLIII, 1936, p. 235-257.

–, « What James's Philosophical Orientation Owed to Lotze », in *Philosophical Review*, XLVII, 1938, p. 517-526.

–, « Lotze as a Factor in the Development of James's Radical Empiricism and Pluralism », *Philosophical Review*, XLVIII, 1939, p. 455-471.

–, « Lotze's Influence on the Pragmatism and Practical Philosophy of William James », in *Journal of the History of Ideas*, I, 1940, p. 439-458.

James, W., « What the Will Effects », *Scribner's Magazine*, *3*, February, n° 2, p. 240-250. [Traduction française : « Ce que fait la volonté », *Critique Philosophique*, 4ᵉ année, 1, n° 6, juin 1888, p. 401-420.]

–, *Principles of Psychology*, (1890), New York, Dover, 1950.

–, *A Pluralistic Universe*, (1909), Cambridge, MA, Harvard University Press, 1977. [Traduction française : *Philosophie de l'expérience : Un univers pluraliste*, Paris, Les empêcheurs de penser en rond, 2007.]

–, *Collected Essays and Reviews*, New York & London, Longmans, Green, & Co., 1920.

–, *The Will to Believe and Other Essays in Popular Philosophy*, (1897), Cambridge, MA and London, Harvard University Press, 1979. [Traduction française : *La volonté de croire* (p. 24-52), Paris, Flammarion, 1916.]

Lotze, R.H., *Logik. Drei Bucher vom Denken, vom Untersuchen und vom Erkennen*, Leipzig, Hirzel, ¹1874 ; hrsg. und eingel von G. Misch, Leipzig, Meiner, ³1912 ; ⁴1928.

–, « Leben und Lebenskraft », (1842) in Wagner, R. (hrsg.), *Handwörterbuch der Physiologie*, Braunschweig, Vieweg, 1842-1853 ; republié in Lotze R.H., *Kleine Schriften*, Leipzig, Hirzel, 1885-1891.

–, « *Seele und Seelenleben* », (1846) in Wagner, R. (hrsg.), *Handwörterbuch der Physiologie*, (*op. cit.*) ; republié in Lotze R.H., *Kleine Schriften* (*op. cit.*).

–, *Medizinische Psychologie oder Physiologie der Seele*, Leipzig, Weidmann, 1852.

–, *Mikrokosmus. Ideen zur Naturgeschichte und Geschichte der Menschheit. Versuch einer Anthropologie*, Bd. I, Leipzig, Hirzel, 1856.

Lotze en Amérique

Le renouveau réaliste chez Santayana

Federico Boccaccini

FNRS – Université de Liège, Liège (Belgique)

Introduction

L'objectif du présent travail est de montrer la connexion entre la philosophie scientifique allemande postkantienne au XIXe siècle, représentée par Hermann Lotze, et la naissance du réalisme américain. Traditionnellement, l'histoire de la réception du postkantisme aux États-Unis au XIXe siècle concerne la question de la réception de Kant ainsi que l'influence de l'idéalisme allemand. Cette histoire passe de cette manière par la réinterprétation de tous les postkantiens comme des idéalistes, – et Lotze comme un idéaliste au sein du romantisme (Beiser, 2013). À rebours de cette interprétation, je voudrais dévoiler un autre volet de la réception de la tradition philosophique allemande postkantienne, à savoir la réception de certains éléments de la pensée de Lotze chez George Santayana (1863-1952) en tant qu'interprétation réaliste de la philosophie de Lotze. L'intérêt de cette réception consiste à attirer l'attention sur la portée que cette lecture de Lotze a eue sur le débat en Amérique concernant le réalisme durant la première moitié du XXe siècle, et qui reste, encore aujourd'hui, un élément essentiel de cette tradition (cf. Putnam, 1990). La thèse historiographique que je voudrais soutenir est qu'il existe un fil rouge reliant la philosophie allemande à la philosophie américaine, – un fil tissé par les métamorphoses du kantisme. Parmi ses variations, le kantisme de Lotze a représenté pour la culture américaine une version acceptable de scientisme capable de s'accorder avec la foi religieuse. C'est la raison pour laquelle la philosophie de Lotze a connu un tel succès parmi les universités de la Nouvelle-Angleterre. Et pourtant, en passant par l'interprétation de Santayana, la philosophie de Lotze a subi un changement radical : le kantisme de Lotze relu par Santayana n'a quasiment rien en commun avec, par exemple, le transcendantalisme d'Emerson. Les outils permettant de relire le naturalisme de Lotze chez Santayana sont plutôt l'atomisme de Lucrèce (Lotze, 1891) et le matérialisme de Spinoza. Santayana s'attache davantage à souligner ces éléments chez Lotze plutôt que de revenir aux conditions de possibilité de notre expérience. De surcroît, il rejette l'usage de la notion d'« ego pur » en philosophie ; un usage qu'il diagnostique comme une maladie introduite précisément par la philosophie allemande qui découle du subjectivisme kantien (Santayana, 1915 ; 1971 : 126). Tout en partant de l'idée qu'on ne peut définir Lotze ni comme un pur réaliste, ni comme un véritable idéaliste (Santayana, 1971 : 111), Santayana sépare la méthode de Lotze des conclusions de son système : alors que le point de départ de Lotze en philosophie est réaliste, ses résultats s'avèrent idéalistes. L'interprétation de Santayana veut sauver et retenir les suppositions à la base de la méthode lotzéenne, sans pour autant entraîner au sein de la philosophie de son temps la vision métaphysique générale de Lotze. Ainsi, en s'interrogeant sur le réalisme de Lotze, Santayana offre également une analyse très fine de la notion de « réalisme » en général.

Ainsi, mon ambition consiste à présenter un chapitre de l'histoire de la philosophie – Santayana lecteur de Lotze – tout en exprimant les raisons de son réalisme philosophique ; une question qui interpelle aussi bien l'historien que le philosophe. Pour dévoiler la pertinence de cette lecture, je prendrai en compte certains ouvrages de Santayana (Santayana, 1890 ; 1923a ; 1923b ; 1971). Ce dernier a introduit la primauté du sens commun pour l'analyse philosophique en tant que sens ordinaire du réel, un élément hérité ensuite par la philosophie de Harvard. Question – celle du scepticisme – qui est devenue, par la suite, un élément important et éminemment débattu dans la culture philosophique américaine (Cavell, 1979). Cependant, ma thèse est la suivante : ce que Santayana a retenu de Lotze, c'est précisément son esprit réaliste, sa manière de regarder la multiplicité même des choses sans vouloir les réduire à des parties de la même chose. Ce qu'il appelle « son point de vue réaliste et objectif » capable de « regarder les phénomènes en tant que choses, les étudier pour eux-mêmes, tout en considérant aussi bien leur relation et qualité que le principe de leur variation » (Santayana, 1971 : 127), décharge la philosophie de Lotze du subjectivisme en la rapprochant des principes de la connaissance au sein de la tradition de l'école du sens commun (*Common Sense*)[1] et des sciences de la nature (Santayana, 1971 : 127),

---

[1]   (Reid, 1764 : 33) : « If there are certain principles, as I think there are, which the constitution of our nature leads us to believe, and which we are under a necessity to take for granted in the common concerns of life, without being able to give a reason for them – these are what we call the principles of common sense ; and what is manifestly contrary to them, is what we call absurd ».

mais aussi de l'intuition qui sera à la base de la phénoménologie[2] comme retour aux choses mêmes[3].

C'est précisément en cela que consiste l'originalité philosophique de Lotze selon Santayana, une originalité qu'il cherche à décrire et à justifier dans sa thèse en 1899 : la tâche majeure de la philosophie telle que Lotze la conçoit n'est pas celle d'interpréter le monde, mais, comme dans les sciences, de le décrire.

> Son système n'est pas une interprétation du monde de l'expérience. Il est plutôt une *description* et une élaboration de ce monde phénoménal. La philosophie, pour Lotze, ne commence pas là où les sciences s'achèvent ; les deux sont coordonnées et inséparables (Santayana, 1971 : 112-113. *Nous soulignons*)[4].

Le plan du présent travail se développera en analysant d'abord certains passages de la thèse de doctorat de Santayana consacrée à Lotze. Ensuite, je montrerai comment Santayana a développé ces concepts dans sa philosophie postérieure et leur importance pour la question du réalisme. En conséquence, l'interprétation de Lotze comme représentant d'un idéalisme romantique doit être limitée, car, si cette lecture peut décrire sa philosophie prise dans sa totalité comme vision du monde, il faut reconnaître, par contre, que sa manière de s'interroger et de mener l'analyse philosophique rejette les principes mêmes de tout idéalisme.

1. De l'idéalisme au réalisme

La transformation de l'idéalisme téléologique lotzéen – ce que Santayana appelle « idéalisme moral » (*moral idealism*) (Santayana, 1890 ; 1971 : 129) –, dans une philosophie réaliste est une partie méconnue de l'histoire de la philosophie américaine. Il faut préciser d'abord qu'il s'agit d'un réalisme critique et non pas d'un réalisme direct comme, par exemple, celui proposé par le *New Realism* de Montague et Perry (Holt *et al.*, 1912). Le réalisme critique – dont Santayana a été un des majeurs représentants – (Santayana, 1920), débouche, *grosso modo*, en passant par des changements, sur la philosophie de Wilfrid Sellars (1912-1989) ainsi que, également, sur le problème du statut du donné (*Given*). Un reflet de ce débat entre diverses formes de réalisme peut encore être repéré aujourd'hui aussi bien dans le kantisme de la phase du réalisme interne de

---

[2]   Voir la contribution de A. Dewalque dans ce volume, « Le monde du représentable : de Lotze à la phénoménologie ».

[3]   (Santayana, 1971 : 126) : « We are not to discuss, he [Lotze] says, how the reality is made, but what it is now that we stand before it ».

[4]   « His system is not an interpretation of the world of experience; it is rather a *description* and formulation of this phenomenal world. Philosophy for Lotze does not begin where science ends ; the two are coordinate and inseparable ».

Putnam, que dans le conceptualisme de John McDowell. Je me bornerai cependant ici à l'analyse du lien entre Lotze et Santayana comme moment initial du réalisme américain.

1.1. La thèse de 1899

Santayana était à l'époque un philosophe réputé parmi les plus importants du panorama américain ; sa pensée a conditionné le débat autour de la nature et de la définition du réalisme. Tout d'abord, il faut préciser qu'il ne s'agit pas ici d'une opposition entre les réalistes et les idéalistes, mais plutôt d'une question visant à fixer les variétés du réalisme ainsi que leur définition. Il s'agit donc, en dernière analyse, d'une controverse au sein du réalisme lui-même. Or, la thèse de Santayana réside dans un manuscrit de 322 pages conservé à la bibliothèque de l'Université Harvard. Son directeur de thèse était le philosophe américain Josiah Royce (1855-1916) qui lui avait attribué ce sujet, alors que Santayana pensait rédiger une thèse sur Schopenhauer. Il a soutenu sa thèse en 1889, mais le manuscrit a été publié seulement en 1971. Elle est composée de cinq parties : (1) Le problème de Lotze. Sa relation aux sciences de la nature ; (2) Lotze et la philosophie kantienne ; (3) L'atomisme de Lotze : son argument pour l'idéalisme ; (4) Monisme, causalité, indéterminisme ; (5) La nature personnelle de Dieu, l'esthétique, l'optimisme. Une remarque philologique, non négligeable, doit être soulignée : sa thèse ne contient pas de citations directes de Lotze. Il s'agit en réalité d'une reconstruction de la philosophie de Lotze selon l'interprétation du philosophe américain. Il y a donc un problème d'évaluation de cet ouvrage pour le lecteur contemporain, car, dans certains passages, il est difficile d'établir la source dont Santayana s'inspire pour établir ses affirmations et, surtout, quel est l'ouvrage ou l'extrait qu'il est en train de commenter. Quoi qu'il en soit, nous avons aujourd'hui la possibilité de lire les exemplaires originaux des ouvrages de Lotze sur lesquels Santayana avait travaillé pour rédiger sa thèse. De plus, grâce aux notes en marge qu'il avait écrites aussi bien à la *Logique* qu'à la *Métaphysique*, on peut mieux reconstruire la lecture de Santayana et son étude en les confrontant aux passages des textes du philosophe allemand qui ont davantage attiré son attention, tout en en isolant certains qui sont particulièrement remarquables pour notre enquête. En première instance, la question centrale qui intéresse Santayana dans son travail, c'est l'influence de Hume et de Kant sur Lotze, qu'il résume à une question du phénoménalisme ainsi qu'à la distinction entre apparence et réalité. Le phénoménalisme se décline en scepticisme, alors qu'on trouve à la base de la théorie de la connaissance la division entre les phénomènes et la chose en soi. Le scepticisme épistémique soutient l'idée de l'impossibilité de connaître les choses et le monde pour ce qu'ils sont et, en conséquence, l'impossibilité d'atteindre une connaissance objective, ou encore, tout simplement, à la vérité. La question du scepticisme peut être résumée dans ce que l'on appelle le problème du « voile de la perception » selon la théorie du réalisme indirect, une question héritée de Locke (Russell, 1912 ; Ayer, 1947 ; Grice, 1961 : 121-52 ; Jackson, 1977). Cependant, Santayana semble être d'accord avec Lotze lorsque ce dernier commente Sextus Empiricus, à savoir que le scepticisme n'est pas « la négation inconditionnée de toute vérité » (Lotze, 1843 : 486). Santayana commente en marge du texte : « Le scepticisme n'est pas la négation inconditionnée de toute vérité, mais il dénie plutôt la définition de sa nature : la vérité est subjectivement et psychologiquement une opinion nécessaire » (Santayana, 1971 : 97). Pour Santayana, ceux qui soutiennent l'idée que l'on ne peut connaître que les apparences et non pas l'essence des choses, ne sont que des phénoménistes, tandis que, pour lui, l'intuition des essences est la première vérité de toute théorie de la connaissance, « et cela est un fait, non pas parce qu'il y a des choses en soi, mais plutôt parce que notre connaissance des phénomènes est incomplète » (Santayana, 1971 : 98). À l'inverse de ce que l'on pourrait soupçonner, le problème n'est pas ici l'empirisme classique ; en fait il reconnaît que « l'ennemi ici n'est pas Hume, mais bien le rationalisme. Le monde n'est pas un processus logique » (Santayana, 1971 : 99). Ce que Santayana veut souligner par ce commentaire ne concerne que l'anti-intellectualisme de Lotze – élément que Santayana lui-même partage avec le philosophe de Göttingen. Il y a ici quelque chose de remarquable à noter : dire que le réel n'est pas rationnel, cela ne signifie pas qu'il soit irrationnel. La vérité des principes logiques, d'après lui, doit être bien défendue en philosophie : « Pourtant, l'enjeu consiste à montrer que l'usage de ces principes nous conduit à découvrir leur origine. C'est la logique elle-même qui nous force à admettre la nature psychologique de la logique » (Santayana, 1971 : 99). Santayana partage, semble-t-il, avec d'autres philosophes de son temps, une position psychologiste en regard du problème des fondements de la logique ; une position qu'il semble également attribuer à Lotze[5], mais je reviendrai plus longuement sur ce point ultérieurement.

La deuxième question qui attire l'attention de Santayana est de type ontologique : – Qu'est-ce qu'une chose ? À ce propos, Santayana s'interroge sur le monisme de Lotze et il commente une page de la *Métaphysique* (Lotze, 1884 : 87) en se posant la question : « Pourquoi la réalité ne devrait-elle pas être la totalité des perceptions momentanées discrètes ? » À partir de cette intuition à la base de l'empirisme classique, Santayana vise à abandonner les conclusions monistes et idéalistes de la philosophie de Lotze pour, en revanche, retenir ses prémisses. En effet,

---

[5]   Sur l'antipsychologisme de Lotze voir (Dewalque, 2012 ; cf. Besoli, 1992).

selon lui, elles sont fructueuses pour développer l'esprit de pluralisme qui y est contenu ainsi que sa méthode réaliste. Ainsi, en accaptant l'idée que la philosophie et les sciences étudient les mêmes objets, le départ de la philosophie de Lotze peut être résumé, selon Santayana, par l'axiome suivant : « La réalité doit satisfaire nos questionnements émotifs » (Santayana, 1971 : 114). Même si Santayana ne cite pas de passage pour justifier cette affirmation qu'il estime être la clé de voûte de la philosophie de Lotze, on peut la retrouver au début du *Mikrokosmus* où Lotze affirme qu'il existe, entre la demande de notre nature émotive et les résultats des sciences, un conflit ancien.

> Entre les besoins spirituels et les résultats de la science humaine prend place une controverse perpétuelle. À chaque époque, le premier pas nécessaire vers la vérité a été le renoncement à ces rêves élancés du cœur humain qui s'efforce de saisir l'image du cadre cosmique différent et plus beau de ce qu'il apparaît face à une observation impartiale.[6]

Pour Santayana, le problème de toute la philosophie de Lotze concerne précisément la recherche d'une harmonie de l'univers qui ne se fonde pas sur la logique ; la même harmonie qu'il y a entre la forme des parties d'un organisme vivant et leur fonction.

Selon Santayana, c'est pourquoi il n'est pas possible, pour Lotze, que le réel soit en contradiction avec nos sentiments, avec notre volonté et avec nos aspirations, – *reality must satisfy our moral needs.* Il est impossible que les sciences nous montrent un monde en conflit avec nos intuitions morales. Si le conflit dans notre nature se manifeste au niveau de l'entendement dans la mesure où il cherche à trouver un lien entre le monde tel qu'il paraît et tel qu'il est, cela n'est pas le cas des passions humaines. Notre sens moral nous conduit donc vers la capacité à reconnaître l'unité entre la nature et la raison. Ce principe mène Santayana à affirmer que, pour Lotze, « nous avons un monde objectif composé de choses animées et inanimées ; mais la loi qui règle ce monde n'est pas physique, elle est morale » (Santayana, 1971 : 115).

L'argument est le suivant : si les lois de la nature étaient inconciliables avec nos aspirations en nous montrant un monde où personne ne souhaiterait vivre, on prend le risque, par conséquent, de méconnaître aussi bien la nature que soi-même. En réalité, l'une se règle sur l'autre. Santayana souligne comment la nature chez Lotze n'est qu'un procès,

---

[6] (Lotze, 1856 : V) : « Zwischen den Bedürfnissen des Gemütes und den Ergebnissen menschlicher Wissenschaft ist ein alter nie geschlichteter Zwist. Jene hohen Träume des Herzens aufzugeben, die den Zusammenhang der Welt anders und schöner gestaltet wissen möchten, als der unbefangene Blick der Beobachtung ihn zu sehen vermag : diese Entsagung ist zu allen Zeiten als der Anfang jeglicher Einsicht gefordert worden ».

un flux universel de choses et d'évènements qui suivent le principe de la relation de cause à effet. Nos vies ne sont que des parties de ce procès où tout est changement ; l'être n'est donc pas, pour Lotze, quelque chose qui se fonde sur l'idée d'une présence éternelle et sans changement. Néanmoins, Lotze conçoit, en même temps, *la valeur* comme un quelque chose qui accompagne ce procès dynamique et perpétuel. À ce titre, Santayana observe qu'un homme qui se perd dans le sentiment n'est qu'un mystique ; mais un homme qui considère, par analogie au mécanisme de la nature, des êtres vivants tels que les animaux comme des automates, cet homme n'est pas moins irrationnel que le premier. Ce dernier a commis l'erreur de ne pas prendre en considération l'imagination humaine. Imaginer des êtres vivants comme des machines, c'est une idée qui répugne à notre intuition de la vie. Et le scientifique doit tenir compte de cette intuition ayant pour objet une valeur. Santayana accorde à ce genre d'intuitions une importance essentielle pour la science afin d'éviter de se perdre dans les illusions d'un monde idéal qui peut arriver jusqu'à une vision abstraite du réel. Cette importance de la valeur de notre intuition revêt donc une tâche épistémologique. Santayana remarque que la connaissance du monde est possible parce que nos actions ainsi que nos pensées sont toutes les deux confirmées et encouragées par nos découvertes, lesquelles ne sont pas constamment bouleversées par la réalité. D'où la conséquence que le monde ne nous trompe pas toujours, qu'il existe donc un ordre en dehors de notre esprit qui se fonde sur la vérité et la cohérence des choses. Le doute sceptique absolu par lequel commence la connaissance moderne, qui pose à sa base l'autorité de la première personne, n'est qu'une illusion : il s'agit d'une fausse prémisse. La totalité de la nature est intelligible pour ce qu'elle est en vertu de l'intuition que nous avons de son unité. Cette intuition, d'après Santayana, constitue le premier principe d'une philosophie réaliste, et il est également à la base de la théorie de la connaissance de Lotze. C'est la raison pour laquelle Santayana avait observé que le problème au centre de la théorie de la connaissance de Lotze est l'intellectualisme rationaliste. Sur la base de ce principe qui donne une valeur sans compromis à la science, Lotze montre que le phénomène de la vie doit procéder en s'accordant avec les mêmes lois que les mouvements des éléments matériels. Santayana remarque qu'une loi est une relation établie entre des choses déjà données, elle ne coïncide pas avec les fondements des choses. C'est pourquoi le matérialisme de Lotze s'anime de finalisme, un finalisme interne à la matière. Une loi nous dit simplement que si certaines conditions sont réalisées, certaines conséquences le seront également. Connaître ne signifie donc pas « connaître une loi » ; connaître signifie connaître la cause d'une chose. On ne peut pas revenir de l'effet à la cause comme si l'effet était la conséquence logique d'une prémisse, cela signifierait confondre la relation de cause à effet par la relation de fondement à conséquence ; et cela signifie confondre la physique et la logique. C'est la raison pour laquelle Santayana semble avoir saisi l'esprit antipsychologiste de Lotze, malgré son affirmation imprudente concernant les fondements psychologiques de la logique (Santayana, 1971 : 99). Ce que Santayana veut probablement dire par « fondement psychologique », c'est que la psychologie n'est pas moins objective que la logique et, de manière semblable à cette dernière, ses lois ne peuvent pas être réduites aux lois du monde physique. On ne peut donc pas accepter une ressemblance entre logique et physique, car les causes des évènements ne sont pas les lois de la nature, mais plutôt les choses constituent la cause des événements de la nature. Les lois n'ont pas de pouvoir causal : une conséquence est suive d'une loi générale, mais elle n'est pas causée par cette loi. La loi se limite à expliquer l'effet, elle ne le cause pas. Par conséquent, le monde décrit seulement par des lois n'est qu'une image incomplète du monde. Même si nous connaissions ce dernier, et bien que nous puissions décrire toute la série de ses causes, nous demanderions encore une justification. La simple description du monde ne contient pas sa justification, car la description n'est qu'une représentation, alors que le but de la connaissance humaine est de satisfaire notre besoin de répondre à la question du pourquoi.

> Le but n'est jamais une chose réelle ou la partie d'un objet réalisé. Le but ne peut pas être accompli, il reste inachevé (*unfulfilled*). Il est quelque chose qui doit être, mais qui n'est point. Et lorsqu'il en vient à être accompli, il ne devient pas une chose, mais une relation, une action, une passion de la chose (Santayana, 1971 : 118).

La réalisation du but, écrit Santayana en citant Lotze, n'est jamais le travail du but lui-même. Il semblerait plutôt que la recherche de cette finalité ne soit qu'un idéal régulateur pour la science alors qu'il nous permet, par exemple, de concevoir le mouvement cosmique comme une mélodie. La raison pour laquelle Lotze réclame, d'après Santayana, l'unité des sciences empiriques est une raison de type esthétique, non logique. C'est pourquoi ses prémisses sont réalistes : il souhaite sauvegarder la pluralité des choses. Ses conclusions, par contre, sont idéalistes : l'idéal de la science d'après lui reste l'unification de toute chose selon la même raison, sauf que cette raison n'a pas sa source dans l'entendement, car elle est esthétique et morale. Le principe d'unité de la nature est donc fondé sur le sujet moral.

> La variété de la nature ne dérive pas sa valeur esthétique de la multiplicité des lois physiques, mais chaque principe d'explication requiert dignité en proportion de la valeur du phénomène qu'il explique. Les théories sont comme l'argent, qui a la valeur des choses qu'il peut acheter (Santayana, 1971 : 124).

La méthode de Lotze pour Santayana est donc une méthode réaliste, un réalisme de type non métaphysique, mais plutôt orienté vers le pragmatisme. C'est pourquoi la philosophie de son temps doit le retenir. Il est fort probable que, pendant sa formation à Harvard, Santayana ait été influencé par William James, lui aussi lecteur de Lotze[7].

Pour Lotze, les normes et la légitimité des concepts correctement déduits ne suffisent pas pour produire de la connaissance. L'intuition a une valeur d'égale dignité ; son rôle est donc de corriger l'idéalisation du concept. À ce propos, Santayana parle des « impulsions primaires de notre nature cognitive ». Or, ces impulsions primaires, chez Santayana, prendront ensuite le nom de « foi animal » (*animal faith*) (Santayana, 1923a). Comme chez Moore, le respect pour l'intuition du sens commun est, pour Santayana, un critère de réalisme ; c'est précisément cette intuition primordiale de type moral du monde qui nous fait parler de la multiplicité des choses. Ainsi, la philosophie de Lotze assume cette intuition fondamentale : le monde se manifeste à nous comme une pluralité. Nous parlons de plusieurs choses, non pas d'une seule (*we speak of many things, not of one*). C'est la philosophie spéculative qui veut réduire la pluralité du monde à une seule chose et à un seul principe. La philosophie a le même point de départ que la science de la nature, les deux disciplines ont le même objet d'étude, sauf que leur but est différent. Santayana ajoute une remarque très persuasive à ce sujet :

> Son point de vue [de Lotze] est objectif et réaliste parce qu'il a trait aux phénomènes en tant que choses, il les étudie pour eux-mêmes, en considérant leurs relations et qualités, ainsi que le principe de leurs variations (Santayana, 1971 : 126).

Ainsi, la révolution copernicienne de la philosophie moderne, que Kant a achevée, n'est pas condamnée, elle est tout simplement ignorée (Santayana, 1971 : 127). En conséquence, notre intelligence n'est pas le premier objet que notre entendement doit considérer. Il y a d'abord les phénomènes et leur structure ; ils sont comme des choses et sont également l'objet de notre intelligence et de notre sensibilité. Dans l'introduction à sa *Métaphysique*, Lotze avait affirmé que

> Nous nommons réelles les choses qui sont, par opposition à celles qui ne le sont pas ; réels les événements qui arrivent, pour les distinguer de ceux qui n'arrivent pas ; réels aussi les rapports qui existent, par comparaison avec ceux qui n'existent pas. [...] Le changement, dont le nom, lorsqu'on parle de ce qui est simplement concevable, ne s'applique pas que dans un sens métaphorique, domine complètement la sphère de la Réalité ; ses diverses formes, le devenir et le disparaître, le mouvement et le développement, l'agir

---

[7] Sur James et Lotze, voir la contribution de S. Poggi et M. Vagnetti dans ce volume, « James lecteur de Lotze ».

et le pâtir, sont et ont toujours été les motifs des études que, comme théorie du *cours des choses*, par opposition à la stabilité du monde idéal, une ancienne coutume a réunies sous le nom de Métaphysique (Lotze, 1883 : 1-2).

1.2. Le concept de substance et l'atomisme

Si le changement appartient à la catégorie de la contingence, et le philosophe allemand en fait le concept métaphysique central pour comprendre la réalité, il faut remarquer que, par conséquent, Lotze modifie le sens traditionnel de « science métaphysique » en tant que « science de ce qui est au-delà de l'expérience » car, d'après lui, la métaphysique s'occupe du monde sensible, c'est-à-dire du monde de notre expérience : il n'y a rien au-delà de notre expérience que nous pourrions appeler « réalité ». Santayana souligne donc ici que le travail philosophique de Lotze envisage une *métaphysique de l'expérience*. Mais c'est ici, en même temps, que Santayana relève les limites du réalisme de Lotze, notamment sa conception de la substance et des relations. À la différence de Herbart qui estime que la nature de la substance est immutable et qui conçoit les relations comme externes, Lotze a une conception assez étrange de la substance. Selon Lotze, un réalisme cohérent doit sacrifier la propriété de l'immutabilité de la substance et concevoir toutes les relations comme internes. Lotze, d'après Santayana, soutient la doctrine paradoxale selon laquelle la substance subit un tel changement que celui-ci a le pouvoir de la transformer dans un procès ; les relations ne sont que des modifications de ce procès. C'est pourquoi la métaphysique s'avère une théorie du « cours des choses », à savoir une théorie de la structure même du changement. En conséquence, la notion de substance est réduite à une propriété d'une série d'événements ayant la capacité de produire dans notre esprit l'idée de la substance. Santayana remarque à ce propos que cette définition de la substance n'est pas conceptuellement admissible (*illogical definition*) (Santayana, 1970 : 152) parce qu'affirmer cela, c'est affirmer que la substance n'existe pas. Ce qui produit l'idée de substance serait, en dernière analyse, un ordre sériel d'états non substantiels. Certes, nous pouvons bien nommer « substance » la réalité de cette succession de phases, mais la conséquence de cette conception est qu'une substance, en tant que série d'apparences, dépend ontologiquement de ses accidents. Mais dire cela, selon Santayana, signifie affirmer que la nature de la substance dépend de quelque chose d'autre qu'elle ; il y a ici manifestement un contresens par rapport au concept même de substance. En suivant la définition de la substance chez Lotze, la réalité devient histoire ; la chose se transforme dans une association d'états. C'est précisément par cette idée que Lotze peut introduire l'atomisme, à savoir l'idée que la réalité a une nature discrète que seul le sujet moral peut unifier en lui donnant ainsi un sens. Or, pour Santayana, la question fondamentale et la marque de son réalisme concernent la nature atomique du réel. Santayana explique que l'on peut à raison appeler « réaliste » la vision du monde phénoménal chez Lotze, si on y distingue ce monde, pris comme une réalité positive (le point de vue de la science), de l'idéalisation de cette réalité. Ce qui conduit Lotze vers l'idéalisme, en revanche, c'est le fait qu'il considère la réalité comme un objet doué d'unité et d'harmonie, il parvient à se le représenter comme un esprit. En d'autres termes, le système de Lotze, en observant les conséquences de ses thèses philosophiques, cherche à prouver qu'en analysant les choses composées d'une réalité matérielle multiple, la philosophie peut montrer quels sont les ingrédients d'un procès spirituel unitaire (Santayana, 1971 : 142). Santayana partage avec Lotze l'idée que le réel est pluriel et que sa nature est matérielle ; il rejette, néanmoins, son monisme téléologique qui lui paraît injustifié face à l'expérience. Mais, en dernière analyse, il disculpe Lotze de son idéalisme parce que, en premier lieu, sa conception générale de la réalité n'est qu'une vision poétique de la vie cosmique (*a poetic intuition of the cosmic life*) (Santayana, 1970 : 155) et parce que, en second lieu, son système est intrinsèquement cohérent, comme celui de Spinoza, et ainsi digne d'attention et de respect philosophique. Et, en ce qui concerne le monde des idées, Santayana remarque – avec finesse – que si le changement est l'objet de la métaphysique en tant que science de la réalité donnée, par contre le monde des idées, à savoir le monde des relations fixes et sans changement, n'a aucune nature ontologique, mais logique. Il n'existe pas, au sens strict du mot *être* ; il est valide. C'est un monde où l'opposé ne peut jamais être. Santayana souligne ainsi que le monde des idées chez Lotze n'a rien à voir avec l'idéalisme platonicien, car sa validité concerne plutôt la science de nos significations (*the science of our meanings*) (Santayana, 1970 : 156), et que, il ajoute, il s'agit d'une science de quelque chose, d'une certaine manière, de tout aussi réel et fondamental. Nous devons constater que ces idées existent aussi bien comme des intentions de nos pensées, que comme nos significations (*as intentions of our thoughts, as our meanings*) (*ibid.*). Il est probablement superflu d'ajouter ici le pronom possessif « our » dans la mesure où le monde de la validité n'est pas le monde de *notre* pensée, mais plutôt des pensées et des significations pour elles-mêmes. Toutefois, il est remarquable que Santayana ait souligné l'objectivité sémantique du monde des idées de Lotze, tout en évitant de donner à ces pages une lecture métaphysique et platonisante. Il affirme de manière claire : la métaphysique de l'idéalisme platonicien est ici exclue.

2. La définition du réalisme

Dans l'*Essai sur les trois preuves de réalisme* (Santayana, 1920), on retrouve des éléments conceptuels qu'il a retenus de son interprétation de Lotze. La séparation entre le système général de Lotze – le monisme téléologique – et son réalisme méthodologique sont visiblement mis en œuvre. Santayana distingue au sein de la théorie de la connaissance, un spectre très large d'usage du concept de réalisme. Le philosophe de Harvard nous rappelle qu'il existe une certaine variété de réalismes : le (1) *réalisme minimal* présuppose qu'il y a une telle chose comme la connaissance, – sans pour autant impliquer que notre connaissance doive être certaine –, à savoir que la perception ainsi que la pensée se réfèrent à certains objets externes en tant qu'objets détachés de la conscience, et non pas à l'expérience même de percevoir, ni à celle de la pensée en tant qu'activité interne perçue par le sujet lui-même. C'est là l'erreur du kantisme et de toute la tradition qu'il a engendrée par la suite, car cette conception de l'expérience ne reconnaît pas le fait que les conditions de possibilité de connaissance soient déjà données avec l'objet. Le degré maximum de réalisme se manifeste, par contre, lorsque n'importe quelle chose perçue ou pensée, indépendamment de l'acte de son appréhension, se montre exactement dans la même forme dans laquelle on croit qu'elle existe. Selon cette conception du réalisme il n'y a aucun hiatus – ou voile – entre l'acte de percevoir et la chose perçue. Il s'agit de l'ambition du (2) *réalisme direct* pour lequel l'acte de perception est une sorte de révélation de la chose. La difficulté de cette conception du réalisme consiste, cependant, à justifier l'existence de l'erreur et de la déception perceptive. Selon Santayana, une théorie de la connaissance à la fois raisonnable et philosophiquement fructueuse occupe un point intermédiaire entre ces deux conceptions extrêmes du réalisme ; c'est précisément ce qu'il appelle (3) *réalisme critique* (*critical realism*). Une théorie réaliste de la connaissance doit être elle-même de bon sens – *it will be more or less realistic*. Le réalisme critique est donc une théorie réaliste du réalisme – un « réalisme à visage humain », pour ainsi dire. Dans sa proposition de réalisme, Santayana suggère, au fond, qu'un sain et concret réalisme est seulement celui qui échappe à la tentation d'idéaliser le réel. Notre connaissance est donc possible et réalisable, car il y a des principes fondés sur un savoir instinctif et préalable du monde – la foi animale –, mais il n'en suit pas que toute notre connaissance soit toujours certaine. Le réalisme critique contient le réalisme minimal et s'oppose aussi bien à l'idéalisme qu'au réalisme direct. Tous les deux soutiennent que, comme les choses ne sont pas telles qu'elles apparaissent, il y a un problème au sein de l'objectivité de la connaissance. Pour neutraliser à la base l'argument de l'illusion qui nous mène à opérer une distinction entre apparence et réalité, le réaliste direct et l'idéaliste assument que les choses soient exactement telles qu'elles apparaissent. La seule différence entre eux concerne la manière de concevoir « les faits de l'expérience » : pour le premier les objets sont dans un monde spatial et en continuité d'évolution, alors que pour le deuxième ces faits existent seulement dans la discontinuité et sont rassemblés par une série unitaire seulement en tant que perceptions d'un esprit. Or, ce qu'il faut éviter, c'est l'idée qu'il existerait une identité entre l'acte et l'objet, entre l'expérience de la chose et la chose elle-même. De manière figurée et avec un ton rhétorique, Santayana résume leur différence par des images de grand effet : le désir de l'idéaliste n'est pas celui de connaître les choses, mais plutôt de devenir lui-même les choses ; le réaliste direct, par contre, veut bien connaître les choses, mais il neutralise la différence entre les phénomènes et la réalité. Pour Santayana, conserver cette distinction constitue un élément essentiel du réalisme. Il est clair alors que ce qui s'oppose à la réalité de l'apparence est quelque chose que l'apparence soutient : la substance (*and it had better be called by the name*) (Santayana, 1920 : 165). Si quelque chose se manifeste à la conscience, c'est bien la manifestation de quelque chose. La distinction entre substance et qualité est donc une distinction incontournable et fondamentale pour une théorie réaliste de la connaissance. Le réalisme de Santayana est un réalisme classique, de type aristotélicien. C'est pourquoi il avait reproché à Lotze sa théorie de la substance. Mais pour Santayana aussi la substance, en tant que telle, n'existe pas. Ce qui existe, au sens propre du mot « être », ce sont les apparences. Cette distinction entre deux genres de l'être est le premier problème qui se pose quant à la justification du réalisme. Le deuxième concerne le degré de similarité entre les données sensorielles – ou symboles – de la sensation ou de la pensée et les qualités intrinsèques de la substance. Il y a deux tendances du réalisme, l'une tend à séparer les apparences et la substance seulement en ce qui concerne l'*existence* ; l'autre est encline à l'identifier seulement selon l'*essence* : « Mais ni la séparation, ni l'identification ne peuvent jamais être absolues » (Santayana, 1920 : 166), autrement la théorie de la connaissance serait impossible[8]. L'erreur ici consiste dans la volonté d'absolutiser l'expérience humaine. Même si l'on tombe dans l'erreur, il reste le fait qu'un processus cognitif doit d'abord sélectionner l'objet de l'erreur. Sélectionner l'objet signifie savoir le nommer de manière univoque par la distinction de sa référence à des circonstances, ou à des situations, qui suffisent à son identification. Il s'agit d'un critère de limitation, il nous empêche d'idéaliser notre connaissance du réel. Ainsi, de l'expérience, on peut en extraire la notion de substance en affirmant qu'elle ne dépend pas des apparences, qu'elle peut donc exister sans être perçue. Mais cela n'est qu'une abstraction : isoler des parties de la nature

---

[8] « The two tendencies in realism are therefore perfectly consistent, and truly complementary: the one tends to separate apparance from substance only in existence; the other tends to identify them only in essence. But neither the separation nor the identification can ever be absolute, else the theory of knowledge would prove that knowledge was impossible, and all good sense would go by the board ».

signifie dénaturaliser la nature. Or, c'est là que Santayana introduit sa notion d'essence pour justifier sa conception de la substance : les qualités et la substance sont identiques par essence[9]. L'essence est quelque chose, selon Santayana, qu'on peut immédiatement saisir dans l'expérience. À ce sujet, Santayana observe que les essences sont la première chose que l'homme voit et la dernière qu'il remarque (Santayana, 1923 : 4). L'originalité de la théorie des essences de Santayana concerne deux questions : (1) le fait qu'une essence est l'essence d'une occurrence ; (2) leur appréhension par l'intuition. En regardant, par exemple, deux petits pois, on peut y remarquer des essences : le vert des petits pois, leur sphéricité, leur similarité, leur dualité. L'essence est donc « incarnée » (*embodied*) dans les deux petits pois, mais elle n'est pas les petits pois (cf. Santayana, 1920 : 167-168). Une essence peut se manifester dans un nombre infini d'instances sans pour autant s'identifier avec elles. Une essence se manifeste par un état idéal qui est l'objet d'une intuition non sensible et, à la fois, d'un état matériel d'une chose où nous faisons l'expérience d'une essence. L'arrière-plan aristotélicien est évident, mais sa similarité avec l'école phénoménologique naissante est également manifeste. Selon Santayana, sans la présence des choses, il serait impossible pour les essences de se manifester. Et pourtant les essences ne sont pas les choses où elles se manifestent : « C'est précisément cette idéalité, cette qualité amphibie et incorruptible que distingue une essence d'un fait, et qui fait de l'essence la clé du problème de la connaissance » (Santayana, 1920 : 170).

Le but du programme du réalisme critique de Santayana consiste à transformer la théorie des données sensorielles en une théorie des essences. Si nous acceptons, écrit-il, que le *datum* ne soit ni une chose existante, ni un état de l'esprit, mais plutôt une essence idéale, alors on peut profiter d'un corollaire intéressant : le genre d'être des essences n'est pas abrogeable (*indefeasible*). Il est irrévocable et ne peut pas être annulé, car il fait partie de notre expérience. L'être de la chose est existant ; elle est donc contingente. Toutefois, les relations parmi les essences sont nécessaires. Une fois qu'on l'a saisie dans une expérience donnée, on la retrouvera toujours dans toutes les expériences similaires. L'héritage de Lotze se manifeste à ce niveau lorsque Santayana observe que, malgré toute notre attention et capacité à remarquer les choses afin de voir des essences, leur indépendance de l'acte n'est pas physique, car leur nature est idéale ; jamais une essence n'existera dans le monde. Il faut reconnaître que cette idéalité est logique, ou esthétique, non pas physique. La connaissance

---

[9]   (Santayana, 1920 : 168, n.) : « By 'essence' I understand a universal, of any degree of complexity and definition, which may be given immediately, whether to sense or to thought » (cf. Santayana, 1923b).

des essences est le fondement de la connaissance du réel, non pas parce que les essences sont réelles, mais parce qu'elles sont des objets qui se manifestent au sein de notre intuition du monde externe. Et cette intuition – ou vision des essences – peut être aussi bien logique qu'esthétique. Mais il y a une contrainte empirique à l'intuition des essences, « le cercle des essences est limité par les préjugés de notre héritage, notre capacité naturelle et par les circonstances de notre vie ». Il ne faut pas davantage trop idéaliser les essences. Les essences deviennent des objets pour nous grâce à l'expérience que nous avons des accidents. Par conséquent, comme toute connaissance, même ce type de connaissance est transitif. Elle s'achève dans un objet qui se détermine par soi-même par la sphère logique de ses relations essentielles. Et cette forme de connaissance peut bien être révélée à plusieurs esprits, en des temps différents, selon une variation des contextes. Ainsi, Santayana nous donne trois preuves de réalisme – biologique, logique, et psychologique – pour nous montrer que tout discours humain raisonnable présuppose, au fond, une conception réaliste du monde. Mais, à la fin, il doit avouer que ces preuves sont circulaires : sans assumer le réalisme, il est impossible de le prouver. Il s'agit de prouver que l'instinct par lequel l'enfant regarde la lune et se demande « qu'est-ce que cela ? » – *What is that* ? –, peut révéler le sens à ce « that » (Santayana, 1920 : 170). Ce n'est pas l'expérience sensible ou la sensation de la lune qui constitue l'objet ayant attiré l'attention de l'enfant. Seulement une philosophie malhonnête peut répondre que l'objet de l'enfant est sa sensation. Même si, lorsqu'il cherche à la toucher, il connaît sa première déception perceptive, il suffit de reconnaître que l'objet qu'il a vu et l'objet de sa déception ne sont que le même objet. Il faut revenir à son honnêteté philosophique sur laquelle se fonde son instinct à toucher la lune. Cet instinct est aussi primordial que celui qui consiste à observer et à comprendre les choses. C'est précisément cette intuition primordiale du monde qui fonde notre connaissance et, en tant que telle, elle ne peut pas être en même temps fondée. Santayana appelle cela « la foi animale de l'existence du monde ».

À la fin de sa thèse sur Lotze, Santayana remarque :

Les penseurs majeurs de notre temps sont trop aptes à simplifier leur problème ; ils proposent des solutions qui pourraient être acceptées par des êtres qui ont la moitié de nos passions, la moitié de nos intérêts, la moitié de nos idées. La philosophie devrait être un produit social : elle devrait coordonner et interpréter toutes ces impressions par lesquelles la vie frappe les mortels ; et à la fois être comme le soliloque d'un homme. Et dans un tel soliloque ses instincts, ses convictions primaires, ses aspirations, ne doivent pas moins se trouver exprimés que dans ses pensées et ses expériences les plus proches. C'est un mérite de Lotze d'avoir donné *une portée plus humaine* (*a more human significance*) à la philosophie, d'avoir parlé du monde où nous vivons plutôt que d'un autre plus intelligible mais non pas aussi réel [que le nôtre]. Lotze prend en considération toute chose et pour cela il mérite notre gratitude (Santayana, 1970 : 226. *Nous soulignons*).

Telle est ma conviction : par ces mots, Santayana entend déjà quelque chose de très proche du réalisme à visage humain que Putnam a tenté d'édifier dans la deuxième moitié du XXe siècle, – cette recherche d'une portée plus humaine du réalisme. Les mots choisis par Santayana en conclusion de sa contribution aux essais de réalisme critique, il me semble, confirment l'idée par laquelle il avait conclu sa thèse, sa recherche d'un réalisme « honnête », un réalisme qui doit être honnête avec la réalité et, en même temps, tout à fait conscient de ses limites, un réalisme qui soit réalisable et capable de ne pas se vouloir transformer dans une théorie accomplie et absolue du réalisme, à savoir en quelque chose de détaché du pluralisme de l'expérience humaine ordinaire, celle des intuitions du monde de l'homme ordinaire, – figure qui Santayana appelle l'« homme honnête » :

On ne peut pas prouver le réalisme au sceptique ou à l'idéaliste convaincu. On peut juste montrer à l'homme honnête (*an honest man*) que lui n'est pas un total sceptique ou un total idéaliste, mais bien qu'il est au fond un réaliste. Pour le temps que l'homme est vivant, la tâche d'une philosophie sincère est celle de corroborer ses intuitions et ses prémisses, non pas de les détruire (Santayana, 1920 : 184).

Remarques conclusives

Dans cette contribution, j'ai tenté de cerner la connexion entre le réalisme et le pluralisme en tant qu'éléments que Santayana reconnaît comme caractéristique chez Lotze. Si la distinction entre essence et existence est un élément fondamental pour comprendre l'ontologie de Santayana, cette distinction, me semble-t-il, se fonde précisément sur la distinction lotzéenne entre deux mondes – le monde de la nature et le monde de la valeur : d'un côté le royaume des lois en tant qu'objets étudiés par la raison scientifique relevant de la mécanique de la nature, notamment le cas de la psychologie et de la physique, de l'autre le royaume des valeurs ayant pour objet la finalité des formes saisies par le sentiment. Toutefois, la logique n'a aucun lien avec les choses, ni avec les représentations des choses. La nécessité de la logique n'est pas la nécessité de la nature, mais une nécessité similaire à celle du *Sollen*, – un devoir-être, un impératif d'être. Elle concerne ce qui ne peut pas être autrement que ce qu'il est. Or, cette idée d'une réalisation nécessaire de l'idéalité du logique dans la concrétude de l'*Erlebnis* – du particulier vécu –, c'est l'élément conceptuel qui sera retenu dans la philosophie de Santayana et qu'il placera à la base de son réalisme. Au centre du monisme de Lotze, de son atomisme, de l'étude de Lucrèce, de l'héritage de Descartes et du matérialisme, Santayana fixe le problème de l'appréhension d'une *forme individuelle* en tant que question centrale de sa philosophie et également en tant que problème majeur de la philosophie de la biologie de Lotze (Lotze, 1842 ; cf. Centi, 1993). Or, l'idée d'une mécanique parfaite de la nature implique l'idée d'une harmonie (*Einstimmung*). De Leibniz à Hegel, en passant par Goethe, Kant et Schelling, l'idée d'un accord universel dans la nature ainsi qu'entre la nature et l'esprit apte à saisir cet accord dans la conscience, est un thème très présent au sein de la pensée allemande (Spitzer, 1963). Cette tentative de vision unitaire s'arrête et se résume dans l'œuvre de Lotze. On peut le remarquer aussi bien dans sa *Logik* (1843a) que dans son article sur l'ontologie de Herbart (Lotze, 1843b), le véritable point de départ pour sa conception de la réalité. En effet, d'après lui, une multiplicité organique de monades n'exprime pas nécessairement la présence d'un ordre réel identique à l'ordre de l'esprit. Santayana sélectionne donc certains éléments, mais il n'oubliera pas cette conception générale de Lotze selon laquelle il existe un ordre unitaire dans la multiplicité, ce qu'il appelle « la conception de la vie cosmique » de Lotze en tant que vision moniste du monde (Santayana, 1971 : 206). Certes, ces éléments sont ensuite remaniés et développés dans sa philosophie de manière très originale. Mais cette attention pour l'élément de structure de l'individuel restera au centre de sa pensée, alors qu'il introduira l'idée de la possibilité d'une intuition du singulier en tant qu'intuition d'essence, en identifiant ainsi l'individuel par une essence. Voilà le fondement de sa théorie originale de l'intuition des essences, où par « essence » il entend l'essence d'une occurrence et non pas d'une idée. Sa philosophie ressemble à une phénoménologie non transcendantale, à savoir une phénoménologie réaliste. Une fois que l'*ego* pur de la tradition idéaliste a été neutralisé et évacué de la philosophie de la connaissance, il ne nous reste qu'à revenir aux choses mêmes, à savoir aux phénomènes et à leur objectivité. On peut dès lors considérer le réalisme critique de Santayana comme une première tentative de concilier le naturalisme des sciences et le pragmatisme du sens commun, les deux grands axes de la philosophie américaine. Mon propos a consisté à montrer la mesure de ce que Quine, Goodman, Putnam et Rorty ont hérité de Santayana lecteur de Lotze.

Bibliographie

Ayer, A. J., *The Foundations of Empirical Knowledge*, MacMillan, London, 1947.

Beiser, F. C., *Late German Idealism. Lotze and Trendelenburg*, Oxford, Oxford University Press, 2013.

Besoli, S., *Il valore della verita : Studio sulla "logica della validità" nel pensiero di Lotze*, Firenze, Ponte alle Grazie, 1992.

Cavell, S., *The Claim of Reason : Wittgenstein, Skepticism, Morality, and Tragedy*, Oxford-New York, Oxford University Press, 1979 [trad. fr. S. Laugier et N. Balso, *Les voix de la raison : Wittgenstein, le scepticisme, la moralité et la tragédie*, Paris, Le Seuil, 1996].

Centi, B., *L'armonia impossibile. Alle origini del concetto di valore in R. H. Lotze*, Milano, Guerini, 1993.

Dewalque, A., « Le sens de l'idéalisme platonicien selon Lotze », in S. Delcomminette et A. Mazzù (eds.), *L'Idée platonicienne dans la philosophie contemporaine*, Paris, Vrin, 2012, p. 71-95.

Grice, H. P., « The Causal Theory of Perception », in *Proceedings of the Aristotelian Society*, Supplementary Volume, 35, pp. 121-52, 1961.

Holt, E. B. ; Marvin, W. T. ; Montague, W. P. ; Perry, R. B. ; Pitkin, W. B. ; Spaulding, E. G., *The New Realism : Cooperative Studies in Philosophy*, New York, The Macmillan Company, 1912.

Lotze, « Leben und Lebenskraft », (1842) in Wagner, R. (Hrsg.), *Handwörterbuch der Physiologie*, Braunschweig, Vieweg, p. IX-LVIII, 1842-1853 ; republié in Lotze R.H., *Kleine Schriften*, Leipzig, Hirzel, 1885-1891.

Logik, Weidmann'sche Buchhandlung, Leipzig, 1843a.

– « Herbarts Ontologie », *Zeitschrift für Philosophie und spekulative Theologie*, 11, 1843b, p. 203-234.

–, *Quaestiones Lucretianæ* [1853], in *Kleine Schriften*, III, Leipzig, Hirzel, 1891, p. 100-144.

–, *Mikrokosmos. Ideen zur Naturgeschichte und Geschichte der Menschheit*, vol. 1, Leipzig, 1856.

–, *Métaphysique*, (trad. A. Duval), Paris, Firmin-Didot, 1883.

Putnam, H., *Realism with a Human Face*, edited by James F. Conant. Cambridge, Mass., Harvard University Press, 1990 (traduction française : *Le Réalisme à visage humain*, Paris, Seuil, 1994 (trad. C. Tiercelin-Engel), réédition, Paris, Gallimard, 2011).

Reid, T., *An Inquiry into the Human Mind on the Principles of Common Sense*, 1764[1], (ed.) Derek R Brookes, Edinburgh, Edinburgh University Press, 1997.

Russell, B., *The Problems of Philosophy*, Oxford University Press, Oxford, 1912.

Santayana, G., « Lotze's Moral Idealism », *Mind* 15, (58), 1890, p. 191-212.

–, « Three proofs of realism », in Drake, D. (ed.), *Essays in Critical Realism : a Co-operative Study of the Problem of Kknowledge*, London, Macmillan, 1920, p. 163-84.

– *Egotism in German Philosophy*, New York : Scribner's 1915.

– *Scepticism and Animal Faith: Introduction to a System of Philosophy*. New York, Scribner's ; London, Constable, 1923a.

– *The Realm of Essence*, dans *Realms of Being*, vol. 1, New York, Scribner's ; London, Constable, 1923b.

– *Lotze's System of Philosophy* (1899), edited, with an introduction and Lotze bibliography, by Paul Grimley Kuntz, Bloomington, Indiana University Press, 1971.

Spitzer, L., *Classical and Christian Ideas of World Harmony : Prolegomena to an Interpretation of the Word « Stimmung »*, Baltimore, Johns Hopkins Press, 1963.

ANNEXES

De la formation de la notion d'espace

La théorie des signes locaux*

Rudolf Hermann Lotze

[372] Bien des questions se pressent relativement à l'origine de nos notions d'espace, et la plupart sont peu faciles à résoudre. Nulle part, plus que sur ce terrain, on ne trouverait d'hypothèses sans fondement et par elles-mêmes inadmissibles ; nulle part ailleurs on n'a si souvent confondu la solution du problème avec ses données. Nous n'espérons pas beaucoup changer pour l'avenir cet état de choses ; nous nous risquons cependant à présenter quelques considérations générales, qui serviront peut-être à détourner de chemins impraticables et sans issue les chercheurs d'explications. Nous réserverons aux discussions spéciales tout ce que nous ne regardons que comme des hypothèses vraisemblables, et nous ne nous occuperons d'abord que de ce que nous considérons comme maxime indispensable de recherche.

Il faudrait en être resté au génie enfantin des premiers âges pour parler encore *d'images*, qui, se détachant des objets extérieurs, pénètrent dans l'âme par la porte des sens. Nous savons maintenant que tout ce qui est hors de nous reste hors de nous, et que les impressions qui en émanent ne peuvent que déterminer l'âme à puiser dans le fond de sa propre nature les sensations qui répondront à leur appel. Si cela est vrai des qualités simples que nous croyons voir dans les choses extérieures, c'est encore plus vrai des relations dans l'espace que nous attribuons à ces choses.

[373] Nous n'examinerons pas ici les raisons de métaphysique, qui permettent, peut-être à juste titre, de contester la réalité de l'espace ; nous ne nous éloignerons pas non plus de l'ancienne croyance relative à l'immatérialité de l'âme. Supposons donc que dans cet espace réel, qui nous entoure, soit donné un ensemble de points, enfermés dans une courbe quelconque et disposés dans tel ou tel ordre. L'âme n'est ni un milieu sans résistance, ni un milieu étendu, où cet ensemble de points puisse pénétrer et occuper la place qu'il lui faut ; d'ailleurs, à supposer même qu'il parvînt à y entrer, la seule présence de ce système de points, ainsi

* *Revue philosophique de la France et de l'étranger* dirigée par Th. Ribot, deuxième année (tome IV), octobre 1877, p. 345-365 (N.d.E.).

transplanté dans la réceptivité de l'âme, ne serait pas encore la perception que forme notre pensée. On jugera sans doute qu'il est superflu de critiquer à nouveau une erreur qui ne peut plus séduire personne ; cependant, sous les formes les plus subtiles, cette erreur ne cesse pas de se renouveler. On fait observer, en prenant pour exemple l'image formée sur la rétine, que, sur les différents filets nerveux, les excitations causées par les différents points d'un objet se dispersent et se rangent dans un ordre qui correspond à l'ordre des points eux-mêmes. La disposition des points de l'objet n'est, il est vrai, qu'un phénomène du monde extérieur qui n'intéresse pas l'âme et ne l'engage à rien ; mais l'image formée sur la rétine n'est plus extérieure à nous-mêmes ; c'est un composé de mouvements nerveux, dont chacun implique une affection de l'âme ; la position de ces points nerveux en mouvement n'imposera-t-elle pas à l'âme la nécessité de donner les mêmes positions aux différentes sensations qui leur correspondent, dans l'espace qu'elle va se représenter ?

Voilà précisément le préjugé que nous avons à combattre. C'est un mince progrès de ne plus parler de tableaux réels se détachant des objets, et de leur substituer un système de mouvements nerveux, si cependant on persiste à faire entrer dans l'âme ce système tel qu'il est, avec toutes les relations locales de ses parties. Dans ce passage de dehors au-dedans, il doit nécessairement arriver un moment où toute relation géométrique se perd sans laisser de traces et fait place à des relations d'un tout autre genre, qui lient entre elles des impressions purement intensives, sans qu'il subsiste aucune [374] indication d'étendue et de position. Si néanmoins nous connaissons la vraie position des choses extérieures, ce n'est plus par une sorte de tradition, mais par une véritable reconstruction que nous parvenons à cette connaissance. À l'aide de ces impressions intensives, l'âme doit créer de toutes pièces non pas un espace réel, mais cette intuition d'une étendue dans laquelle elle attribuera aux images des différents objets les positions qui leur conviennent. Si l'on ne peut pas construire, on peut du moins concevoir une lentille qui condenserait en un seul point indivisible tous les rayons réfléchis par une surface éclairée ; en ce point il n'y aurait plus à distinguer la position relative des rayons qui s'y trouveraient concentrés et n'y formeraient qu'une clarté unique ; mais au-delà de ce point, les rayons reprendraient leur divergence et dessineraient sur un plan opposé la copie fidèle de la surface donnée. Nous comparons aux rayons qui se dirigent vers la lentille les mouvements nerveux qui tendent à agir sur l'âme ; au point de concentration correspond l'unité de conscience ; seule la reconstruction dans l'âme des relations d'espace d'abord anéanties diffère sensiblement de la divergence des rayons qui n'est que la simple continuation d'un mouvement antérieur. Le symbole nous fait ici défaut ; mais cette comparaison ne devait rien démontrer ;

elle fait voir seulement la possibilité d'un phénomène dont nous allons bientôt déterminer la vraie nature.

Pourquoi ne pas supprimer, dira-t-on, le fondement sur lequel repose cette argumentation, et ne pas attribuer à l'âme cette étendue que nous avons réservée aux objets matériels ? Nous répondrons que nous ne gagnerions rien en adoptant cette hypothèse, du moins si nous tenons à éviter une autre erreur déjà signalée, celle qui consiste à prendre un fait pour la connaissance de ce fait. Supposons en effet qu'une impression p, agissant sur le point A de cette âme étendue, y provoque la sensation π, et que, de la même manière, une autre impression q, en agissant sur le point B, détermine la sensation χ ; ajoutons que les deux sensations π et χ ne restent pas séparées comme si elles appartenaient à deux personnes, mais que, par un moyen quelconque, elles parviennent à entrer dans la même conscience : comment ce fait que [375] leurs points de naissance A et B ne sont pas les mêmes, mais sont séparés par la distance AB, se révélera-t-il à l'attention de l'âme qui doit s'en apercevoir ? L'impression p ne donne origine qu'à la sensation π : et ne fait pas deviner l'autre sensation χ qui dans ce moment peut-être n'existe pas ; de même l'impression q ne produit que la sensation χ ; enfin si p et q agissent simultanément, sans doute l'âme éprouvera à la fois les deux sensations π et χ ; mais comment saura-t-elle que π et χ ne diffèrent pas seulement par la qualité, mais par la position ? Peut-être connaît-elle déjà la situation dans l'espace des points A et B et rapporte-t-elle par suite les sensations π et χ à ces points d'origine ? Mais alors nous supposerions comme déjà donnée cette intuition d'espace dont nous nous proposons précisément d'expliquer la formation, et en outre nous nous heurtons à une nouvelle difficulté. Pourquoi l'âme rapporte-t-elle obstinément la· sensation π au point A et non pas au point B, la sensation χ au point B et non au point A ? Si l'impression π, par hypothèse, est celle d'un rayon de lumière rouge, et l'impression χ celle d'un rayon vert, rien n'empêche que la sensation π ne se produise une fois au point A, une autre fois au point B, de même que la sensation χ pourrait aussi bien paraître au point A et au point B. Ce ne peut donc pas être la qualité des sensations qui détermine l'âme à les localiser ici ou là ; il lui faut un autre signe pour fixer le lieu auquel elle doit, à un moment donné, rapporter une sensation, qui, à un autre moment, se rapporterait à tout autre point. Sans doute c'est justement le fait de la naissance de π en A qui porte l'âme à reconnaître que cette sensation π se produit en A, et elle l'attribuerait de même au point B, si, dans un autre moment, π se produisait en B ; mais pour cela, le premier fait doit différer d'avec l'autre dans les conséquences que son action fait naître dans l'état de l'âme. Car tout ce que doit exister pour l'âme, doit agir sur elle. Les situations des points nerveux, ou bien des points de l'âme étendue, dans lesquels les sensations se produisent, ne constituent, en elles-mêmes, que des faits, qui peuvent être perçus, mais qui ne sont perçus que lorsqu'ils ont su faire impression sur l'âme, et qui sont comme n'existant pas tant qu'ils ne font que subsister sans faire cette [376] impression. Il ne suffit donc pas, suivant l'habitude des physiologistes, de célébrer sans cesse la merveilleuse coordination des filets nerveux, destinée à recevoir, sans la déranger, la multitude des impressions également coordonnées. Il est hors de doute que la nature a voulu tirer parti de cette organisation pour la localisation des impressions ; mais ces dispositions cependant n'expliquent rien par elles-mêmes et ne nous dispensent pas de rechercher comment elles sont en effet utilisées. Ainsi l'hypothèse de l'âme étendue n'offre pas plus d'avantages que celle de l'âme immatérielle. Que nous adoptions l'une ou l'autre, il nous reste toujours à résoudre la première question : comment se fait-il que la position des points excités, points de l'âme ou points du système nerveux, devienne l'objet de cette aperception active, qui, pour une âme étendue, ne devrait pas être moins une et moins indivisible que pour l'esprit immatériel ? Reprenons donc notre discussion. Il est nécessaire qu'il y ait une différence, suivant que les deux sensations π et χ changent de place, ou suivant que les deux excitations p et q agissent sur les extrémités A ou B de la ligne AB qui représente la distance d'un point excité à l'autre. On comprend immédiatement que la production d'une troisième sensation, qui représenterait la grandeur et la direction de la ligne AB, ne pourrait suffire ici : cette sensation ou cette idée serait en effet toujours la même et elle n'apprendrait pas si c'est la sensation χ ou la sensation π, qui, à un moment donné, doit être rapportée à l'une ou à l'autre extrémité de la ligne AB. Il n'y a donc que les sensations π et χ elles-mêmes qui puissent apporter avec elles-mêmes le signe de leur localisation. Mais nous savons, ou nous avons supposé d'après des expériences connues, que des sensations de qualités différentes, par exemple la sensation du rouge, π, celle du vert, χ, peuvent se produire partout et que celle du rouge, π, n'est pas toujours fixée au même point A, pas plus que celle du vert, χ, au point B. Ce n'est donc pas cette qualité de rouge ou de vert qui sera l'indice de localisation des sensations ; elles ne pourront apporter cet indice que comme un signe accessoire qu'elles auront reçu à un moment donné, précisément parce qu'à ce moment même elles ont été provoquées dans tel lieu et non dans tel autre. Le point nerveux A, subissant une excitation quelconque p ou q, ajoutera donc aux sensations ainsi déterminées, π ou χ, ce signe accessoire α, son signe local, qui sera constamment le même, α, quelle que soit la qualité, ou rouge π, ou jaune μ, que représentent les sensations provoquées par l'excitation qu'il a subie ; de même le point B accompagnera de son signe local β, toujours le même pour ce même point, toutes les sensations quelles qu'elles soient, π, χ, μ, qu'une excitation quelconque, p, q, m, produite en ce point, éveillera dans l'âme. Enfin la même sensation, π ou χ, lorsqu'elle sera déterminée simultanément par l'excitation de plusieurs points, A, B, C, recevra les signes locaux de chacun de ces points, et les couples $\pi\alpha$, $\pi\beta$, $\pi\mu$, ou $\chi\alpha$, $\chi\beta$, $\chi\mu$, se substitueront aux simples sensations π et χ.

On ne manquera pas de faire plusieurs questions sur la nature, l'origine et les effets de ces signes locaux. Si l'on demande en quoi ils consistent, l'expérience seule permettra de répondre ; car on ne peut guère supposer qu'ils soient de même nature pour les deux genres de sensations qui se prêtent à une localisation exacte, celles de la vue et celles du toucher. Sans entrer dans la discussion des hypothèses possibles sur ce sujet, nous pouvons du moins donner quelques indications générales qui servent à définir cette sorte de signes ; ce ne sont pas des relations que l'âme ait à interpréter, mais bien des affections que l'âme subit réellement en elle-même. Nous n'affirmons pas qu'on puisse toujours les regarder comme des sensations de même nature que les autres sensations principales, π, χ … auxquelles ces signes s'ajoutent ; ils ressembleront plutôt le plus souvent à ces sensations de fatigue, de langueur ou de vigueur, qui accompagnent l'exercice de notre activité, et qui, quelles qu'elles soient, claires ou obscures, constituent toujours des affections que nous éprouvons, des manières d'être qui indiquent quel est, à un moment donné, l'état de notre santé. Voilà sur quoi il faut insister. Sans doute les signes locaux naissent de mouvements nerveux quelconques, provoqués dans les points où se produit l'excitation, ils ne consistent cependant pas dans ces mouvements physiques, mais dans des affections psychologiques qui en dérivent et sont déjà toutes formées.

Quant à l'origine des signes locaux, il n'est pas difficile d'en concevoir une idée générale. La substance nerveuse ne nous offre pas, dans les différents nerfs, des différences assignables de composition chimique ; peut-être diffère-t-elle davantage par la structure de ses éléments primitifs ; mais c'est encore un problème à résoudre. Toutefois les filets nerveux, disposés ensemble dans le même organe sensitif pour recevoir des impulsions de même genre, peuvent être considérés comme assez semblables l'un à l'autre, pour qu'une impulsion, p ou q, cause dans chacun d'eux le même mouvement physique qui déterminera la même sensation, π ou χ. Cette ressemblance cependant ne va pas jusqu'à l'identité ; non seulement par sa propre structure, mais encore plus par ses relations dans l'espace avec les éléments environnants, un point A peut différer d'un autre point B, et modifier, par conséquent, le mouvement qui lui est imprimé par la même excitation. Ainsi, chaque sensation, produite par une impulsion p ou q, peut être regardé comme la résultante de deux composantes, dont l'une, la sensation π ou χ, dépend de la nature de l'impulsion p ou q et change avec elle, dont l'autre correspond à la structure spéciale du point excité et n'est autre chose que le signe local, ou bien ce mouvement nerveux particulier, qui produira dans notre perception la couleur spéciale, α ou β, s'ajoutant à la sensation, π ou χ, pour en former le vrai *signe local*. En réalité, ces deux composantes ne constituent qu'un mouvement total du nerf excité ; mais la perception, grâce à une aptitude remarquable, les distingue sans parvenir à les séparer. Nous percevons le nombre des ondes sonores sous la forme d'une qualité, qui donne au son sa place dans l'échelle musicale ; l'amplitude des vibrations nous permet de juger de l'intensité du son. Il est impossible d'entendre un son, *ut* ou *ré*, sans aucun degré d'intensité ou un son d'une intensité définie sans qu'il soit pour nous *ut* ou *ré* ; mais en comparant des sons en certain nombre qui affectent successivement notre oreille, nous faisons dans la pensée cette distinction de deux composantes inséparables dans la sensation, et la perception totale d'un son se décompose pour nous en la sensation π, qui marque sa valeur dans l'échelle, et cette sensation spéciale α, qui répond à l'intensité de cette même sensation π. Ces deux éléments ne s'altèrent pas l'un l'autre, ou ils ne le font qu'à un degré négligeable ; l'intensité croissante n'augmente pas la hauteur où le son se place dans l'échelle, et l'abaissement de cette place ne fait pas changer l'intensité du son. On peut donc représenter le total de ce que nous percevons par ce couple de composantes $\pi\,\alpha$, indépendantes l'une de l'autre. En appliquant ces idées au sujet qui nous occupe, il suffit de remarquer que, pour la localisation des sensations, α n'est plus indice de l'intensité qui, dans ce cas, fait elle-même partie de la qualité χ ; ici, α ressemblera davantage à la perception du timbre spécial des sons suivant qu'on les produit avec tel ou tel instrument, et comme ce timbre lui-même ne s'ajoute aux sons qu'accessoirement et sans en altérer la valeur dans l'échelle musicale, notre α, à son tour, sorte de timbre spécial du point nerveux excité, s'ajoute à la sensation principale et plus forte π, correspondante à la nature de l'impulsion p.

Passons maintenant aux effets utiles qui peuvent résulter de l'association de ces deux composantes. Si la même impulsion, p, à un moment donné, produisait l'excitation simultanée de deux points nerveux A et B, sans que la différence de ces deux points pût se faire remarquer par aucun effet accessoire, sans doute l'âme serait provoquée deux fois dans le même instant à se donner la sensation π, mais elle n'aurait ni aucune raison, ni aucun moyen de percevoir comme double de π ce qu'elle percevrait alors ; où il n'y a pas de différence, ni Dieu ni homme n'en saurait apercevoir ; ces deux excitations ne causeraient donc qu'une seule sensation π, peut-être d'intensité double, peut-être aussi augmentée d'une autre manière, mais, dans tous les cas, *une* sensation, sans aucun indice de la répétition du même contenu. Il s'ensuit que toute possibilité de reconnaître comme pluralité un nombre simultané de sensations égales, repose sur ce que ces sensations ne sont pas tout à fait identiques, mais se distinguent les unes des autres par leurs signes locaux, suffisants pour les empêcher de se confondre ensemble, mais incapables d'altérer l'identité de la qualité représentée. Il faut bien se garder ici de tomber dans une erreur assez commune. La présence des signes locaux peut empêcher la perception de [380] confondre les sensations égales ou la forcer à les distinguer ; mais nous avons insisté sur la nature purement intensive de ces signes, et, en niant formellement qu'ils consistent en aucune relation géométrique, nous les avons décrits comme des sentiments n'indiquant qu'une manière d'être, un « comment nous nous portons ».

Comment se fait-il donc que pour localiser les sensations π ou χ, l'âme soit déterminée par la seule addition des signes α ou β qui ne sont pas moins étrangers eux-mêmes à toute notion de lieu ? Que l'addition de ces signes nous force à distinguer les sensations π et χ, nous le comprenons ; mais qu'elle nous force à les distinguer dans l'espace, comment l'admettre ? Il semble qu'on ne le puisse en effet ; mais ce n'est pas une raison pour regarder notre hypothèse comme inutile ou infructueuse. On se tromperait grossièrement au contraire si l'on voulait qu'il en fût autrement, que les signes α et β fussent de nature à nous forcer de distinguer dans l'espace les sensations π et χ.

Il y a, en effet, deux questions qu'il ne faut pas confondre. L'une est de savoir pourquoi l'âme arrange la multitude de ses sensations dans ce cadre de relations géométriques et non dans tel ou tel ordre tout à fait différent, mais dont, par suite de cette habitude merveilleuse d'intuition géométrique, nous n'avons pas la moindre idée.

L'autre question, supposant comme données, dans la nature de l'âme, et la faculté et la détermination de cette disposition des sensations, est simplement de savoir comment fait l'âme pour assigner dans cette intuition de l'espace, qui lui est nécessaire, à chacune de ses sensations sa place déterminée, en correspondance avec l'objet qui en est la cause.

C'est à cette seconde question seulement que nous prétendons répondre par notre *théorie des signes locaux*, et loin de vouloir satisfaire à la première, nous condamnons, comme impossible, toute tentative de résoudre ce problème insoluble. Non seulement ce n'est pas un problème de psychologie physiologique, mais encore tous les efforts que la spéculation philosophique pourrait faire pour en donner la solution demeureraient stériles comme ils l'ont été jusqu'à ce jour. On connaît, sous le nom de déduction de l'espace, ces entreprises [381] téméraires qui, à l'aide d'une dialectique mystérieuse, se flattent de construire l'espace avec ce qui n'est pas l'espace ; elles ont toutes échoué ; ce n'est, en effet, que par des pétitions de principe qu'elles introduisent subrepticement la notion d'étendue, en prétendant l'avoir créée de toutes pièces. Des théoriciens d'aujourd'hui font profession de mépriser toute spéculation mais ils ne sont pas moins désorientés que leurs devanciers : comptant, comme sur le plus puissant talisman, sur la seule expérience, ils s'efforcent de faire produire l'intuition d'étendue et d'espace à une pure association de sensations ; ils échoueront comme les autres. Il ne sera jamais possible d'augmenter un nombre de zéros jusqu'à ce qu'il représente une quantité réelle ; il sera tout aussi impossible de tirer d'une association d'éléments un caractère tout à fait nouveau, dont aucun germe ne puisse se rencontrer dans ces éléments eux-mêmes. Il est difficile d'ailleurs de comprendre l'obstination avec laquelle, sans se lasser, on recommence toujours cette tentative. A-t-on jamais songé à se demander pourquoi les ondes lumineuses se perçoivent sous la forme de couleurs, et non sous celle d'odeurs ou de sons ? Personne, assurément, n'a jamais cru qu'il y eût là un problème à résoudre ; c'est une simple donnée de l'expérience que l'on prend comme telle. Pourquoi ne pas avouer qu'il en est de même de l'intuition de l'espace ? Elle est la forme donnée sous laquelle nous apercevons les relations de certaines multitudes de sensations simultanées ; nous n'avons absolument qu'à déterminer les règles suivant lesquelles nous faisons un usage indéfiniment varié de cette forme générale toujours la même.

Revenons donc à cette tâche, la seule que nous puissions entreprendre et mener à bonne fin. Nous venons de limiter à certaines multitudes de sensations simultanées la localisation opérée par notre imagination. Il y a des cas, en effet, où une sensation principale, π, est associée à un certain nombre de sensations accessoires, α, β, γ, sans qu'il en résulte une localisation dans l'espace des diverses formes de la sensation π, distinguées l'une et l'autre par ces diverses sensations accessoires. Si par exemple α, β, γ, désignent les timbres particuliers de différents instruments donnant tous la même note π, nous croirons peut-être apercevoir une certaine largeur de [382] ce son π, différente de l'intensité plus grande que pourrait lui donner le même nombre d'instruments semblables ; $\pi\alpha, \pi\beta, \pi\gamma$, ne se rangent ni à droite, ni à gauche, ni au-dessus, ni au-dessous. On objectera peut-être que α, β, γ, n'indiquent pas, dans ce cas, des points nerveux distincts l'un de l'autre, où se produisent les excitations correspondantes aux sensations $\pi\alpha, \pi\beta, \pi\gamma$; sans doute, ce sont les mêmes fibres de nerf auditif, qui reçoivent le même son π, quel qu'en soit le timbre. Mais cette objection ne suffirait pas pour écarter la difficulté apparente de ce cas singulier ; les vrais signes locaux, bien qu'ils correspondent à divers points excités, ne peuvent cependant pas crier à l'âme, si l'on peut ainsi parler, quel est le lieu de leur origine. Ils ne sont jamais que des sensations de différentes manières d'être, ne représentant à l'âme que l'âme elle-même, et attendant toujours d'être rapportés, par une interprétation de l'âme, à ces lieux d'origine. On ne comprend donc pas tout d'abord pourquoi les timbres α, β, γ, ne suffiraient pas eux-mêmes pour faire entrer en exercice la faculté localisatrice. Faut-il en chercher la raison dans ce fait que ces timbres ne se rangent pas dans une série telle que d'un point quelconque à l'autre il y ait une distance assignable ? Dans ce cas cette faculté, cette tendance localisatrice, s'il est permis de la supposer, resterait suspendue, ne serait qu'une velléité indécise entre les différentes positions également imaginables, et ne produirait que la vague sensation de cette largeur du son, dont nous avons parlé et qui n'a qu'une faible analogie avec un plan véritable. Quoi qu'il en soit de la non-localisation de ces timbres, la localisation des sensations, pour s'effectuer, exige à coup sûr des signes locaux ce caractère défini de ne pas différer seulement de qualité, mais d'avoir par rapport les uns aux autres, des distances de grandeur et de direction exactement mesurables.

La peau formant un continu, aucune excitation produite par une impulsion quelconque, fut-ce même par la piqûre d'une anguille, ne saurait être circonscrite au point où elle se produit ; il en résulte toujours pour les parties voisines des tensions, des pressions, des déplacements, souvent minimes, parfois considérables. Mais la structure de la peau n'est pas partout identique ; elle varie d'épaisseur, de souplesse ou de [383] rigidité ; l'élasticité surtout, qui préside à la transmission des mouvements d'un point à un autre, dépend de la nature du tissu auquel la peau se superpose, et l'attouchement de telle autre partie qui recouvre une cavité ou la masse molle des chairs. C'est ainsi que la sensation π, résultant de l'excitation p d'un point A, s'entoure d'une onde de sensations accessoires, caractérisée par sa forme, son étendue et la composition de ses éléments, et différente en cela de l'onde qui accompagne l'excitation d'un autre point B. Cependant, pour devenir les signes locaux des points A et B, ces ondes n'ont pas seulement dû se propager par la peau, il leur a aussi fallu faire impression sur les nerfs, qui peuvent seuls en provoquer la perception. Dans les parties du tissu cutané, où viennent aboutir en foule les nerfs sensitifs, ces mouvements internes atteignent le système nerveux conducteur, avant d'avoir, par la difficulté d'y arriver, rien perdu de leur originalité ; deux points, A et B, très-rapprochés l'un de l'autre, se font distinguer, dans ce cas, comme deux points, par la différence de ces ondes, α et β, qui sont leurs signes locaux et sont fidèlement transmise à la conscience. Il faut cependant supposer que cette différence, α-β, ne dépasse pas une certaine limite de petitesse qui la rendrait imperceptible, c'est-à-dire que dans le court intervalle du point A au point B, la structure de la peau varie assez pour donner naissance à deux signes locaux bien distincts l'un de l'autre. S'il n'en est pas ainsi, par exemple, sur les surfaces uniformes, comme les dos, le long des extrémités, l'abdomen, il faut choisir deux points notablement distants l'un de l'autre, pour que, lorsqu'on les excite à la fois, ils fassent naître la sensation de deux points ; il faut quelquefois deux attouchements successifs pour permettre de distinguer deux signes locaux, α et β ; autrement cette différence échappe lorsque ces petites pressions s'exercent simultanément et durent un peu de temps.

On connaît les observations auxquelles nous venons de faire allusion et dont nous ne saurions approuver les explications traditionnelles. Tous les mouvements, dit-on, qui affectent un seul fil nerveux indivisible, ne produisent qu'une [384] seule sensation ; pour en produire deux, il faut que les mouvements destinés à les provoquer soient propagés par deux fils isolés et entièrement séparés l'un de l'autre. Nous ne contesterons pas la première partie de cette thèse, quoique l'on n'ait pas encore démontré l'impossibilité d'obtenir deux sensations avec un seul fil nerveux ; mais comment interpréter la seconde ? Si les deux sensations éveillées sont différentes de qualité, elles seront sans doute perçues comme étant deux sensations ; mais si elles ne diffèrent pas, le seul fait de leur arrivée par deux chemins différents ne peut aucunement assurer leur distinction, car les intervalles, qui séparaient les deux mouvements pendant leur trajet à travers le système nerveux, n'existent plus pour la perception. Il serait puéril de prétendre que l'âme distingue des sensations d'ailleurs égales, parce qu'elle les voit déboucher de leurs fils conducteurs en des points distincts. Ce serait, en effet, lui attribuer comme parfaite et entière, cette faculté de localiser, dont nous cherchons précisément à expliquer l'origine ; seulement, au monde extérieur on aurait substitué, comme objet de cette faculté, l'ensemble des points où les fibres primitives viennent aboutir à l'intérieur du cerveau. Il faut donc, pour que cette distinction de deux sensations soit possible, que l'arrivée des impressions par des chemins divers ne reste pas un fait passé, mais devienne un fait présent et efficace.

Ceci revient à notre manière de voir : il faut qu'il y ait un signe auquel se reconnaisse le lieu d'origine ou d'arrivée spécial à chaque sensation, un signe qualitatif qui s'ajoute à la qualité principale de la sensation. On a cru pouvoir corriger cette hypothèse en ajoutant que la distinction de deux sensations, π et χ, n'exige pas seulement la propagation séparée de deux mouvements, p et q, par deux fils isolés, A et B, mais encore la présence d'un certain nombre, ou d'un nombre indéfini de fils primitifs, M, N, 0, qui, situés entre les fils A et B, n'éprouvent dans le même moment aucune excitation. Les fibres nerveuses non excitées ne manquent jamais à quelque moment qu'on se place ; mais, pour servir à la fin que l'on se propose, il faudrait à l'âme la faculté de discerner que c'est précisément dans les fibres M, N, 0, situées entre A et B que se rencontre cette inactivité si opportune. C'est encore supposer [385] ce que l'on cherche, à savoir la faculté de connaître la position dans l'espace.

Les ondes d'effets accessoires, que nous avons décrites en parlant des excitations de la peau, ne satisfont pas encore aux conditions imposées, selon ce qui précède, aux véritables signes locaux. Composées chacune d'une multitude de mouvements fort petits, elles offrent, comme les odeurs, comme les timbres des divers instruments, des différences de qualités bien marquées ; mais elles ne forment pas un système de termes qui, par l'identité de leur dénomination commune, permettent une évaluation exacte en quantités commensurables. Doit-on en conclure que ces signes ne suffisent pas, par eux-mêmes, à faire localiser les sensations produites par les excitations cutanées ? Nous croyons qu'ils ne suffisent pas. Deux signes α et β, accompagnant la même sensation π, nous autorisent bien à distinguer comme deux sensations les sensations $\pi\alpha$ et $\pi\beta$, mais pas encore à interpréter cette distinction en supposant une ligne dans l'espace dont les extrémités A et B seraient les points d'origine de l'une et de l'autre.

Pour localiser ainsi des sensations, il faut posséder déjà l'image géométrique des contours du corps et avoir appris, par expérience, à quel point A ou B les sensations doivent être rapportées suivant qu'elles sont affectées des signes α ou β. Ce n'est que lorsque cette condition sera remplie, que la pluralité des signes α, β, γ, δ, associés à la même sensation principale π, pourra nous faire imaginer une impression produite à la fois sur plusieurs points de la peau, ou répandue sur tout un continu d'étendue ; c'est ainsi qu'un certain degré de chaleur agissant sur la surface entière du corps nous donne cette sensation remarquable d'une impression faible, mais multiple, bien différente d'une impression unique, concentrée et plus intense.

C'est enfin à la même condition que nous pouvons reconnaître le lieu où se produit une excitation que nous ne voyons pas de nos yeux se produire. Quand nous avons vu une fois un objet extérieur au moment où il agit sur la peau, au point A, le signe α, se joignant dès son apparition à la sensation π, est associé pour toujours à l'image du point A, et toute autre sensation χ, accompagnée du même signe α, sera [386] rapportée à ce même point, sans qu'il soit nécessaire de vérifier par la vue cette localisation aussi sûre que prompte. On voit, d'ailleurs, que ce service modeste rendu par les signes locaux ne manque cependant pas d'importance. En effet, il ne suffit pas d'avoir vu l'excitation p agir sur le point A ; car, dans le cours de la vie, cette même excitation p aura pu successivement agir sur beaucoup de points, A, B, C, D, et la sensation π se renouvelant seule, sans être accompagnée d'un signe α ou β, ne nous permettrait pas de reconnaître auquel de ces points elle devrait être rapportée chaque fois.

Les signes accessoires qui sont attachés aux excitations cutanées n'expliquent pas, sans le secours de la vue, cette localisation exacte, et cependant les aveugles-nés sont eux-mêmes capables de la faire. Il doit donc y avoir, à défaut de la vision, un autre moyen d'assurer cette localisation : nous le trouverons en étudiant nos mouvements. Comme nous sommes convaincus que c'est précisément à cette autre source d'informations que la vue elle-même est redevable de la sûreté de ses perceptions géométriques, nous allons tracer en peu de mots les lignes principales de l'hypothèse que nous avons formée à ce sujet.

Supposons trois points donnés dans l'espace, colorés en vert, π, et disposés en forme de triangle, ou bien substituons tout de suite à ces points réels, leurs trois images réfléchies sur la rétine et disposées de la même manière. Qu'il soit bien entendu, une fois pour toutes, que ce simple fait de la reproduction des images sur la rétine n'équivaut pas à la connaissance de ce fait. En quoi consistent alors les signes locaux α, β, γ, qui nous permettent de distinguer comme trois sensations, les sensations $\pi\alpha, \pi\beta, \pi\gamma$, et en même temps nous forcent à nous représenter l'image de ce triangle définit ? On sait que la réceptivité, pour les actions lumineuses, a son maximum dans une région ε, très limitée de la rétine, région qu'il est permis de considérer comme située sur l'axe horizontal de l'œil ; à partir de cette région, et à mesure qu'on se rapproche des bords de la rétine, la sensibilité diminue rapidement. On sait encore qu'un rayon de vive lumière, touchant une des parties latérales de ce tissu nerveux, fait tourner le globe entier de telle sorte que le point central ε, où [387] la sensibilité est la plus grande, vient se substituer au point d'incidence moins favorable que le rayon avait d'abord frappé. Ce mouvement de rotation s'opère involontairement, sans conscience du but et surtout sans conscience des actions musculaires qu'il faut combiner pour atteindre ce but ; nous avons donc lieu de le regarder comme un mouvement réflexe produit, à l'insu de notre âme, par suite de l'irritation des fibres sensibles à la rétine, transmise aux nerfs moteurs du globe oculaire. Ainsi pour amener le point ε à la place du point A, premier point d'incidence du rayon, il faudra une rotation de l'œil, εA, définie et différente de toute autre, qui, provoquée par l'excitation des points B ou C, par exemple, ferait parcourir au point ε l'arc εB ou εC. De plus, ces rotations ne diffèrent pas seulement de qualité, comme les odeurs ou les timbres, mais chacune d'elles ayant lieu autour d'axes constants, et ne différant que de grandeur, on peut les considérer comme des termes comparables d'une série, séparés l'un de l'autre par une distance définie et exactement mesurable. Ainsi, toutes les fois que le rayon qui agit sur le point A produira une impression plus vive que celles dont le reste de la rétine est affecté au même moment, le mouvement εA sera exécuté ; mais si trois rayons agissent avec la même force simultanément sur les trois points A, B, C, ni l'un ni l'autre des trois mouvements $\varepsilon A, \varepsilon B, \varepsilon C$, ne s'accomplira, et l'œil restera en repos malgré les excitations qu'il subit. Les mouvements intérieurs des fibres nerveuses A, B, C, qui auraient provoqué les rotations $\varepsilon A, \varepsilon B, \varepsilon C$, ne se perdent cependant pas dans ce cas ; ils persistent en se faisant équilibre l'un à l'autre et en produisant sur l'âme les impressions qu'ils auraient produites s'ils avaient été seuls, et sans que la coexistence des autres les contrarie. Or, comme dans les expériences antérieures, ces impressions ont été suivies des rotations effectives εA, εB, εC, elles rappellent à la conscience les images de ces mouvements, et ainsi se trouvent constitués les signes locaux α, β, γ, qui sont les idées reproduites dans l'imagination des mouvements à faire pour transporter les excitations des points A, B, C, au point ε où la sensibilité est éminente, c'est-à-dire pour leur donner le maximum possible de clarté et de vivacité. Comme ces mouvements sont [388] d'ailleurs exactement définis en grandeur et en direction, les signes locaux α, β, γ, permettent à la perception de mesurer, l'œil restant en repos, la grandeur et la direction de la distance qui sépare, dans le champ de la vision, les impressions A, B, C du point ε où elles seraient le plus vives.

Nous n'entrerons pas ici dans la discussion interminable des difficultés que l'on soulèverait, en appliquant cette hypothèse à tous les problèmes qui peuvent s'offrir dans la merveilleuse fonction de la vision. Mais nous devons examiner quelques objections fondamentales qu'on pourrait lui opposer. Nous nous sommes quelquefois servis, pour abréger, de l'expression *tendances* au mouvement pour désigner les signes locaux ; on a critiqué cette expression comme ambiguë et incompatible avec les notions précises que la mécanique doit appliquer aux phénomènes physiques. Nous ne nous attendions guère à cette objection, car nous pensions avoir distingué, sans équivoque, les mouvements physiques, qui opérant dans les nerfs, des affections psychiques correspondantes. Nous croyons devoir soutenir cette distinction en face de ceux qui parlent de mouvements psychophysiques et nous semblent ainsi poser en principe la confusion qu'on nous reproche d'avoir admise par négligence.

Ce qui s'opère dans les nerfs alors que, leurs excitations se faisant équilibre les unes aux autres, ils ne produisent pas de mouvements, nous ne saurions le décrire, car personne ne connaît la forme des processus nerveux ; mais, dans tous les cas, ce n'est là qu'un de ces phénomènes physiques que la mécanique des corps a le droit de faire rentrer dans son domaine ; nous n'avons jamais oublié d'en donner cette définition formelle. Si donc, en regardant à l'effet que ce phénomène aurait pu produire, mais ne produit pas, on parle de tendance au mouvement, on altère aussi peu cette définition qu'en appelant tendance à tomber la pression d'un poids qui ne tombe pas parce qu'il est soutenu. Mais nous avons pu parler, nous l'avouons, sans nous douter de la possibilité d'un malentendu ; cela ne nous arrivera plus. Ce qui se passe dans les nerfs ne peut servir de mobile qu'à une *rotation*, c'est-à-dire à un phénomène du monde physique ; les affections psychiques, qui en proviennent, méritent seules le nom de signes locaux, car elles seules peuvent [389] provoquer la *localisation*, qui est un acte d'imagination sans aucun rapport de ressemblance avec un mouvement quelconque et n'est en aucune manière mesurable d'après les notions de la mécanique des corps.

Mais ces affections psychiques, que nous avons dû supposer, existent-elles réellement ? Peut-on par la réflexion, par l'observation du moi, vérifier notre hypothèse ? ·Nous avons eu, nous le reconnaissons, beaucoup plus d'hésitation à l'affirmer que ceux qui ont adopté dans ces derniers temps la même théorie. On parle aujourd'hui de sensations d'innervation comme de faits suffisamment démontrés. Sans doute une excitation produite sur un organe quelconque peut être perçue toutes les fois que, manquant son premier effet, elle en produit cependant d'autres capables d'éveiller la susceptibilité des nerfs sensitifs. L'intention, par exemple de courber le bras, peut être contrebalancée par une force extérieure, et le bras ne remue pas ; néanmoins la contraction musculaire, qui devait suivre, s'est opérée et provoque une sensation que nous croyons être celle de l'innervation restée sans effet. En vérité, dans ce cas, nous ne nous apercevons pas de l'action de notre volonté s'exerçant dans les membres et tendant à y produire un effet, mais bien plutôt de l'effet déjà produit, de cette altération de l'état des muscles qui n'est devenue infructueuse que par la résistance opposée. Si au contraire l'innervation restait sans aucun effet, je ne pense pas que nous puissions éprouver aucune *sensation*, tout en ayant conscience de notre velléité d'agir. Quoi qu'il en soit, nous n'avons pas besoin de décider ici cette question ; car nous ne considérons pas les signes locaux comme devant servir de point de départ à une innervation ; ils le font, sans doute, dans le cas où l'impression à laquelle ils s'associent surpasse en vivacité celles qui sont données dans le même moment ; mais alors la rotation s'effectue et il n'est plus question de la sensation d'une tendance sans effet. Dans les autres cas, où l'œil reste en repos, ses excitations se balançant l'une l'autre, cette affection psychique, que nous nommons signe local, n'est pas la source d'une innervation à venir, mais l'effet même d'une autre innervation passée ou persistante, savoir de celle qui a été produite dans la rétine par les actions lumineuses. Il ne s'agit [390] alors que de cette question : la multitude d'affections psychiques qu'il nous faut supposer pour comprendre la localisation simultanée d'un très grand nombre d'impressions, coexistent-elles en nous et pouvons-nous les découvrir par l'observation ? Est-ce vraisemblable ? Il serait un peu enfantin de répondre comme Diogène qui, en marchant, prouvait la possibilité du mouvement ; on ne peut espérer, en roulant les yeux, de ressentir toutes les affections, si elles sont réelles, ou se convaincre qu'elles n'existent pas, si on ne les ressent pas ; peut-être ne sont-elles plus objets de conscience, ou ne se prêtent-elles pas à l'observation directe. D'un autre côté nous ne méconnaissons pas, en parlant ainsi, l'incertitude et l'arbitraire de toute hypothèse par laquelle on suppose des phénomènes qui, existant dans l'âme, y existent à l'insu de l'âme. L'on n'a certainement pas le droit d'admettre de tels états inconscients à moins de les assimiler aux idées oubliées et reparues, seuls exemples qui prouvent la persistance dans l'âme de ce qui ne persiste plus dans la conscience. Or, je crois que, dans le cas dont il s'agit, nous avons ce droit. Voyez ce musicien qui, après un rapide regard jeté sur les notes d'un morceau de musique, presque au même instant, fait les mouvements nécessaires pour sortir d'un instrument très compliqué la suite de sons qui correspond à ces notes ; saurait-il trouver en lui, par la simple observation de ce que sa conscience lui révèle, une perception distincte de toutes les idées intermédiaires, indispensables cependant pour faire suivre à l'image des notes entrevues, cette autre image de l'endroit où il faut toucher l'instrument, et à celle-ci l'idée du mouvement à faire pour atteindre cet endroit ? Assurément il n'a pas une pareille perception ; mais il se souviendra d'un long temps d'apprentissage, pendant lequel en effet la série de ces idées se succédait en lui, lentement, à grand-peine, pour donner enfin naissance à cette habitude qui ressemble aujourd'hui à un instinct naturel et inconscient.

Nous sommes persuadés qu'il en est de même de la location de nos sensations. Elle semble à présent se faire subitement, à l'instant même où nous ouvrons les yeux ; au début de la vie, cette aptitude ne s'est développée qu'à l'aide d'une série d'expériences, qui, si nous pouvions les reproduire, [391] nous ferait voir comme autant d'objets de la conscience de l'enfant, tous ces intermédiaires devenus imperceptibles pour la conscience de l'homme fait. On pourrait objecter que cette manière de voir serait applicable aux enfants ; mais que plusieurs animaux, comme l'oiseau au sortir de l'œuf, par la promptitude avec laquelle se développe leur faculté de localiser, rendent invraisemblable l'hypothèse d'un si long apprentissage. Pour parler ainsi il faut croire qu'on en sait plus qu'on n'en sait. Il n'est aucunement prouvé que l'oiseau nouvellement né, en dirigeant ses mouvements vers le grain d'où un rayon est venu frapper le milieu de sa rétine, comprend dès ce moment, dans un plan commun du champ de la vision, les images de tous les autres objets qui entourent ce grain ; la maturité précoce que nous attribuons à sa faculté de localiser se réduit peut-être à la sûreté d'un mécanisme d'actions réflexes, qui le force à s'acheminer promptement vers les objets situés dans la direction de son axe de vision.

Revenons maintenant sur nos pas. Nous avons prétendu que les sensations de la peau toutes seules ne suffiraient pas à nous donner l'idée distincte de l'espace, qu'elles provoqueraient cependant en certains cas l'imagination obscure d'une certaine largeur qui ne serait pas sans quelque analogie lointaine avec la notion de l'espace. Comment faut-il l'entendre ? Faut-il dire que la tendance à disposer les sensations dans l'espace est inhérente à la nature de l'âme et ne manque parfois de produire son effet que faute des conditions nécessaires pour la diriger ? Ou bien faut-il croire qu'il appartient seulement à la vue de donner cette forme à une multitude, et que les autres sens ne font que lui emprunter cet arrangement pour l'employer autant que possible à combiner des sensations incapables de s'y soumettre définitivement ? Il serait bien difficile, mais il n'est pas indispensable de se prononcer. Dans tous les cas, comme la vue est le sens dans lequel la tendance localisatrice se manifeste de préférence, on peut rechercher à quelles heureuses conditions elle doit cet avantage.

À cette question s'en ajoute une autre qui mérite aussi d'être examinée. Nous avons trouvé dans la nature purement qualitative des sensations de la peau la raison qui empêche de les considérer comme les termes d'une série à différences [392] appréciables ; mais l'échelle des sons présente ces degrés exactement mesurables, sans que nous puissions pour cela, autrement que d'une manière symbolique, imaginer une véritable ligne suivant laquelle se disposerait cette multitude de termes dont la distinction est si précise. Il faut donc que le caractère de série à termes exactement mesurables, caractère qui appartient aussi, comme nous l'avons vu, aux signes locaux de la vision, ne suffise pas à faire comprendre pourquoi la vue manifeste à un si haut degré la tendance d'imaginer comme relations déterminées dans l'espace ce qui n'est donné que comme relations de nombre. Il doit y avoir ici quelque chose encore qui favorise cette traduction d'une langue dans une autre, puisque cette aptitude est refusée aux autres sens. On sera sur le chemin de la vérité si l'on cherche ce quelque chose dans la perception simultanée d'une pluralité d'impressions ; mais ceci demande une explication un peu approfondie. Imaginons un animal qui ne possède pour tout organe des sens qu'une fibre nerveuse mobile terminée par un seul point sensible et recevant l'une après l'autre les impressions π, χ, μ. Supposons encore que les positions successives de ce point sensible A, B, C, se trahissent dans l'âme par les sensations musculaires, comme on dit, α, β, γ. Quand cette fibre dans sa position A, touche à un objet p, il en résulte pour l'animal la sensation π jointe à α, signe local de la position A ; cette combinaison $\pi\alpha$ sera remplacée par l'autre, $\chi\beta$, quand, passant de A en B, la fibre rencontrera l'objet q. Comment cet animal peut-il connaître le fait qui se révèle à lui par le changement de α en β, lié au changement de π en χ ? Nous le savons, c'est par un mouvement de la fibre ; mais les sensations α et β, bien que dépendant de l'exécution de ce mouvement, ne sont cependant que des sensations qui font bien connaître à l'animal son état actuel, un « comment il se porte », mais ne lui apprennent rien sur leur origine. Si l'on en appelle à la régularité avec laquelle ces sensations α, β, γ, croissant ou décroissant, se révèlent comme termes d'une série, nous répondrons que nous nous trouvons absolument dans les mêmes conditions quand nous parcourons en chantant les divers degrés de l'échelle musicale. Si α désigne la sensation d'une certaine tension que nous avons donnée aux organes de [393] la voix pour produire le son π, les sensations β, γ, δ, seront aussi des indices de tensions régulièrement croissantes qui accompagne les sons plus aigus χ, μ, ν ; mais les transitions de α à β, de β à γ, sont loin de nous donner l'idée d'un mouvement fait pour rencontrer les sons π, χ, etc., comme s'ils étaient disposés en différents lieux de l'étendue. Nous en concluons que notre animal, s'il n'a le secours d'une révélation d'en haut, ne devinera jamais que le phénomène mystérieux, qui consiste dans la succession des sensations $\pi\alpha$, $\chi\beta$, $\nu\gamma$, est l'effet du mouvement de son organe sensible entrant successivement en contact avec les objets permanents p, q, n, qui occupent des lieux différents dans un espace où ils sont tous renfermés. C'est là la conséquence nécessaire de notre hypothèse : il n'y a pas possibilité de localisation, si l'organe, ne recevant qu'une seule impression dans le même moment, doit entièrement perdre la première pour recevoir la seconde.

Voyons maintenant l'hypothèse contraire. La rétine, composée d'un nombre infini de points sensibles, permet à une multitude d'objets, p, q, r, s, t, ... de faire à la fois impression sur elle ; des sensations ainsi produites, $\pi\alpha$, $\chi\beta$, $\nu\gamma$, ... nous ne considérons qu'un petit nombre, en les désignant, pour abréger, par les mêmes signes que les objets, p, q, r, ... Une petite rotation de l'œil empêche les rayons de p de pénétrer jusqu'à la rétine et donne libre accès à d'autres, qui, partant de t, n'avaient pu, jusqu'à présent, traverser le globe de l'œil. Mais pendant que l'image de p disparaît et que la nouvelle sensation t se produit, les autres impressions déjà faites, q, r, s, persistent dans la conscience. Elles ne persistent cependant pas sans subir quelque altération. Le maximum de clarté, qui, au commencement de ce mouvement, portait sur l'image r, grâce à l'excitation du point ε de la rétine, le point de sensibilité éminente, a passé, par l'effet de la rotation, à l'image s, et passera, le mouvement se continuant, aux images t, u... ; d'autre part, les impressions q, r, s'affaiblissent peu à peu, et ne disparaissent entièrement qu'après être restées quelque temps simultanées avec s, t. En ne considérant que ce qui se passe dans l'œil, nous aurions pu dire que la série des excitations [394] p, q, r, s, t... pendant la rotation, va perdre à gauche le terme p et s'augmenter à droite du terme t. En regardant ce qui se passe dans l'âme elle-même, nous ne pouvons pas nous exprimer ainsi ; car, pour la perception, il n'y a encore qu'une succession de groupes à termes simultanés, mais variant d'énergie, et combinés de telle sorte que chaque groupe dérive de l'autre d'après une analogie constante.

Nous avons déjà vu, et nous le répétons ici, que rien au monde ne pourrait nous faire comprendre, pourquoi ce système de sensations, qui n'implique encore aucune notion d'espace, devrait nécessairement être perçu sous la forme de l'espace, comme un système de relations dans l'étendue ; mais si l'on suppose dans la nature de l'âme une faculté, une tendance à percevoir les impressions sous la forme de l'espace, voilà les conditions que l'on ne saurait imaginer sans s'attendre à ce qu'elles provoquent l'exercice de cette tendance. En répétant ces rotations du globe de l'œil, en les dirigeants de droite à gauche, ou de gauche à droite, en retrouvant toujours la même liaison des impressions, en apercevant la persistance d'un groupe central par rapport aux termes qui vont et viennent, nous nous persuadons que la succession n'est qu'en nous-mêmes, que la coexistence est dans la chose et que ce qui cause le changement de nos sensations ne consiste que dans la diversité de nos relations par rapport à des objets permanents du monde extérieur. C'est en ces termes que l'on peut exprimer la notion pour ainsi dire abstraite de ce que l'espace est sous forme d'intuition. Ajoutons enfin qu'il y a aussi pour les sensations de la peau quelque chose qui ressemble à ces conditions favorables pour la localisation des sensations. Elle aussi elle possède d'innombrables points sensibles ; mais les mouvements, nécessaires pour en apprécier les positions, ne sont pas possibles à ces points immédiatement, comme ils le sont à ceux de la rétine, et il faut que le concours d'organes mobiles supplée à ce défaut. La main glissant sur la surface d'un corps, reçoit à la fois, comme la rétine, un grand nombre d'impressions. Quand elle en perd une, p, par suite de son mouvement, elle ne perd pas tout ; les autres q, r, s, persistent, et la nouvelle, t, vient s'y joindre ; c'est ainsi que le tâtonnement combiné avec la sensibilité [395] de la peau peut servir à l'aveugle-né pour qu'il se forme, lui aussi, une intuition de l'espace, mais qui n'est peut-être pas entièrement identique à celle que la vision rend possible.

Nous ajouterons une dernière remarque. Dans le cours de cette discussion, nous nous sommes permis de distinguer l'intuition générale de l'espace, innée pour ainsi dire, et l'application que nous en faisons pour localiser les impressions. Ce n'est là cependant qu'une manière de parler, qui, prise au pied de la lettre, rappellerait une distinction attribuée à l'une des distractions habituelles du célèbre Galetti : « Le lendemain de la mort de Marie Stuart, la reine Élisabeth entra au parlement son mouchoir dans une main et ses larmes dans l'autre ». On ne saurait imaginer qu'avant d'avoir reçu des impressions extérieures l'âme déploie, comme un filet pour y prendre tout ce qui y tombera, l'intuition d'un espace infini à trois dimensions, toute formée et déjà achevée ; il se présenterait de nouveau la question de savoir comment on peut faire entrer les impressions en cette sorte de piège tendu dans un monde où elles ne sont pas encore. La faculté de répondre à l'impulsion des ondes lumineuses par la sensation du vert et du rouge, ne se comprend que comme une manière de réagir propre et innée à la nature de l'âme et ne donnant lieu à aucune déduction quelconque ; après avoir éprouvé ces sensations, nous en tirons l'idée générale de couleur ; mais assurément nous ne possédons pas d'abord cette notion générale comme un moyen à l'aide duquel nous puissions concevoir le rouge et le vert, ou ranger les couleurs d'après leur affinité, le rouge plus près de l'orangé que du vert. Il en est de même de l'espace. Nous n'en avons pas d'abord l'intuition vide, pour y disposer ensuite les images de ce qui peut faire impression sur nous ; mais réagissant, selon les lois de la nature, contre les excitations déjà subies, nous commençons par localiser une impression *p* près d'une autre *q*, en imaginant une ligne *mn*, qu'on peut appeler élément de l'espace futur, mais non pas une ligne dans l'espace, car cet espace entier, dans lequel elle pourrait être tracée, n'existe pas encore. C'est plus tard, en observant ce que nous avons fait ou ce qui s'est fait en nous, que nous nous apercevons de la possibilité de réunir deux de ces lignes, *pq*, *rs*, par [396] deux autres *pr* et *qs*, et continuant ces observations, nous acquérons la conviction que cette possibilité de combiner, de lier des points donnés n'a pas de borne ; alors est formée l'intuition de l'espace infini ; c'est le résultat de la combinaison des réactions élémentaires innées dans l'âme, et lui appartenant, comme on dit, *a priori*.

La délimitation des concepts[*]

Rudolf Hermann LOTZE

§ 169. Certains besoins de la recherche peuvent nous inciter à traquer un groupe de caractères *ikl* à travers tous les objets – par ailleurs différents – dans lesquels il se présente, et à étudier l'influence que leur présence exerce sur l'ensemble des autres caractères de ces sujets multiples. Le succès même de cette comparaison nous renseigne alors quant à la question de savoir si la présence d'*ikl* modifie de façon remarquable – et, plus exactement, de manière égale – les autres caractères que possède chacun de ces sujets en vertu de son concept générique. Si c'est le cas, nous formons souvent, à partir d'*ikl* et de la représentation d'un sujet plus ou moins déterminé, un nouveau concept générique *M*, et nous considérons tous les contenus de représentation dans lesquels *ikl* se présente comme des espèces de ce concept générique. Mais il n'est pas rare – et cela se produit toujours dans le cas contraire – que nous nous contentions d'appréhender *ikl* comme l'une des innombrables conditions variables qui, en agissant sur d'autres contenus de représentation, entraînent en ceux-ci certaines modifications, mais qui ne forment pas pour elles-mêmes un concept propre, auquel les exemples rencontrés devraient être subordonnés comme des espèces. Maintenant, la langue vivante, en forgeant sa précieuse réserve de mots, croit avoir déjà séparé depuis longtemps les deux cas auxquels convient l'un ou l'autre procédé. Bien sûr, elle admettra qu'en approfondissant la recherche, on découvrira encore plusieurs groupes de caractères *ikl* qui exercent une influence si décisive sur le comportement global de chaque concept qui les contient que cela mérite qu'on forme, à partir de ce groupe, un concept générique propre *M*, et qu'on le désigne au moyen d'un nom. En réalité, la langue s'enrichit aussi constamment de nouvelles appellations [213] pour des représentations nouvellement découvertes de cette manière. Par contre, la langue vivante affirmera aussi que cette désignation n'est sans valeur pour aucun des concepts qu'elle a déjà trouvés et fixés par la création d'un nom ; chaque nom signifie plutôt effectivement quelque chose de

---

[*]   « Von der Begrenzung der Begriffe », in R. H. Lotze, *Logik. Drei Bücher vom Denken, vom Untersuchen und vom Erkennen*, Leipzig, Hirzel, 1874 (réédité par G. Misch, 1912), p. 212-232 (*N.d.T.*).

cohérent en soi [*etwas in sich Zusammengehöriges*], qu'il sépare à bon droit, en tant que tout bien délimité, de tout autre contenu également cohérent en soi.

§ 170. Or, ce sont ces concepts donnés dans la langue traditionnelle que notre pensée doit gérer, non seulement parce que nous ne possédons aucun moyen de nous entendre en dehors des mots qui sont forgés pour désigner ces concepts, [mais] plus encore [parce que] cette précieuse réserve de mots contient le résultat condensé de la réflexion que l'esprit humain a depuis toujours dirigée sur le monde du représentable, et nous pouvons présumer que la même pulsion qui a conduit le langage à fixer les concepts s'imposera aussi à nous si nous répétons cet effort. Cette pulsion, si naturelle soit-elle pour l'homme, laisse pourtant aussi place au doute, comme en témoigne le conflit fréquent qui surgit lorsque nous appliquons les concepts qui ont été formés de cette façon. Lorsqu'il s'agit ainsi d'affirmer ou de nier un p d'un quelconque S, l'un soutient que S est une espèce de M et que c'est pourquoi il se caractérise par p ; un autre objecte que S n'est pas un M et donc n'est pas non plus un p ; un troisième admet que S n'est pas un M mais un N, tout en soutenant que cela ne change rien et que ce qui caractérise M vaut aussi de N ; un quatrième soutient que la différence entre M et N fonde aussi une différence entre eux à l'égard de p. Le conflit qui est ici visible s'étend à deux tendances opposées qui dominent toute notre pensée : l'une exagère la différence découverte jusqu'à en faire une différence inconditionnelle et, en adoptant le discours bien connu consistant à y voir quelque chose de tout autre, elle se refuse à transposer un quelconque principe d'évaluation d'un cas a à un deuxième cas b, qui lui serait semblable mais non identique ; cette tendance aboutit ainsi, dans la vie et dans la science, au principe de pédantisme et de philistinisme ; l'autre tendance insiste sur la valeur conditionnée de cette différence, sur le fait qu'elle n'est pas inconditionnée et, avec le slogan sinistre selon lequel au fond tout est un, elle brouille toutes les limites fermement établies qui séparent les extensions de concepts différents, et du même coup aussi les fondements de droit qui [214] rattachent certains prédicats à certains sujets exclusivement et non à d'autres ; ainsi aboutit-elle, dans la pensée et dans l'agir, à un principe de libertinisme également préjudiciel. Un coup d'œil sur ces aberrations éveille *grosso modo* le besoin de voir clairement quelles raisons nous autorisent à diviser l'ensemble du fonds du représentable en concepts déterminés, où par suite il faut tracer les lignes frontalières de leurs domaines de souveraineté, et enfin quelle valeur il convient d'attribuer aux distinctions ainsi faites.

§ 171. La réponse à ces questions, là où elle est la plus facile et la moins urgente, à savoir s'agissant des contenus simples des sensations sensibles, conduit déjà à des rapports très variés. Nous avons le droit d'admettre une différence *complète* entre des contenus simples A, B et C, lorsque (d'abord) nous ne pouvons pas nous représenter de membres intermédiaires par lesquels ce qui est propre à l'un passerait graduellement dans ce qui est propre à l'autre, lorsque (ensuite) nous ne pouvons penser aucun mélange de deux d'entre eux qui donnerait un nouveau contenu simple, et lorsque (enfin) l'opposition entre eux ne présente pas de degrés qui permettraient d'évaluer l'étendue de la différence entre A et B comme étant plus grande ou plus petite que l'étendue de la différence entre A et C ou entre B et C. Ces rapports – ou plutôt, cette absence de tout rapport susceptible d'être indiqué – trouvent place entre la couleur A, le son B et l'odeur C. Pour désigner ces contenus, on peut conserver l'ancienne appellation de contenus *disparates* ou incomparables. Et ce rapport de disparité n'est pas modifié par diverses considérations auxiliaires. D'abord, il n'est pas modifié en indiquant que ces trois contenus n'ont d'effectivité qu'en tant qu'états de notre conscience. Certes, ces contenus désignent tous des sensations et, d'après l'usage des termes en logique, des espèces de sensation. Seulement ils ne sont pas subordonnés au concept général de sensation comme à un concept générique supérieur qui contiendrait une loi quelconque relative à leur formation. Si l'on pense l'image d'un triangle à angle obtus en la subordonnant au concept général de triangle, on trouve en celui-ci une règle de formation dont il suffit de varier l'application à l'intérieur de ses limites propres pour remarquer que, outre des triangles de ce genre, il y a aussi des triangles à angle droit et à angle aigu. Par contre, si l'on subsume la couleur sous l'élément général de la sensation – car seule la subsomption est possible ici, non la subordination[1] – on ne pourra jamais déduire de ce terme général que, outre les couleurs, il y a encore des sons et des odeurs. Bien que [215] donc les couleurs, les sons et les odeurs soient, d'après l'expression habituelle, des genres de sensation, ils demeurent néanmoins, à l'intérieur de l'extension de ce terme général, complètement disparates l'un envers l'autre. De plus, en tant qu'états, mouvements ou ébranlements de l'âme, ces divers genres de sensation peuvent susciter certains effets annexes comparables ; c'est pourquoi l'on peut comparer une certaine couleur a_1 à un certain son b_1 ou à un goût c_1 : mais ce qui suscite ces effets comparables demeure néanmoins en soi tout à fait incomparable. Et il faut opposer la même chose à la physique et à la physiologie, lorsqu'elles reconduisent les processus qui ont lieu dans le monde extérieur ou ceux qui ont lieu dans nos nerfs, qui sont nécessaires

---

[1] Sur cette distinction, voir notamment R. H. Lotze, *Grundzüge der Logik und Encyklopedie der Philosophie*, Leipzig, Hirzel, 1883, § 16, p. 13 : Lotze parle de *subordination* lorsque le contenu d'un concept peut être intégralement rangé sous un autre et de *subsomption* lorsqu'il peut l'être partiellement. « L'or (l'argent, le bronze, etc.) est un métal » exprime une relation de subordination, mais « l'or (le souffre, le sucre, etc.) est susceptible de fondre » ou « est soluble » exprime une relation de subsomption (*N.d.T.*).

à l'apparition des différentes classes de sensations, aux mouvements comparables d'éléments matériels qui peuvent même, le cas échéant, être fortement apparentés. La physique et la physiologie ne doivent alors pas conclure toutes deux par l'affirmation étrange : *donc, ces sensations ne sont en fait nullement différentes qualitativement*, mais bien par l'affirmation correcte : *en dépit de la ressemblance des modes d'apparition, il n'y a pas la moindre ressemblance entre ce qui apparaît*. Il ne peut y avoir de doute là-dessus que dans la mesure où l'auto-observation impartiale, qui doit seule décider ici, laisse la place à un doute de son côté. C'est le cas pour le goût et l'odeur. Les deux ont sans aucun doute l'aigre en commun ; mais leurs autres sensations semblent aussi former un groupe cohérent [*zusammenhängende*], si ce n'est que certains membres de ce groupe ne sont produits que par des stimuli liquides, d'autres par des stimuli gazeux ; étant ainsi partagées selon différents organes, les sensations des deux sens, en soi de même genre, ne se distinguent peut-être que par des sensations annexes qui dépendent de l'état, de la configuration et des modes fonctionnels de l'un ou de l'autre des organes stimulés. Trancher cette question n'est pas l'affaire de la logique ; elle a seulement ici à dénoncer les conceptions fallacieuses en rappelant que l'on ne doit jamais se laisser aller à contester, de manière sophistique et en contredisant la perception immédiate, l'incomparabilité de deux contenus pris pour ce qu'ils *sont*, en invoquant la ressemblance de ce qui les *fonde* ou de ce qui en *découle*.

§ 172. C'est à une remarque semblable que me conduit l'autre question, qui n'est pas de savoir de quel droit nous pouvons séparer *A* et *B*, mais de quel droit nous pouvons réunir ce que nous rassemblons sous *A*. On a longtemps brillé avec l'ennuyeux paradoxe d'après lequel blanc et noir [216] ne seraient pas des couleurs pour la seule raison qu'ils ne dépendraient pas, comme les couleurs du prisme, d'un nombre déterminé de vibrations lumineuses. Le développement récent de l'optique physiologique a rendu cette raison caduque ; mais même si cela ne s'était pas produit, on n'aurait aucun droit de se rendre ainsi maître de la langue. Bien avant que l'on sache quoi que ce soit des causes qui occasionnent nos sensations, la langue avait créé les noms de couleur pour un groupe de contenus qui, par une communauté de genre [*Gleichartigkeit*] immédiatement ressentie et incontestable, par le fait qu'ils *apparaissent*, s'entre-appartiennent mutuellement et se démarquent des sons qui *résonnent* ou retentissent et des odeurs qui *exhalent*. Quoi qu'il en soit, quand bien même on estimerait que le terme d'« apparaître » conviendrait au blanc et non au noir, on ne peut pas contester avec de simples mots que tous deux partagent malgré tout avec les autres couleurs le trait fondamental commun qui est ainsi désigné imparfaitement. La langue était donc parfaitement autorisée à aller à l'encontre de l'avis des érudits et à inclure le blanc et le noir dans l'extension de la couleur. Cet abus de pouvoir de la théorie, qui n'est pas toujours inoffensif, se rencontre aussi ailleurs. La chimie, elle aussi, a longtemps contribué à semer le désordre au niveau linguistique, en faisant passer oxydation et combustion pour synonymes. L'humanité parlait également de combustion avant de connaître l'oxygène, et elle entend toujours par là un processus accompagné d'une lumière visible et d'une chaleur sensible, qui modifie durablement la structure antérieure d'une matière donnée ; l'incandescence d'une barre de fer n'était donc pas appelée « combustion », car elle n'entraînait pas de modification durable une fois la barre de fer refroidie ; mais l'humanité n'aurait pas non plus appelé ainsi un processus qui aurait donné lieu à une modification durable, s'il n'avait pas donné lieu à l'observation de flammes et de chaleur. Cela étant dit, le concept de combustion ne recouvre pas du tout celui d'oxydation. De nombreux matériaux s'oxydent sans combustion. D'autre part, lorsque de l'antimoine réchauffé dans du chlore s'associe au chlore en produisant l'apparition de flammes, ce processus est sans aucun doute une combustion, bien que ce ne soit pas une oxydation. La géométrie savait depuis longtemps que, lorsque des systèmes d'ordonnancement conçus de manière abstraite ou arithmétique [217] articulent les éléments qui les composent selon trois échelles différentes maximum, ils peuvent être représentés intuitivement par des figures spatiales. Or, rien n'empêche les mathématiques de penser des systèmes d'ordonnancement qui sont projetés selon un nombre d'échelles aussi grand que l'on voudra, si ce n'est qu'il n'y a plus, pour ces systèmes, d'intuition spatiale, et que le nom de « dimensions », qui pouvait être donné à ces échelles au sens spatial lorsqu'elles n'étaient pas plus de trois, ne peut plus maintenant avoir que le sens abstrait que je cherchais à indiquer en parlant d'échelles. De même que le nom d'espace ne signifie assurément pour nous qu'un système d'ordonnancement dont nous avons cette intuition originaire, nullement dérivable des seules considérations arithmétiques, c'est assurément un jeu logique puéril d'appeler encore « espace » un système à quatre ou cinq dimensions. On doit s'opposer à toutes les tentatives de ce genre. Ce sont des fantaisies de la science qui, par des paradoxes parfaitement inutiles, ébranlent la conscience commune et induisent en erreur quant au droit qu'elle possède de délimiter les concepts.

§ 173. On rencontre des rapports spécifiques, qui ne sont pas partout de même genre, lorsqu'on se demande comment, à l'intérieur de l'un de ces contenus disparates *A*, *B* et *C*, les membres qui forment en lui un tout cohérent[2] se rapportent les uns aux autres. On [n']a [pas][3] réussi, jusqu'ici, à ordonner systématiquement les différents genres du *goût C*

---

2   Litt. « qui s'entre-appartiennent en lui » (*N.d.T.*).

3   Sans cette correction, la phrase semble difficilement intelligible (*N.d.T.*).

de manière satisfaisante, mais la voie qu'emprunte la langue pour les désigner, certes de manière imparfaite, me semble cependant la bonne : elle distingue par des noms propres quelques formes fondamentales du doux μ, de l'aigre ν, de l'amer π, et elle considère les autres goûts, l'aigre-doux μν, le doux-amer μπ, comme des compositions de ces goûts originaires bien caractéristiques. Notre imagination ne pourrait pas tomber sur ces manières de désigner les goûts si elle n'était pas guidée par l'impression immédiate, car on ne peut pas établir des différences lorsqu'elles ne sont pas présentes ou du moins possibles dans le contenu lui-même[4]. Or, ces noms présupposent qu'elles sont présentes, certes non pas au sens où l'aigre et le doux se distingueraient l'un de l'autre en tant que deux parties de l'*amalgame* aigre-doux, comme ils le font lorsque l'un est goûté après l'autre, mais au sens où nous opposons habituellement le *mélange [*Mischung*]* à l'amalgame [*Mengung*]. Que ce mélange soit ici possible, donc que l'aigre et le doux [218] forment – d'une manière qui n'est pas bien descriptible, mais qui est aisée à sentir – une unité de représentation qui ne pourrait pas surgir du doux et du rouge, c'est ce qui distingue le comportement des différents goûts les uns envers les autres de celui des groupes *A*, *B* et *C*, qui sont disparates. Maintenant, on peut objecter que la différence entre l'aigre et le doux, dans l'aigre-doux, n'est qu'une différence possible, non une différence présente ; une troisième impression ω, qui serait simple en soi et nullement composée, pourrait très bien former un membre intermédiaire entre μ et ν ; en vertu de la similitude bilatérale qu'elle présente avec ces deux impressions, la langue la caractérise alors par les deux limites (μ et ν) entre lesquelles elle tombe, sans qu'elle consiste pour autant en un mélange des deux. Mais je ne considérerais cette objection pertinente que s'il y avait encore dans ω, outre sa double similitude avec μ et ν, un reliquat qui signifierait par soi quelque chose d'incompréhensible à partir de la composition de μ et de ν. Lorsque ce n'est pas le cas, cette troisième impression ω ne sera pas seulement interprétée, par une conception arbitraire et contingente, comme un mixte μν, mais elle ne sera de fait rien d'autre. Certes, ces formes fondamentales μ, ν et π elles-mêmes forment toutes un groupe cohérent en vertu de l'aspect général du caractère gustatif *C*, qui est sensible ; mais à l'intérieur de l'extension de *C*, on ne peut que les appeler *disparates* les unes envers les autres. Si l'on n'a jamais ressenti rien d'autre que le

---

[4] Toutes les données sensibles simultanées ne fusionnent pas en une seule qualité simple et indistincte. Au contraire : nous faisons l'expérience de contenus complexes ou composés. Cette thèse, qui est ici appliquée au domaine des sensations gustatives, a été développée par Lotze à propos des accords musicaux dans sa *Psychologie médicale* (*Medicinische Psychologie oder Physiologie der Seele*, Leipzig, Weidmann, 1852, § 239, p. 267 sq.). À noter que la même thèse sera encore défendue par Carl Stumpf et par Franz Brentano (*N.d.T.*).

doux, aucune modification de la sensation du doux ne pourra nous faire découvrir le caractère spécifique de l'aigre ou de l'amer, dont on n'a pas encore fait l'expérience ; il n'y a donc aucun passage qui conduirait, par des membres autonomes, de μ à ν ou à π, mais on doit d'abord connaître ces trois goûts pour pouvoir seulement produire, en les mélangeant de différentes manières, les membres intermédiaires faisant office de transition. Des rapports similaires trouvent place entre les couleurs, et j'ai déjà eu l'occasion de donner raison à la langue lorsqu'elle distingue toujours un nombre limité de couleurs fondamentales et intercale les autres entre elles en les traitant comme des mélanges. À vrai dire, on peut faire passer l'œil, de façon continue, de l'impression d'une couleur à l'impression d'une autre, au moyen de teintes intermédiaires adroitement choisies ; mais à partir du rouge, on n'obtient de l'orange ou du violet que par un mélange avec du jaune ou du bleu, qui demeure encore sensible en tant que tel pour la représentation ; il reste qu'en soi, il n'y a pas de passage reliant ce qui fait que le rouge est rouge à ce qui fait que le bleu est bleu. Si l'on n'avait jamais eu qu'une sensation de rouge, mais non une sensation de bleu, on ne [219] découvrirait rien dans la nature simple du rouge qui pourrait conduire, par une quelconque modification, augmentation ou diminution, à la représentation du bleu. On doit déjà connaître cette dernière pour découvrir le membre intermédiaire du violet en mélangeant ces deux membres terminaux que sont le rouge et le bleu. Même les modifications qui sont susceptibles d'affecter chaque couleur fondamentale doivent être considérées de cette manière. On a incontestablement raison de considérer le bleu clair et le bleu foncé comme des espèces du même bleu, mais même ces espèces apparaissent au terme d'un mélange entre le bleu toujours identique à lui-même, qui n'est naturellement jamais visible à l'état non mélangé, et le blanc ou le noir. Je répète seulement brièvement la remarque suivante : toutes les considérations faites jusqu'ici ne se rapportent qu'aux contenus sentis après que la sensation est apparue dans notre conscience ; elles n'ont rien à voir avec les conditions d'apparition physiques ou psychiques de l'acte de sensation.

§ 174. Les sons se comportent de manière essentiellement différente. La comparaison d'un grand nombre de sons nous conduit d'abord à isoler trois prédicats. Le timbre propre [*Eigenklang*] de l'instrument qui résonne, quel que soit son support physique, est, du point de vue de notre sensation, une propriété simple qui ne peut pas être décomposée davantage, comparable la plupart du temps au goût. Aussi importants que soient les effets annexes de ce timbre sur notre esprit [*Gemüth*], il nous semble que le timbre lui-même ne détermine pas plus la nature essentielle du son que la deuxième propriété, celle d'intensité [*Stärke*] : nous les concevons seulement toutes deux comme différentes manières dont le même son se présente à nous, sa nature distinctive résidant dans sa hauteur [*Höhe*]. Mais, à ce troisième égard, les sons ne se répartissent pas, comme c'est le cas des couleurs, en un certain nombre de degrés discrets, entre lesquels des transitions ne seraient possibles que par un mélange ; ils forment plutôt une série constante, au sein de laquelle deux membres éloignés l'un de l'autre ne se distinguent que par la répétition réitérée de la même différence par laquelle deux sons immédiatement voisins se distinguent l'un de l'autre. On ne peut établir aucune proportion d'après laquelle le rouge se rapporterait au bleu comme le jaune à une quatrième autre couleur ; deux sons, en revanche, se distinguent par le multiple (que l'on peut indiquer) d'une différence admise comme unité. Le genre [*Art*] de cette différence est lui-même suffisamment spécifique ; nous ne parlerions pas, de façon imagée, de sons plus hauts et de sons plus bas, si une augmentation [220] d'un son par rapport à l'autre n'était pas contenue dans les sensations elles-mêmes – toute abstraction faite, naturellement, de la fréquence des ondes sonores. Mais cette représentation quantitative ne se laisse pas ici, contrairement à d'autres cas, rapporter à un contenu qualitatif indépendant d'elle ; si le son d est aussi qualitativement différent d'un autre son c, c'est justement en vertu du fait qu'il contient l'élément général indéfinissable de la sonorité [*Klingen*], qu'il partage avec c et qui se trouve augmenté en lui de cette manière spécifique que nous pouvons seulement désigner au moyen de l'image heureuse de la hauteur ou à la rigueur, techniquement, au moyen de la notion d'intensité qualitative. Les différences entre les sons sont donc de même genre et, eu égard à leur ampleur, elles sont mesurables, ce que n'étaient pas les différences entre les couleurs ; les membres intermédiaires entre deux sons n'apparaissent pas au moyen d'un mélange de ces deux sons, mais en tant que membres possédant un statut parfaitement égal au sein de la série, ils sont tout aussi autonomes et originaires que ceux entre lesquels ils sont insérés en pensée. Toute la série, enfin, est illimitée. S'agissant des couleurs, que nous connaissons par l'expérience, personne ne peut en imaginer de toutes pièces une nouvelle, que l'on pourrait se représenter et qui, disons, ne se présenterait simplement pas dans notre expérience sensible ; l'échelle des sons, en revanche, peut être prolongée à l'infini, et ce, justement parce que chaque son surgit à partir du précédent par une augmentation sensible [*fühlbar*] de même genre ; cela a encore du sens de parler de sons plus hauts ou plus bas que ceux qui ont jamais pu se présenter dans notre expérience, car nous avons ici ce que nous n'avions pas lorsque nous tentions d'imaginer de toutes pièces de nouvelles couleurs : une représentation claire de la manière dont ces sons devraient ressortir, s'ils étaient audibles.

§ 175. La situation est presque comparable, avec quelques divergences que je laisse au lecteur le soin de noter, pour la série des sensations de chaleur ; elle nous conduit en même temps à constater encore un autre rapport. Le besoin de chaleur propre au corps vivant donne des valeurs spécifiques aux différents segments de cette série ; nous faisons une différence entre ce qui est froid, frais, tiède, chaud, brûlant, et nous croyons viser quelque chose de déterminé avec chacune de ces expressions ; néanmoins, non seulement nous serions bien incapables d'indiquer de façon universellement valide la limite qui marque, pour chacun, le point où le frais se termine et où commence le tiède, mais aussi, lorsque nous n'interrogeons que notre propre sensation, nous devons convenir que nous ne choisirions tel ou tel nom qu'avec un certain arbitraire. On peut simultanément rattacher à cette opposition entre le chaud et le froid, ainsi qu'à celle entre les sons hauts et les sons profonds, un grand nombre d'autres paires de représentations, dont le contenu ne [220] surgit pas aussi immédiatement à partir de la sensation sensible : le grand et le petit, le fort et le faible, le beaucoup et le peu, le vieux et le jeune, et beaucoup d'autres représentations similaires. Quelle que soit la façon tranchée dont les deux membres de ces oppositions visent effectivement quelque chose d'opposé, on ne peut pourtant trouver en aucune d'elles une limite qui séparerait l'extension du premier membre de celle de l'autre ; ils passent de façon continue et insensible l'un dans l'autre. En revanche, les directions d'après lesquelles notre représenter [*unser Vorstellen*] parcourt ces séries de a à z ou de z à a sont différentes, sans la moindre équivoque possible ; pour partie, elles sont susceptibles de recevoir une définition, pour partie, elles sont impossibles à confondre au moins en ce qui concerne la sensation immédiate. On ne peut pas dire ce qui est chaud ou ce qui est froid, mais on peut dire de façon tout à fait indubitable si a est plus chaud ou plus froid que b – et, ce qui décide dans ce cas, c'est bien sûr la sensation qui, lors du passage de a à b, prend conscience du fait que le changement est opposé à celui dont elle fait l'expérience en repassant de b à a. On ne peut pas non plus dire ce qui est grand et petit absolument parlant [*überhaupt*], mais l'affirmation selon laquelle a est plus grand que b est tout à fait univoque et peut être définie en disant que b, soustrait de a, donne un reste positif δ. Il en va de même pour les autres exemples. Il ressort globalement de la comparaison de différents cas, et non de l'appréhension d'un seul d'entre eux, que toutes ces représentations adjectives[5] signifient ici des relations qui n'ont

---

[5] Lotze distingue les contenus de représentation selon leur forme substantive, adjective et verbale : les contenus substantifs sont ceux qui possèdent une certaine autonomie logique, il s'agit de contenus *indépendants* ; les contenus adjectifs sont ceux qui sont non autonomes ou *dépendants* et ne peuvent être utilisés qu'en référence à un contenu substantif ; les contenus verbaux, ceux qui désignent habituellement des relations ou des processus prenant place entre des contenus. Voir, e.g., *Grundzüge der Logik und Encyklopedie der Philosophie*, *op. cit.*, § 7, p. 5. Ces distinctions, qui n'excluent évidemment pas la possibilité de contenus adjectifs relationnels (comme c'est le cas

aucune valeur ni aucun sens fixes si l'on ne considère pas un deuxième terme. La dimension positive de ces adjectifs est donc indéterminée ; seule leur dimension comparative est univoque. Là où ils surviennent comme des termes positifs dans l'usage du discours vivant, ils expriment le fait que ce qui est désigné se caractérise par la dimension comparative de leur sens, eu égard à un étalon non exprimé qui constitue la propriété constitutive normale ou habituelle de l'objet en question, et ce, soit d'après l'appréciation subjective du locuteur, soit d'après l'opinion générale.

§ 176. Une autre observation se rattache encore aux sons et aux sensations de chaleur. Ayant en soi une valeur parfaitement égale, les sons ne nous incitent nullement à faire ressortir au moyen de noms propres quelques-uns d'entre eux en tant que points fixes et à les privilégier vis-à-vis des autres. Mais des besoins esthétiques font naître en nous le souhait d'articuler toute la série. Or, étant donné que la sensation acoustique simple n'est pas définissable, elle est déterminée en indiquant la cause par laquelle on peut la produire à chaque instant identiquement à elle-même [222], par la fréquence des vibrations dont elle dépend. Mais aucun nombre n'a de privilège sur l'autre, et puisque chaque membre de la série est définissable, de la manière que je viens d'indiquer, avec la même facilité, il n'y a en réalité aucun point de départ absolu dans l'échelle musicale. D'autres rapports, les rapports harmoniques des sons – que je dois ici laisser de côté en dépit de l'intérêt qu'ils présentent eux aussi du point de vue logique –, nous conduisent toutefois à articuler la série en octaves ; seulement cette articulation n'a elle aussi aucun point de départ, elle peut commencer à partir de n'importe quelle hauteur tonale. Les sensations de chaleur n'autorisent pas une définition aussi simple par leurs causes ; on devrait se tourner vers les autres résultats observables produits par leurs causes inconnues, vers l'étendue et la contraction du corps. Si l'on prenait maintenant le point de liquéfaction de la glace comme point de départ des degrés de température qui augmentent et diminuent à partir de là, ce serait un point-zéro de désignation totalement arbitraire, bien que choisi de façon tout à fait appropriée ; car le caractère liquide ou solide de l'eau forme un point d'inflexion important pour la formation des processus météoriques et organiques qui nous entourent. Mais ce n'était malgré tout qu'un point-zéro de désignation, non la chose désignée elle-même ; à partir de la valeur inconnue x que celle-ci présente pour le point de liquéfaction de la glace, nous divisons seulement ses accroissements positifs et négatifs d'après le nombre d'une unité de degré que nous avons choisie en fonction de nos buts. C'est pourquoi $12°$ ne sont pas le double de $6°$, mais entre $0° = x$ et $12° = x + 12\,\Delta\,x$,

---

ici), se retrouveront, *mutatis mutandis*, dans la « grammaire pure logique » de Husserl (*N.d.T.*).

l'accroissement de la chaleur est deux fois plus grand qu'entre $0° = x$ et $6° = x + 6\,\Delta\,x$. Par ces exemples simples, je voulais montrer que l'articulation et l'ordonnancement légal d'une série ou d'un système de contenus multiples n'est pas possible, en tout état de cause, sans une légalité correspondante de leurs propres relations, ancrée dans les choses-mêmes [*sachliche*], mais que la pensée, toutefois, a souvent besoin d'un point de départ choisi de manière parfaitement arbitraire et d'étalons arbitraires pour s'approprier fructueusement cet ordonnancement immanent à la chose-même. Enfin, je voulais aussi montrer qu'on ne doit pas pour autant considérer cette systématique arbitraire, bien qu'elle soit permise et justifiée dans son application par la nature de la chose-même, comme une déterminité reposant en elle-même.

§ 177. La vie pratique offre de très nombreux exemples illustrant cette remarque. Que l'on considère ici les propriétés [223] qui se manifestent en différentes personnes ou en différentes choses dans des proportions très variées – ou bien le fait que, dans un seul et même sujet, des valeurs désignant des grandeurs forment une série constante et se succèdent de telle sorte que l'on doive lier à ces valeurs des effets proportionnels. Mais seuls les effets naturels se modifient constamment avec leurs conditions ; si notre agir doit d'abord produire les effets, ils suivent en général précisément la proportion souhaitée en vue du travail qu'ils exigeraient de façon non proportionnelle au but à atteindre. On doit se contenter de considérer certains segments de toute la série axiologique des conditions comme des valeurs unitaires et de leur lier un effet de grandeur moyenne égale, qui sera trop grand pour les membres initiaux et trop petit pour les membres terminaux du segment. C'est ainsi que l'on décompose, à des fins d'imposition [*Besteuerung*], la série des pouvoirs [*Vermögen*] en un certain nombre de classes, depuis l'indigence complète jusqu'à la richesse la plus grande que l'on puisse vraisemblablement rencontrer ; c'est ainsi que l'on calcule la contribution nécessaire à l'acquisition d'une assurance-vie en fonction de l'âge ou, du moins, en fonction des grandes périodes de la vie ; c'est ainsi que l'on fixe le calcul des intérêts en prenant le jour comme unité indivisible. En outre, il peut arriver qu'une propriété émergente atteigne progressivement une valeur à laquelle doit être liée l'apparition de certains effets, sans pourtant que l'on puisse indiquer le moment auquel cette condition décisive sera remplie. La maturité corporelle et spirituelle que nous pensons de façon concomitante dans les concepts d'émancipation et de majorité est assurément atteinte par différentes personnes à des âges différents ; mais ce n'est pas seulement l'écart insurmontable, ni le caractère inadmissible d'une censure qui frapperait la valeur globale de la personne, qui rendent impossible la découverte du point temporel effectif pour chaque cas particulier ; tandis que les degrés insignes de la maturité et de l'immaturité sont aisément reconnaissables, il manque vraiment d'un signe distinctif non équivoque qui différencierait, dans les cas douteux, la maturité de l'immaturité. Pareillement, les besoins de la vie en société requièrent que l'on fixe un point temporel déterminé ; la législation l'a donc déterminé de sa propre autorité, et elle associe à des jours entiers et des heures entières l'entrée en vigueur de droits et de devoirs dont le bénéfice ou l'obligation qui faisaient encore défaut la veille ne sont toutefois pas apparus objectivement [*sachlich*] pendant la nuit. [224] Bien que décidant de sa propre autorité, elle ne procède pas ici sans fondement ; l'espace de jeu de sa décision se limite aux déterminations qui correspondent à la nature des rapports existants sans différence de précision susceptible d'être indiquée, son arbitraire se limitant à choisir de façon préférentielle l'un de ces rapports parmi tous les autres, également justifiés. Il y a également d'autres cas dans lesquels la nature de la chose-même, qui nous donnait l'occasion d'établir une détermination, nous offre encore moins un étalon précis, celui-ci résidant plutôt seulement dans les buts poursuivis par ailleurs, pour la réalisation éventuelle desquels la détermination en question était nécessaire. C'est à cette catégorie qu'appartiennent les intervalles temporels à l'intérieur desquels on doit remplir la condition pour obtenir certaines suites légales ou pour les éviter ; bien que tout cela soit adéquatement arrêté dans les grandes lignes par la perspective mentionnée, ces arrêtés ont, du reste, pour seule obligation logique d'être non équivoques ; le passé leur a suffi, lui qui mesurait d'importantes périodes non pas d'après des unités temporelles plus grandes, mais qui leur ajoutait un fragment : aux semaines un certain nombre de jours, au jour quelques heures. Il réduisait ainsi la durée à l'intérieur de laquelle, comme on dit librement dans la vie de tous les jours, on aurait cru pouvoir se plier à la prescription. De même, les autorités agissent correctement lorsque, pour éviter les perturbations, elles fixent de façon authentique à trois ou à cinq le nombre de personnes qui doit être considéré comme un attroupement non autorisé, et se mettent ainsi à l'abri de la controverse qui marquait déjà la Sophistique antique, quant à la question de savoir combien de grains sont nécessaires pour faire un tas ou combien de cheveux perdus il faut pour faire un crâne chauve.

§ 178. Je ferme cette parenthèse. La question de savoir si un son quelconque donné doit être appelé haut ou bas, la question de savoir si un liquide doit être appelé froid ou chaud, sont des questions non controversées. Le contenu de ces concepts ne présente aucun intérêt qui nous ferait hésiter à concéder immédiatement à leurs significations la relativité dont il était question plus haut. La manière dont nous pensons la différence du *bien* et du *mal* est tout autre. Nous accordons la valeur la plus haute au fait que ces concepts sont fixes et clos sur eux-mêmes ; toute action, considérée par soi et non seulement par comparaison avec une autre, doit tomber de façon non équivoque dans l'extension de l'un et être exclue de l'extension de l'autre ; on a même cru devoir nier qu'il y a des différences graduelles du bien dans ce qui est bon et du mal dans ce qui est mauvais, pour que les valeurs décroissantes de ce qui est bon et de ce qui est mauvais ne se [225] rejoignent pas en un point-zéro d'indifférence et que ne soit pas instaurée, de cette façon, une transition continuelle entre deux oppositions, entre lesquelles il convient plutôt de rompre tous les ponts. Mais ce rigorisme logique contredit intégralement le jugement non prévenu que nous suivons tous dans la vie. Car personne ne doute probablement de l'existence de différences de degré dans le mal et le bien. Et si l'on nous persuade qu'aucune action n'est indifférente, c'est seulement après avoir borné artificiellement le concept d'action. Mais en réalité, il n'est d'aucun secours de prévenir le mélange menaçant entre le bien et le mal en instaurant une première division des actions en deux groupes – celui des actions que l'on peut évaluer moralement et celui des actions que l'on ne peut pas évaluer moralement – pour ensuite diviser avec plus d'assurance le premier de ces groupes par les deux termes opposés du bien et du mal, qui n'admettraient aucun intermédiaire ; on ne fait ainsi que déplacer le doute, car la question est alors de savoir où il convient de tracer les limites entre ce qui requiert une évaluation morale et ce qui ne la requiert pas ; et ces limites sembleront à nouveau s'évanouir par la transition continuelle de l'un dans l'autre. De façon moins urgente, le rapport de l'agréable au beau et au bien présente tout de même un vif intérêt lorsqu'on se livre à des considérations esthétiques. D'après une conception non prévenue, l'agréable, le beau et le bien s'ordonnent en une série cohérente non seulement d'après leur valeur, mais aussi d'après la signification de leurs contenus ; non pas, certes, de telle sorte que, par un simple accroissement, ce qui est le plus intensément agréable deviendrait beau, ni que la beauté suprême deviendrait le degré le plus bas du bien, mais tout de même : ce qui est agréable se divise en genres qualitativement déterminés, qui commencent à mériter le nom de beau, et il y a des formes de beauté dont l'impression esthétique s'apparente au consentement moral. Mais la morale et l'esthétique se dressent autant l'une que l'autre contre cet aveu ; elles considèrent que le beau serait falsifié s'il avait quelque communauté avec le bien, que le bien serait rabaissé s'il avait quelque communauté avec le beau et encore plus s'il avait, à travers celui-ci, quelque communauté avec l'agréable. Et au moins en ce qui concerne le beau, la négation de toute gradualité n'a pas manqué ici aussi ; ce qui serait beau serait absolument et totalement beau, et l'on ne le penserait pas véritablement comme beau si l'on admettait qu'il y a autre chose d'encore plus beau.

§ 179. Cherchons d'autres exemples pour évaluer l'étendue de ce doute. La géométrie ne connaît [226], à dire vrai, qu'un genre de ligne droite, quant à sa nature ; mais, dans le cas de la courbe, elle distingue d'innombrables degrés de courbure possédant une valeur déterminable – et ce, de sorte que la ligne droite elle-même apparaît comme le cas limite extrême dont la courbe se rapproche de façon continue par accroissement constant de son rayon de courbure. Malgré cette transition continue, la géométrie en général ne maintient toutefois pas seulement l'affirmation que ce qui est courbe et ce qui est droit sont opposés et incompatibles, mais dans son application, elle ne laisse jamais de place au doute en ce qui concerne une ligne que l'on connaît de manière précise ; aussi proche qu'elle puisse être de la droite, elle est toutefois courbe sans l'ombre d'une discussion aussi longtemps que son radius de courbure a encore une grandeur finie. En outre, une courbe, dans l'un de ses segments, peut être concave vis-à-vis d'un axe contre lequel elle devient convexe plus loin ; si elle présente ce changement de direction de façon continue, sans sommet discontinu, sa tangente se situe indubitablement au point d'inflexion, lequel forme par conséquent l'élément de la ligne elle-même qui, parallèle à cet axe, n'est ni concave ni convexe ; mais, bien que les deux directions se rejoignent ainsi visiblement en un point-zéro qui n'appartient à aucune d'elles, l'opposition de leurs significations n'est pourtant pas modifiée ou supprimée par lui ; en deçà de ce point, la ligne reste seulement concave et, au-delà, elle est seulement convexe. Plus simplement encore : entre 1 et 2, on peut introduire d'innombrables scissions qui conduisent de la valeur du 1 à la valeur du 2 ; entre la lumière du jour et l'obscurité de la nuit, on peut non seulement penser d'innombrables graduations de luminosité, mais elles se manifestent aussi effectivement ; entre la sensation de bien-être et la douleur, il y a une série continue de sentiments qui relient celle-là à celle-ci ; mais pour autant, 1 n'est pas égal à 2, l'obscurité et la douleur ne cessent pas d'être complètement opposées à la lumière et au bien-être ; et en même temps, les membres de ces oppositions, pris chacun par soi et en dehors de toute comparaison avec l'autre, sont quelque chose de si déterminé que personne ne confondra l'un avec l'autre. Ces exemples suffisent à clarifier la proposition selon laquelle l'existence d'innombrables gradations, par lesquelles les contenus de deux concepts opposés *A* et *B* entrent en contact en un point-zéro commun, ne supprime pas la différence ou l'opposition de ce que *A* et *B* signifient en eux-mêmes.

§ 180. Si l'on avait donc réussi, dans l'éthique [*Sittenlehre*] – ce qui est son [227] affaire, et non la nôtre ici –, à déterminer ce que l'on *a en vue* par le bien *A* et le mal *B* de façon aussi non équivoque que l'on définit, en géométrie, ce qu'il faut entendre par concave et convexe, l'éthique n'aurait alors aucune raison de défendre la fixité de la différence entre les deux concepts, de contester la gradualité du bien et du mal et leur rencontre en un point d'indifférence. Les significations spécifiques des concepts généraux de bien et de mal ne se modifient pas le moins du monde du fait que les exemples particuliers dont ils sont prédiqués participent, avec une intensité différente, au caractère de l'un ou de l'autre membre de l'opposition. Mais ce point-zéro de l'indifférence peut encore moins contribuer au mélange des deux, car il n'a effectivement pas lieu de sorte qu'ils sont tous deux valides [*gültig*] en lui, mais bien de sorte qu'aucun des deux n'est valide en lui ; il n'est donc rien d'autre qu'un point de séparation en deçà duquel on ne trouve de façon non équivoque que le bien, et au-delà duquel on ne trouve que le mal. Or, si la gradualité des deux contenus conceptuels n'a pas besoin d'être niée eu égard à leur fixité, il reste, d'autre part, qu'elle est explicitement admise. La nier, répéter l'ancien paradoxe stoïcien d'après lequel *omnia peccata esse aequalia*[6], ou prêcher continuellement que même la plus petite erreur ne serait pas une vérité, mais serait justement une erreur et rien d'autre, ce sont là des tracasseries logiques qui, parce qu'elles ne contiennent que des demi-vérités, d'après le principe même que je viens de mentionner, pourraient être appelées des erreurs et rien d'autre. Les courbes ne sont pas de simples courbes absolument parlant, comme si leur degré de convexité ou de concavité les distinguait simplement d'un point de vue annexe qui n'aurait rien à voir avec leur caractère courbe ; mais l'une des lignes courbées est effectivement plus courbée que l'autre, elle satisfait donc au caractère commun des deux lignes avec une intensité plus grande. Et de même, l'opinion bonne ou mauvaise qui est à l'origine d'une action sera mesurable, non pas simplement de façon annexe, en fonction de l'importance des objets auxquels se rapporte l'action ou des circonstances dans lesquelles elle est exercée, mais en fonction du degré de sa malignité ou de sa bonté elle-même, car elle n'est nullement une simple forme du comportement qui resterait partout égal ; elle est elle-même un faire interne, qui n'a pas seulement besoin d'un degré d'intensité pour produire en général l'impulsion à agir ou pour surmonter les obstacles, mais qui a aussi un degré de valeur selon la grandeur du bien ou du mal [228] vers la production duquel elle se dirige intentionnellement. L'erreur, elle aussi, n'est pas seulement une non-vérité, car cela ne la distingue pas du doute, mais elle est un détournement à l'égard de la vérité et elle a, pour cette raison, une grandeur mesurable sans laquelle elle n'est pas pensable ; lorsqu'on oriente sa pensée vers des tâches effectives, on ne commet pas le contresens de renvoyer deux suppositions avec un égal mépris sous le concept d'erreur en général, alors que l'une est si éloignée de la vérité qu'elle ne rend possible absolument aucune connaissance de son objet et que l'autre s'en trouve si proche qu'elle rend possible presque toute la connaissance que l'on peut espérer atteindre à propos de son objet.

---

[6] « Tous les péchés sont égaux » (*N.d.T.*).

§ 181. Peut-être que la série de l'agréable, du beau et du bien, sur laquelle je laisse au lecteur le soin de méditer, pourrait déjà nous conduire à un autre rapport, un rapport relatif cette fois à une série de concepts que je veux d'abord clarifier par une image géométrique. Imaginons deux espaces corporels, *A* et *B*, qui commencent tous deux de manière pyramidale par une pointe et qui augmentent en sections semblables avec une accélération différente ; glissons-les l'un dans l'autre de sorte que la pointe de chacun d'entre eux se trouve sur un point quelconque de l'axe de l'autre ; le plan qui est obtenu par la coupe de leurs surfaces appartient aussi bien à la série des plans dont l'intégrale est *A* qu'à la série de ceux dont la suite infinie compose *B* ; on peut également se représenter un troisième corps *C* qui, de la même manière, a un plan en commun avec *B*. La loi de croissance de chacun de ces corps, rapportée à leur axe commun à tous les trois et à la situation de leur sommet sur cet axe, se laisse présenter chaque fois au moyen d'une formule que nous devrions comparer, d'après la série, aux trois concepts généraux *A*, *B* ou *C*. On verrait alors que, dans la série des exemples particuliers de *A*, il y a un exemple déterminé qui satisfait en même temps ce qui est requis par le concept *B* ; on verrait donc que, pour cet exemple, il est douteux ou arbitraire de décider s'il doit être rangé sous le concept *A* ou *B* – non pas parce qu'il ne satisfait aucun des deux, mais parce qu'il satisfait pleinement les deux simultanément ; mais en dehors de ce cas particulier, tous les autres exemples de *A*, tous les autres plans qui seraient formés par la figure corporelle ainsi composée, appartiendraient exclusivement soit à *A* soit à *B*. La même chose, finalement, aurait lieu eu égard aux plans communs de *B* et de *C*. Dans les cas indiqués, il tient à la nature des concepts essentiellement différents eux-mêmes que des membres particuliers de leur série générique deviennent équivoques et ne puissent en soi, sans un quelconque point de vue annexe, qui prendrait par exemple en compte leur genre d'apparition ou de développement, être assignés avec certitude et de façon exclusive à aucun de ces concepts, bien que, abstraction faite de ces cas particuliers, la différence de signification de ces concepts ne soit pas douteuse. Or, de même que nous désignons ici *A*, *B* et *C* au moyen de noms, qui sont donc exprimés à titre de concepts, mais que nous pensons ces cas particuliers en les laissant sans nom, la langue peut aussi être amenée à faire l'inverse ; elle peut fixer les concepts *M*, *N* et *O* au moyen de noms qui ne possèdent des significations totalement univoques et parfaitement différentes les unes des autres que dans des cas particuliers, que nous pourrions par exemple nous représenter de manière sensible, disons, comme des points insignes, comme des maxima ou des minima d'une série cohérente. Inversement, il y aura alors dans la perception et l'expérience un grand nombre de contenus qui devraient avoir leur place, en tout cas, entre deux de ces concepts – mais aussi *seulement* entre deux de ces concepts – et qui, par contre, ne correspondraient complètement à aucun d'entre eux.

§ 182. Comme exemples susceptibles d'illustrer ce dernier rapport, on mentionnera les concepts de formation complexe que la langue a produits en partant, non pas d'un, mais de beaucoup de points de comparaison en même temps. Sans aucun doute, correspond alors à un tel concept tout exemple qui participe, sous chacun de ces rapports de comparaison, au caractère du général qui surgit à partir de lui ; mais l'appartenance au concept sera très équivoque pour beaucoup d'autres exemples qui, d'un certain point de vue, devraient être rangés sans hésitation sous ce concept, mais qui, pensés simultanément d'un autre point de vue, ne devraient pas du tout l'être. Plusieurs idées [*Gedanken*] se sont croisées de cette manière dans le concept de maladie. Assurément, la maladie réside avant tout dans le fait que l'état corporel s'écarte d'une norme considérée comme fixe. Mais nous ne pouvons pas pour autant appeler « maladie » une malformation congénitale qui s'écarte très significativement de la structure naturelle du corps, aussi longtemps qu'elle n'entrave pas les fonctions vitales des organes et que, existant toujours de la même manière, elle n'évolue pas naturellement en passant par différents stades. Une blessure modifie toujours la structure et les fonctions à un quelconque degré, elle a aussi une évolution naturelle ; mais malgré tout, nous n'appelons pas « maladie » une blessure légère, manifestement parce qu'elle [230] n'implique ni un danger ni l'incapacité d'utiliser le corps à des fins vitales essentielles ; néanmoins, une blessure très grave n'est pas non plus appelée « maladie », bien qu'elle entraîne les deux ; elle est apparue trop subitement et doit être mise entièrement sur le compte de forces extérieures. Nous remarquons à présent que, par « maladie », nous nous représentions un état qui a certes débuté suite à une action extérieure, mais qui n'a pris sa forme déterminée que par les interactions spécifiques de forces internes. Tout rhume constitue une telle réaction des forces internes contre un stimulus extérieur ; mais nous n'appelons guère un rhume une « maladie » aussi longtemps qu'il ne présente pas de danger ; et de même que nous nous aidons ici du nom modéré de « gêne » [*Unwohlsein*], nous disons aussi que la santé présente une certaine latitude, permettant de ranger en elle un ensemble de perturbations qui se développent lentement et qui sont liées à une particularité originaire de la constitution corporelle. Il est facile de dire ce qui, ici, est dans l'ordre des choses. Dans de tels cas, il est impossible de donner une définition qui serait simultanément en accord avec des besoins scientifiques et avec ces bizarreries de l'usage linguistique ; si l'on a besoin d'une détermination conceptuelle, on doit la fixer arbitrairement, sans se préoccuper de l'usage linguistique. Dans notre exemple, on peut presque éviter de faire cela, car la pathologie ressort très bien sans que l'on ait défini de façon inattaquable l'essence générale de la maladie ; la pratique n'a nul besoin de généralités logiques dont ne découlent aucune indication pour l'agir. Il en va autrement dans d'autres cas. Dans le concept de « crime » s'entrecroisent aussi des considérations relatives à la préméditation ou à la non-préméditation, au degré d'intention mauvaise, à la tentative ou à l'accomplissement, à la grandeur du mal engendré ; on trouve des équivoques similaires dans les différences entre les productions artistiques et le produit de l'artisanat, dans le rapport de la reproduction libre à la copie. Dans le cas de l'art, les limites des concepts ont plus de valeur ; dans le cas du « crime », des avantages et des inconvénients sur le plan légal s'attachent immédiatement à l'appartenance d'un cas à l'un de ces concepts ; mais dans le cas de l'art aussi, on devra tout de même établir les limites conceptuelles, certes en tenant compte de l'usage linguistique, mais tout de même essentiellement par réglementation.

§ 183. Évidemment, on peut tenir tout concept M pour un équivalent de n'importe quel autre concept N si l'on transforme le contenu de N au moyen de déterminations relativement proches, de sorte qu'il soit égal à M. On voit surgir, à partir de là, un grand nombre de [231] conceptions ou de transformations contingentes de l'expression servant à désigner le même M – transformations que nous trouverons plus tard utiles pour pouvoir subsumer M tantôt sous une loi et tantôt sous une autre, à partir de quoi pourra surgir une nouvelle affirmation relative à M. Il n'y a en soi, pour ce procédé, pas de limite relative à ce qui est permis aussi longtemps que le M transformé recouvre effectivement le M initial, donc aussi longtemps que $N = M$. On pourrait même ranger un triangle M sous le concept de carré N, à condition naturellement d'ajouter la détermination annexe selon laquelle l'un des côtés du carré a diminué jusqu'à zéro. Si cela semble être un jeu futile, il est toutefois utile de l'employer ; on peut rendre très intuitif, comme chaque fois, le fait que, si deux côtés qui étaient auparavant séparés par un côté intermédiaire entrent en contact par leurs points terminaux suite à la disparition du côté intermédiaire, deux angles droits vont disparaître de la somme des angles du polygone, en l'occurrence du carré. Cet usage des transformations nous intéressera plus tard. Pour l'instant, insistons sur le fait que, par elles, la différence entre les deux concepts qui sont ainsi reconduits l'un à l'autre n'est naturellement pas modifiée. Le triangle reste aussi différent du carré qu'il l'a toujours été, à savoir : si différent qu'il doit justement être dépourvu de son caractère essentiel pour être ramené au carré ; et pareillement, toute autre modification qu'il est nécessaire d'opérer sur N pour le transformer en M mesurera la grandeur de la différence *inaltérable* [bleibende] entre les deux concepts. S'il ne s'agit pas, comme dans ce cas, de configurations de pensée abstraites, mais de choses effectives, qui surgissent en réalité d'une certaine manière, alors la valeur de telles transformations est très faible ; elles ne sont de prime abord que de simples idées qui nous viennent à l'esprit, et dont la signification ne peut être découverte que par des recherches particulières. En pensée, on peut transformer toute figure de cristal donnée, par un découpage arbitraire ici et là, en toute autre figure quelconque ; dans un simple dessin, on peut transformer la forme du crocodile, par des modifications successives de ses contours, en celle d'un oiseau ; et à partir de tout élément chimique, on peut dériver n'importe quel autre élément chimique, si l'on fait passer continuellement tous les coefficients que les propriétés physiques générales ont dans l'un par certaines autres valeurs. Par de tels artifices, on ne peut pas induire de rapprochement entre les concepts M et N, car la différence qui les sépare reste toujours aussi grande, comme la somme des pas que l'on devrait faire pour aller de l'un à l'autre ; mais l'on ne peut pas non plus, entre les choses effectives qui sont des exemples de ces concepts, [232] instaurer une connexion telle qu'elles pourraient passer les unes dans les autres. Il faudrait démontrer, à cette fin, que les forces physiques des éléments qui constituent un cristal effectif de la forme M rendent aussi possible, dans la même matière, un équilibre du remodelage dans la forme N ; ou que le système enchaîné des forces qui dessinent le type de formation du crocodile et déterminent son effectuation physique puisse être modifié par d'autres actions naturelles de telle sorte que la forme de l'oiseau puisse effectivement surgir à partir de lui. Bref, il faudrait démontrer que, dans la cohérence de l'effectivité, sont présentes des pulsions qui réalisent la transformation des contenus conceptuels que nous pouvons tirer arbitrairement en pensée ou sur le papier. On se souvient – heureusement, comme d'une erreur dépassée – du libre arbitre avec lequel on dérivait autrefois étymologiquement chaque mot d'une langue, en fin de compte, de n'importe quel autre ; à présent, l'avertissement devant ce qui est semblable est utile, compte tenu du besoin nouveau de concevoir la multiplicité des êtres organiques comme étant apparus les uns à partir des autres, en supprimant toute différence fixe d'espèce. En tout cas, la tentative de Darwin, qu'elle soit suffisante ou non, s'est au moins efforcée avec application d'indiquer les processus effectifs par lesquels a pu se réaliser la transformation imaginable d'une forme organique en une autre.

Traduit de l'allemand par Arnaud Dewalque

Sur le concept de beauté

Rudolf Hermann Lotze

La « considération scientifique du beau » s'effectue à partir de l'art plutôt que du beau naturel

Même dans les tout premiers moments de son instruction, le genre humain ne manqua pas de se forger sa propre façon d'interpréter la beauté de la nature. Et ceci, à ses yeux, ne pouvait se limiter à ce qui semble devoir constituer la base de l'approche scientifique de notre temps : énoncer sous la forme (*Gestalt*) de concepts élémentaires et dépouillés le fondement du beau, du sublime, de l'effroyable, tous susceptibles de bouleverser notre âme, sa sensibilité (*Gemüt*) à travers la variation des phénomènes. Bien loin de telles aspirations dont elle était d'ailleurs incapable, cette époque interprétait le donné [293] en recréant à neuf ce dont l'interprétation était en son pouvoir. Elle ne détachait pas l'intimité vivante du sentiment, issue de l'impression exercée par le beau, des formes inertes de l'objet qui s'était avéré capable de le[1] produire en nous ; bien au contraire, saturant toute l'extériorité d'une vitalité d'emprunt, elle pouvait transférer la douleur, la félicité de l'esprit sujet de la jouissance sur le monde qui fait l'objet de cette jouissance. L'objet beau n'était beau que pour une seule raison : parce que, vivifié par l'âme, il pouvait jouir en lui-même de ces mouvements que sa contemplation devait faire résonner dans la sensibilité d'autres âmes. C'est ainsi, créatrice à même ses interprétations, que l'ancienne pensée mythologique échappait aux doutes affectant l'approche scientifique ; elle aussi, bien sûr, aimerait pouvoir reporter conjointement sur le bel objet tout l'émerveillement du sentiment que ce dernier suscite en lui : mais elle doit pourtant s'avouer à elle-même que dans cette signification qui est la sienne, le beau ne peut résider que dans l'esprit sujet de la jouissance, non dans les rapports objectifs dont il jouit – rapports qui donnent comme innocemment, et sans qu'aucun mérite ne puisse leur en revenir, l'impulsion propre à engendrer plaisir et félicité. Et nous constatons dès lors ceci : même à l'époque la plus récente, un enthousiasme vivant dans l'approche du beau n'a le plus souvent de cesse que de doter tout élément de l'extériorité d'une vitalité qui le pénétrera tout entier (*durchdringend*). Sans ce dernier trait, il semblerait impossible

---

[1] C'est-à-dire le sentiment (*N.d.T.*).

de retrouver hors de nous encore, dans les objets, cela même qui recevrait du beau seul la dignité de se voir conférer une validité sans limites. De telles aspirations auront toujours pour effet, particulièrement fructueux, d'aiguiser notre sens de la compréhension des beautés particulières. Car la signification et la valeur des mouvements affectifs qui animent notre intériorité, le cercle d'actions et de manifestations extérieures dans lequel, pour rejoindre la danse d'amour et de haine, de désir (*Sehnsucht*) et de satisfaction, se pressent d'entrer jusqu'aux traits les plus fins du phénomène (*Erscheinung*) en sa totalité, et dans laquelle apparaît comme au grand jour toute l'intimité de l'âme sensible – tout cela est tout à fait compréhensible à un esprit non prévenu.

Conséquences sur l'approche de la mythologie

Sans doute, même les sensations les plus simples, l'éclat de la lumière et la luxuriance des couleurs ne sont rien qui puisse s'attacher aux choses mêmes en tournant le dos à la conscience – au contraire il s'agit de phénomènes qui se trouvent placés sous la dépendance d'événements internes et externes, sans nous amener à une représentation de ces événements eux-mêmes. Mais de façon immédiate nous ne savons rien des ondes constitutives du flux lumineux, rien des états corporels internes qu'elles engendrent ; nous ne sommes pas en mesure de comparer l'objet tel qu'il se donnerait indépendamment de toute sensibilité, à la manifestation sensible que nous lui connaissons dans le phénomène ; dans cet univers, en définitive, nous sentons que nous ne pouvons que nous abandonner à cette nécessité innée qui est celle de notre nature. Toutes ces raisons expliquent que, du point de vue de l'appréhension immédiate, tout élément sensible est bien plus étroitement rattaché à l'objet – il est alors compté au nombre de ses qualités premières (*anhängende Eigenschaften*) – que ne peuvent l'être la beauté ou la laideur. Car à travers celles-ci l'objet ne nous est pas donné, mais son contenu, déjà posé sans aucune ambiguïté, se voit amplifié par le biais du jugement de goût dans lequel s'originent les valeurs (*werthgebend*) – et ce dans la mesure seulement où il reçoit l'énergie nécessaire à provoquer un état de plaisir spécifique, au hasard de ses rencontres avec une âme réceptive et sensible. Ici non plus, il est vrai, nous n'aurons rien de manifeste dans ce dont la médiation doit venir fonder la succession du plaisir et de l'impression, mais tout au contraire, ce qui en ressort pour notre ravissement paraît errer seul, à la dérive sur le miroir de la conscience. Toutefois nous croyons entrevoir que l'impression produite par le beau n'affecte pas seulement en nous une conformation intérieure permanente à laquelle nous n'avons aucun accès, [295] mais encore des tendances psychiques et des mouvements affectifs de l'esprit qui est véritablement nôtre, et qui sont elles plus ou moins susceptibles d'atteindre à une conscience de soi distincte. En fait nous croyons entrevoir que tout ce à quoi la conscience a pour vocation de conférer une valeur ne doit pas trouver l'âme à l'état de repos, mais d'élan, animé ou contenu. C'est là un point commun du beau et de l'agréable, et Kant déjà – lui à qui, s'agissant d'un examen du beau qui prétende vraiment au nom de pensée, on doit plus qu'on n'a coutume de le reconnaître aujourd'hui – voyait dans la beauté une adéquation entre les rapports inhérents à l'objet et le jeu de nos facultés de connaître. Alors que ce qui se contente de se conformer aux lois nécessaires de notre entendement ne s'attirera de notre part aucune reconnaissance particulière, nous devrons considérer comme une faveur librement consentie par le destin les occasions dans lesquelles le donné présente de surcroît un ensemble de corrélations (*Zusammenhang*) qui viendront au-devant de notre désir en se récapitulant en un petit nombre de pensées d'ordre supérieur. Il pourrait exister un monde où on ne pourrait identifier aucune espèce, en tant que formes propres à dominer la diversité, mais où tous les individus se côtoieraient sans pouvoir en rien se comparer ; or que ce qui existe soit non pas ce monde, qui semblera bien ingrat à la réflexion du penseur, mais au contraire celui qui se ramasse et s'unifie lui-même pour atteindre à de plus hautes réussites : voilà ce qui peut être l'objet même du plaisir désintéressé, qui se mue dans le sentiment du beau par sa relation au singulier et au divers. Ce n'est donc pas dans la concordance (*Zusammenstimmen*) entre l'impression et le cours encore en lui-même indifférent que prend notre faculté de connaître, que Kant faisait consister le beau – mais dans l'harmonie qui s'instaure avec une connaissance s'élançant vers son but.

Mais cessons de supposer des facultés de l'âme, et nous verrons disparaître avec elles l'idée d'une continuité et d'une autonomie dans le cours qui serait le leur ; désormais, ce avec quoi l'impression nouvelle qui viendra nous frapper devra concorder, ce ne sera plus cette activité déroulant éternellement d'elle-même son propre jeu, mais plutôt avec une série évolutive de représentations, sentiments ou tendances psychiques, ainsi surtout que leur structure et leur organisation. Pourtant cette conception me semble devoir rejoindre ce qui a été tenté, sinon accompli dans la doctrine kantienne. C'est ici, incontestablement, qu'on placera les frontières séparant [296] le beau de l'agréable. S'il suffisait, pour qu'un objet soit beau, que l'impression produite sur nous puisse se fondre sans résistance à n'importe quelle série représentative, et étant donné que la beauté peut se rapporter à des séries représentatives indiciblement dissemblables, dont l'apparition ne peut en outre avoir une quelconque pertinence que pour l'esprit singulier qui en accueille le développement : d'une part donc, cette beauté se verrait parfois attribuée à l'objet, parfois non, et d'autre part elle n'existerait jamais que pour tel esprit, et tel esprit seulement. Or nous prêtons à la beauté constance et continuité, de même, selon notre point de vue, qu'une validité (*Geltung*) qu'elle ne doit qu'à elle seule ; en revanche les traits précédents caractérisent aussi bien l'agréable que l'utile. Ce dernier se structure comme un assemblage de séries représentatives et de séries de sentiments, purement rattachées aux circonstances, lesquelles certes trouvent leurs conditions suffisantes dans l'âme sensible singulière, mais en revanche, en aucun trait de leur essence, ne rejoignent la détermination générale de l'esprit : il ne trouvera jamais qu'une norme entièrement variable, et le plaisir de l'harmonie passera lui-même aussi fugitivement que la situation de l'esprit avec lequel se sont instaurés une relation et un accord (*Übereinstimmen*). En soulignant nettement pour notre jugement de goût la prétention à une validité universelle, qui doit lui conférer sa nécessité, Kant a parfaitement vu que le but auquel il nous faut rapporter le beau ne saurait se trouver dans un événement contingent – auquel, certes, rien ne fait obstacle dans les lois universelles régissant les opérations de l'âme, mais qui ne se voit pas non plus commandé par ces mêmes lois ; le modèle commun qu'il s'est proposé pour procéder à la comparaison s'est avéré solide, c'est celui du jeu d'une faculté de connaître, insufflé à tout esprit singulier par ce que sa nature a d'universel. Mais autant il n'a cessé de souligner cette prétention à la validité universelle, autant il eût dû considérer aussi combien elle s'est vue, non moins constamment, contrecarrée dans son aboutissement. Si les conditions réelles de l'acte par lequel nous jugeons et apprécions (*Beurteilung*) le beau impliquent nécessairement en cela un aspect toujours différent, toujours divers, et si tout jugement en général prétend néanmoins valoir comme un acte auquel on reconnaîtra universellement une valeur (*annerkennungswerth*), alors la présence en nous d'une conformation propre à notre essence spirituelle, donnée comme réellement inébranlable, ne peut plus être le miroir qui renverrait le rayonnement émané de l'objet. On devrait trouver ici aussi, à l'identique, l'universalité que nous conférons aux lois du penser ; ou bien le beau devrait être lié à une impression donnée de façon aussi inaltérable [297] que ce qui se produit lorsque, pour une même structure des organes sensoriels, la même onde lumineuse produira partout la même sensation colorée. Or le jugement d'appréciation que nous portons sur le beau fluctue bien davantage que celui auquel donne lieu, le plus souvent, l'agrément sensible : précisément parce que celui-ci se rapporte à tout le domaine que dessinent l'activité et les besoins corporels (et ce domaine est alors remarquablement étendu), on est en droit d'espérer trouver en chaque individu des conditions identiques qui le prépareront à l'accueillir. En conséquence de quoi il n'existe effectivement aucune disposition à ressentir le beau, et ce ressenti ne doit pas se rattacher dans l'esprit à des processus purement singuliers, afin de ne pas se voir indûment ramené à l'agréable – lequel flatte en nous des besoins parfaitement égoïstes ; comment mieux rendre compte de cela qu'en posant cette idée générale :

en ce qui concerne nos tendances psychiques, le beau se rapporte à un état qui n'est pas universellement présent en nous, or *doit* l'être néanmoins – un état qui ne passe dans la réalité effective (*sich verwirklicht*) que sous forme de fragments isolés, quand bien même toute âme sensible singulière sait faire d'elle un modèle à atteindre ? Mais si cette pensée permet d'éviter la confusion du beau et de l'agréable, elle semblera aussi le déporter excessivement du côté du bien ; quoique, à y regarder mieux, ce soit non pas le beau mais l'esprit qui en jouit qui paraisse être, du fait même que celui-là l'en rapproche, en étroite parenté avec le bien.

Le déroulement de nos représentations est incontestablement subordonné à des lois universelles – planant impassibles au-dessus toute forme qui en incarnera une réussite particulière ; mais même cette forme ultime qui met fin à tous les méandres dans lesquels s'engage ce déroulement psychique, la vitesse du flux qui l'entraîne et la direction vers laquelle les représentations et tendances psychiques singulières viennent s'appeler ou s'empêcher – tout cela ne peut dépendre que de la valeur que nous conférons à certaines d'entre elles, d'où elles tirent en premier lieu cette puissance et cette opposition, et grâce à laquelle elles pourront ensuite entamer ce jeu qui les amène à se repousser ou à s'attirer selon une légalité universelle. Nous n'avons pas vraiment besoin d'examiner ici quelles peuvent être les sources de cette distribution des valeurs (*Werthverteilung*) ; il se peut que pour partie elles tiennent elles-mêmes à des facteurs corporels, mais elles tiennent plus encore à la teneur (*Gehalt*) originellement morale de l'esprit – qu'au contraire nous ne devons pas dériver d'un dédale (*Verschlingung*) de représentations à la formation seulement contingente ; enfin, [298] en soi-même, elles tiendront déjà au domaine de la beauté libre, à une certaine tonalité et une certaine inclination attachées aux activités – une inclination qui sans doute par sa présence pourra constituer dans l'essence de l'âme un germe destiné à se développer dans toute sa conséquence à chaque impulsion ultérieure qui lui parviendra en provenance de l'extérieur. Voilà les motifs qui en eux-mêmes engageront l'esprit à trouver beau d'abord ce qu'il jugera lui être analogue, à savoir dans la façon de se produire comme ensemble de corrélations, où il percevra la même douceur, ou la même rigueur, un caractère fugitif ou au contraire une réminiscence (*Erinnerung*) qui lui permet de faire retour à son intériorité, la même précipitation ou la même hésitation dans le déploiement des transitions qui caractérisent en propre le cours de ses propres représentations, de ses sentiments et aspirations. Et de fait, jusque dans les âmes à la sensibilité la plus cultivée, les conditions réelles de l'acte par lequel nous jugeons et apprécions le beau, le goût tel que nous le déployons dans les arts trahiront toujours l'influence de tels facteurs dans la préférence idiosyncrasique que nous marquerons dans bien des cas à l'égard de tel ou tel genre de la représentation artistique (*Darstellung*) en particulier ; voire bien plus, les développements idiosyncrasiques de l'art dans les différents peuples s'adosseront à ces fondements (*Grundlage*) donnés à même les us et coutumes en vigueur et les manières d'envisager les choses lorsqu'elles sont passées [elles aussi] dans les mœurs.

Ce qui va au-devant de préjugés aussi idiosyncrasiques du goût, issus d'une disposition affective (*Stimmung*) innée à notre âme sensible, pour s'y couler avec conformisme, ne peut généralement valoir que pour quelque chose d'agréable. C'est seulement en prenant soin d'introduire une multiplicité de degrés que nous serons ensuite habilités à conférer à ces dispositions affectives elles-mêmes une valeur ; et si nous acceptons finalement volontiers que, dans bien des cas, une préférence marquée à l'égard de jouissances artistiques particulières repose sur une inclination seulement contingente de notre âme sensible – une inclination peut-être même mal dirigée –, nous sentons aussi que dans d'autres cas c'est encore un élan bien plus large et tourné vers une valeur bien supérieure, exigeant de se voir reconnue de façon inconditionnée, qui fait entendre sa voix dans le jugement d'appréciation que nous portons sur le beau. Et de cette manière, tandis que les mouvements coutumiers à notre âme sensible se rapprochent toujours de cette forme, de cette ordonnance impérieuse dans laquelle ils pourront servir la destination suprême de l'esprit, une destination sainte dans la plus large signification du terme, progressivement c'est alors aussi la valeur de l'objet qui nous paraît se hausser de l'agrément le plus commun jusqu'à la dignité de la suprême beauté inconditionnée, lorsque l'impression que cet objet occasionne relaie le cours pris par ces événements intérieurs.

[299] Si de cette manière, toutefois, nous rejoignons l'une des pensées que l'étude de l'art avait jadis déjà su faire sienne : à savoir que tout le beau tient sa valeur et son essence de l'élément moral, du bien –, cette proposition ne doit pourtant valoir ni seulement dans sa signification restreinte, ni dans l'indétermination où on la laisse ordinairement. Comment alors le beau, qui, tel l'éclair qui instantanément nous illumine, ne s'attache ordinairement qu'à des rapports temporels et spatiaux, dénués de toute signification déterminée, porteuse d'exemplarité, comment le beau peut-il finalement former un ensemble de corrélations avec l'état d'esprit et l'intention (*Gesinnung*) qui seront ceux de l'âme dans sa sensibilité morale ?

Partons, en premier lieu, du bien, à quoi notre réflexion nous a conduits tout d'abord : alors on n'ira pas nier que, du développement plus ou moins homogène des perfections morales dont l'âme sensible singulière est susceptible, pourra émerger aussi une modalité correspondante dans le déroulement de nos représentations et dans la variation de nos sentiments et tendances psychiques. Peut-être même peut-on dire que moins les circonstances extérieures de la vie fournissent l'occasion de déployer une disposition si particulière et d'exercer la jouissance qu'elle aura d'elle-même, plus profondément l'âme sensible pourra s'aventurer dans le règne de l'arbitraire artistique pour éprouver la puissance de sa disposition affective et de sa contenance intérieure à même les cercles de facteurs qu'elle se sera créés elle-même, et de les produire en elle à l'intuition. Et c'est ainsi, en retour, où qu'ils se présentent, que les phénomènes dans lesquels se manifeste cette activité des mouvements intérieurs quelle qu'elle soit, celle du flux continu des altérations ou celle d'une rupture soudaine suivie de l'élan tumultueux d'un nouveau commencement, bref toutes les formes de la transition, de l'amalgame et des oppositions qui prennent place dans tous les arts comme les moyens essentiels et communs à la représentation, réveillent en nous la réminiscence d'un des états singuliers que nous pouvons occuper du point de vue moral, et de la valeur qui s'y attache. Toutefois la violence de ces tendances psychiques dominantes ne porte pas seulement dans le cours des représentations et des sentiments ; elle se montre aussi à travers la nécessité innée présente dans certains mouvements corporels externes qui jettent un pont entre la valeur spirituelle de la pensée et la représentation sensible (*sinnliche Darstellung*). À vrai dire, même indépendamment de cela, des dessins tracés dans l'espace, tout en restant d'une rigoureuse simplicité, sans signification en eux-mêmes et par la seule influence bienfaisante qu'induit l'alternance de tension et de repos pour l'œil qui les parcourt, trahiraient déjà les premiers indices [300] d'une beauté – celle qui consiste encore dans le jeu ; mais qui a une fois senti sa propre voix brisée sous l'effet de la douleur, ses membres vibrants trembler d'une colère contenue – pour lui ce qui se donne dans l'intuition sensible est devenu parlant, et ce qu'il était contraint de manifester lui-même extérieurement, désormais il en retrouvera le pressentiment dans tout phénomène qui se présentera à lui sous des dehors étrangers, mais en même temps analogues à lui. Il est permis de croire que c'est sur de telles expériences, de tels vécus que repose en plus grande partie le jugement permettant d'apprécier la beauté spatiale de certains contours. Nos efforts pour assigner à cela des facteurs scientifiquement mesurables sont toujours restés vains, et cela tient à ce que le contour ne produit pas son effet par lui-même mais par l'intermédiaire des réminiscences que nous suscitons en nous. Qui aura vu une figure (*Gestalt*) chère courbée sous le poids du tourment, pour sombrer dans la lassitude extrême de la mélancolie, lira désormais une infinité de formes spatiales de façon prédéterminée par le contour de cette inclinaison, de cette courbure, flottant devant son œil intérieur – et c'est en vain qu'il se demandera comment le dessin, avec d'aussi simples traits, peut lui inspirer des sentiments aussi intimes. Dans le labyrinthe des sonorités entrelacées (*Verschlingung*), chacun retrouve son âme, sa sensibilité, peut contempler d'un regard les mouvements qui l'agitent. Ce qui serait bien en peine d'arriver si nous n'étions en cela poussés par notre conformation corporelle, qui nous prédestine à conférer à nos sentiments, grâce aux modulations de la voix, une expression extérieure qui pourtant en elle-même n'a rien que d'entièrement gratuit. À la valse des sonorités se lie ainsi la réminiscence des transitions qu'observent nos tendances psychiques et nos sentiments en ce qui tient quant à leur intensité qu'en ce qui tient à leur nature, lorsque, sous leur impulsion, nous émettons les mêmes modulations vocales. Et même, c'est bien le fait d'aller chercher dans s mémoire le ressouvenir (*Andenken*) de la mesure, de la tension propre à l'activité corporelle lorsque nous produisons les sons qui nous enseigne à chercher, dans ces sons mêmes, ainsi que leur hauteur relative, la préfiguration allusive (*Andeutung*) d'une énergie plus ou moins intense, d'un élan pris à tous les degrés de l'implication virile ou du relâchement. Les proportions architecturales données à l'espace, l'élan des piliers et l'étalement des charges qu'ils permettent ne nous resteraient qu'à demi compréhensibles si nous ne possédions nous-mêmes une puissance motrice et, dans la réminiscence des charges et des résistances que nous avons pu ressentir, si nous ne savions évaluer aussi, dans ces forces qui au sein de l'édifice trouvent leur expression dans la réciprocité du porter et de l'être-porté, à la fois l'intensité, la valeur, et le sentiment de soi qui s'y trouve contenu, quoiqu'assoupi. C'est ainsi que la vie corporelle, [301] poussant avec nécessité à exprimer ce qui nous est intérieur au moyen de phénomènes extérieurs nous fait progressivement accéder à une plus grande compréhension des formes et tracés sensibles ; et même l'élément moral, en déterminant d'abord un équilibre des tendances psychiques puis en prescrivant au cours des événements intérieurs un certain progrès, pourra découvrir en ces images sensibles quelque chose d'apparenté, de similaire à lui.

Articulation du beau et de la moralité, l'universel articulé au particulier dans la vie éthique

Or, si maintenant nous voulons faire valoir cette perspective élargie sur l'élément moral, nous verrons clairement que ce qui nous paraît beau, ce ne sont pas seulement les choses qui, par leur forme propre, éveillent en nous les réminiscences des actions et de leur teneur morale ; mais celles aussi qui donnent à voir, sans effort apparent, [303] le règne partout prévalent des forces naturelles et un développement authentiquement conforme à des lois supérieures, ou à sa nature propre. L'agir à lui seul ne comble pas la destination qui est celle de l'homme : la connaissance peut elle aussi s'élancer à méditer (*vorschweben*) l'un de ces archétypes où la diversité du donné est réunie dans un réseau de relations, sur lequel tombe pour le moins la lueur oblique de l'acte même dans lequel s'origine la valeur morale, même dans le jugement d'appréciation ordinaire. Ainsi la pensée de l'unité est un de ces concepts qui pour nous est indissociable d'une certaine valeur ; peut-être celle-ci, à vrai dire, ne lui est-elle pas plus consubstantielle qu'à d'autres parties de la connaissance, mais projette plutôt le simple reflet d'une signification supérieure. L'unité en elle-même est pourtant, en soi, un concept vide et sans application qui ne tire son sens que du fait d'indiquer soit la totalité, soit la relation, la fin ou bien encore l'origine, à qui il revient d'unifier le dissemblable. Or voici précisément la nature du beau : ne rien dire du contenu déterminé à partir duquel une valeur éminente a pu se transmettre à un grand nombre de formes et de modes de liaison et, souvent en s'appuyant sur le seul jeu des formes, nous engager insensiblement à leur attribuer la teneur et la dignité même de cela dont elles suscitent en nous la réminiscence. Art et nature doivent donc aussi certains de leurs attraits à des vecteurs qui en eux-mêmes paraissent ne relever que de la connaissance : l'enchaînement du divers en des unités de perspective (*durchblickend*), le fait que les lois s'appliquent à l'individu malgré sa caducité, serein et spontané le développement naturel en chaque germe ; et alors il se pourra bien que souvent, dans sa méditation, l'entendement ne trouve plus dans le bel objet de quoi fonder le plaisir qu'il éprouve ; souvent aussi, c'est un pressentiment empathique (*ahnendes Mitgefühl*) qui se transpose dans ces pulsions de développement nous conduisant à faire nôtre cet événement étranger qu'il ne peut plus ne pas ignorer, dans lequel il ne peut plus ne pas s'impliquer.

Si ce qui caractérise le beau en propre est bien cette activité de jouer avec des formes qui relèvent d'un contenu supérieur, celui du bien en soi, sa condition apparaît plus modeste en comparaison du bien lui-même et de la gravité qui l'empreint. Le beau ne fait qu'inviter à la jouissance : les archétypes du bien somment la conscience de se rendre à leurs exigences. Et pourtant la félicité que peut nous faire connaître le beau n'a rien d'égoïste ; mais [304] elle s'apparente davantage à ce qui est saint qu'à ce qui est bon. Le bien, qui se déploie jusqu'au bout dans des actions singulières, a effectivement sa valeur en lui-même s'agissant de l'esprit et de l'intention ; mais il apparaît et se manifeste toujours en rapport avec une situation singulière, et le profit que l'on peut attendre de cette bonne action qui s'accomplit, pour l'existence dans son intégralité, repose sur le fait de réussir à maintenir ou au contraire modifier cette situation. Le beau, lui, doit tenir à distance ce qui sera simple circonstance secondaire ; il ne se rapporte à aucune fin, dont l'accomplissement, quelle que soit la bonté de l'intention qu'on ait eue à l'esprit, paraîtrait souvent trop insignifiante en regard du tout que forme le monde et du sens de l'ordre cosmique, et sa tâche se borne à donner précisément à voir cette intention et cet esprit dans lequel on agit, à la fois dans le mouvement d'une âme sensible et dans les formes de l'étant qui sont parvenues à atteindre le repos. La plus ancienne période de l'art grec figurait les Dieux, majestueux en toute leur essence, leur existence, absorbés en eux-mêmes, loin de tout le fracas qu'engendre ces relations par lesquelles à la fois nous nous élançons vers le reste du monde et cherchons à nous y exprimer (*strebender ausdrucksvoller Beziehungen*) : le beau lui non plus, dans sa plus haute forme, ne s'amalgame pas avec le bien et ses combats, toujours engagé dans les luttes propres aux actes singuliers – mais avec ce qui est saint et en repos et dont l'éternel déploiement, bien au-delà de toute fin singulière, ne développe que la plénitude de sa propre essence, tout à sa félicité. C'est pourquoi le beau ne connaît pas la torture de ce que c'est que devoir, ni des fins à atteindre, et si son jeu peut d'un côté nous rappeler les actions dans lesquelles notre vertu combattante doit se mettre à l'épreuve, de l'autre il est ce bien subsistant qui jamais ne vient à disparaître du monde quand bien même les oppositions qui le traversent peuvent engendrer une résistance profonde à l'omniprésence de sa manifestation phénoménale.

*

Nous avons pu jusqu'ici soustraire le beau au caractère versatile de nos dispositions affectives toujours fuyantes, à l'inconstance d'événements passagers qui ébranlent l'âme et la sensibilité de tout un chacun avec toute la contingence qui les caractérise ; mais notre besoin de séparer ainsi le beau et l'agréable nous entraîne désormais encore plus loin, jusqu'à ne plus trouver aucune satisfaction à cette première réponse. Si toute la félicité, toute la jouissance et la valeur que l'on peut lier au beau sont à placer dans l'esprit qui en effet [305] jouit de tout cela, que reste-t-il donc à l'objet beau ? Une éventualité seulement, se trouver involontairement au départ de toute série de sentiments de par sa confrontation fortuite avec l'esprit. Ce n'est plus l'objet qui sera « beau », au sens où c'est à lui qu'on pourrait imputer, avec toute la ferveur qui s'y attache, la valeur que notre sentiment associe à ce terme même ; tout au contraire son essence est formée de propriétés totalement indifférentes, tant en elles-mêmes qu'au regard de l'entendement purement connaissant (et ceci vaut aussi des rapports qu'entretiennent entre elles ces mêmes propriétés) – et il faudrait encore l'éventualité d'un destin extérieur qui mette tous ces points indifférents en contact avec l'esprit vivant pour que celui-ci, sous le coup de l'excitation, se prêtât à l'illusion en étendant la chaleur de son sentiment à la froide clarté dispensée par cette forme évocatrice. Ici deux points nous blessent, quoiqu'à des titres différents. Tout d'abord, en effet, on évoque souvent l'idée qu'une moindre dignité s'attache à tout ce qui n'a d'existence que dans l'esprit ; à peine consent-on encore à prendre en compte cette forme d'existence dans l'état de fait que représente le donné. Toutefois, si nous sommes bien incapables de conférer à nos représentations la même fermeté, la même indépendance dans l'existence, ce n'est pas parce que le lieu de son existence est la conscience que le pensé tombe à l'extérieur du tout de l'univers – et ceci quoique d'autres raisons font aussi qu'on a l'habitude d'opposer la conscience au monde qui l'inclut en son sein. De sorte que, si nous souhaitons que notre représentation de la beauté puisse atteindre une forme de validité, il n'est nul besoin de vouloir lui faire violence en prétendant y voir une propriété inhérente à la réalité des choses ; mais ce qu'exprime un ce voeu, ce dont il est si légitime de réclamer la satisfaction, c'est le besoin de voir le beau s'émanciper des événements contingents qui marquent notre réalité singulière, de pouvoir le ramener à un rapport dégagé du cours des choses, et doté d'une valeur en soi et pour soi. Et si l'esprit qui jouit du beau se sent porté intérieurement à cette jouissance elle-même par un destin universellement commun à tous les esprits – qui rehaussera en lui la façon dont ce plaisir désintéressé, ce sentiment de félicité se manifeste au niveau des phénomènes, la validité qu'atteindra cette beauté n'a pas une moindre valeur que si on la cherchait dans une configuration réelle et factuelle (*wirklichen Beschaffenheit*) du monde extérieur. De telles façons de voir, méconnaissant la valeur de toute intériorité, reposent sur cette révérence idolâtre [306] que beaucoup témoignent au concept de la vérité, pourtant sans valeur intrinsèque – au lieu de la témoigner au contenu de vérité ; et une telle révérence est aussi ce qui rend pensable une vérité dernière, au fondement de toutes choses, dont l'énoncé est néanmoins absolument dépourvu de dignité et de signification ; on ne tire plus plaisir que de son caractère factuel et immuable. Des débuts aussi confus peuvent nous amener à former une hypothèse qui semblera même aller de soi : que tout connaître ait pour destination de traquer la vérité ou l'essence des choses ; proposition qui reste exacte du moment que vérité et essence désignent ce noyau de réalité, déjà doté de valeur en lui-même, seul à permettre de concevoir toute la structure du monde : mais qui devient absurde lorsqu'elle commande que ce quelque chose, là, qui pense, doive considérer comme son but d'être un miroir pour ces choses qui ne pensent pas. Si bien que deux points de vue différents régiront tous les jugements d'appréciation que nous pouvons porter en général : le premier consiste à chercher la valeur de toutes les pensées non pas dans leur contenu mais dans la certitude qu'elles nous donnent une réplique (*Nachahmung*) fidèle d'un autre contenu encore ; le second ne se préoccupe pas de savoir si les concepts jouissent encore, outre leur existence vivante dans l'esprit, de la présence inerte qui est celle de la réalité, et trouve plaisir à leur contenu et à leur sens pour comprendre comment ils entrent dans la constitution d'une série pleinement signifiante pour la connaissance vivante de tous les esprits. C'est ainsi que le naturaliste peut toujours nous contester l'existence des couleurs en les dérivant de la réalité externe, et les situer dans l'œil qui ressent notre sensibilité ne rougira pas de l'illusion qui est la sienne ; assurément, c'est elle qui à partir des mouvements ondulatoires de la lumière extérieure réengendre entièrement toute la splendeur des couleurs – mais avec la conviction que son jeu propre et l'harmonie qu'il réussit à instaurer lui font atteindre à quelque chose de plus haut que les mouvements qui traversent hors de nous l'immensité de l'espace. Et de ce fait, aussi indifférents, aussi dissemblables que soient les rapports propres à l'objet quant à l'impression qu'il produit sur nous, il y aura pourtant une vérité et une légitimité propres à la beauté dont ils nous font jouir, en tant que celle-ci est aussi envisagée comme pur événement de l'esprit. C'est par un fondement différent et mieux établi que s'impose à nous l'incertitude relative au second point. Le plaisir pris à la beauté, la représentation que nous nous en formons ne sont-ils pas de nature à pouvoir faire tomber l'ensemble [307] de notre vision du monde dans une confusion sans remède, si nous ne pouvions regarder ce plaisir, cette représentation que comme un événement prenant place en nous, et non comme établis de façon prédestinée dans les choses en leur essence ? Pouvons-nous retirer au reste du monde la félicité qui s'attache à une telle jouissance, et quel but propre, doté par lui-même de valeur, pourrait bien poursuivre l'étant si, indifférent à toute beauté, il n'y atteignait que de manière éphémère au hasard de ses rencontres avec l'esprit sentant – au risque d'en rester seulement à une pure apparence ? Une chose est bien certaine, si c'est en rêveurs impénitents que nous nous attachons à la pensée de la beauté, c'est que nous pensons saisir en elle ce qui pénètre tout l'étant, le noyau même qui l'anime en lui prêtant la vie (*belebend*), et si elle ne possédait cette omniprésence, ce n'est pas elle seulement qui en souffrirait quant à sa valeur [propre], mais bien aussi le monde des choses – qui heurte notre sentiment s'il fallait l'imaginer orphelin de toute beauté et de l'activité propre à ses mouvements intérieurs.

Ici encore apparaît un phénomène que nous avons déjà remarqué et sur lequel nous aurons encore à revenir. Pour nous n'a de valeur vraie, constante et efficace, que ce en quoi nous pouvons nous transposer, dont nous pourrons éprouver l'existence par empathie (*mitfühlend*), de façon à jouir d'elle à sa suite (*nachgeniessen*). Il y a un tel lien entre notre concept de beauté et l'idée d'un sentiment empathique (*Mitgefühl*) qui nous permet d'entrevoir le développement d'une chose étrangère, et de l'aimer déjà, qu'un monde nous apparaîtrait comme un non-sens si, en lui-même sec et dénué de signification, il était seulement comparable aux menées pleines d'artifice qui se trament derrière les cloisons de la scène, et que nous devons prendre grand soin de nous masquer à nous-même pour créer une illusion fugitive, à laquelle nous nous empresserons néanmoins d'adhérer. Et pourtant même cette façon d'envisager le monde prêterait davantage à l'étant que celle qui consisterait à porter sur tels ou tels rapports, sans autre forme de déduction, des jugements favorables ou défavorables, alors aucune connaissance ne peut justifier sa prétention à porter une telle appréciation en partant de ces rapports comme états de fait. Au moins ne nous contenterions-nous pas de conférer aux choses une ombre de beauté en nous appuyant seulement sur le hasard de leur rencontre avec l'esprit, qui n'a rien d'essentiel à leur nature : d'emblée leur forme, leur conformation seraient conçues pour servir au moins de moyen impliqué dans une réussite [téléologique], dont [pourtant] elles ne sauront ressentir la félicité par empathie (*mitzuempfinden*)[2]. Et toutefois une telle collusion (*Zusammenschliessung*) des choses et de la beauté ne procure qu'une demi-satisfaction ; car si l'esprit et ses pensées [308] restaient suspendus au-dessus de ces moyens inertes, ils leur seraient toujours étrangers, ce qu'ils arriveraient à obtenir ne procéderait pas librement de leur nature [propre], et ils échoueraient alors à s'attirer cette tendre implication que manifeste l'âme sensible et qui la fait s'attarder si volontiers sur l'objet du sentiment esthétique (*schönen Gefühls*).

Nous exigeons au contraire deux choses. D'abord que, dans la mesure où l'objet tient ses belles proportions de certaines forces, celles-ci valent comme ses activités propres, déterminant son existence, son essence et l'évolution qu'il connaîtra ; mais aussi que la beauté, qui apparaît tout aussi diverse elle-même dans la diversité infinie des choses, soit pourtant considérée comme chose Une, qui les animerait toutes ; de façon que des points de convergence entre les choses et nous ne restent pas disséminés, ce qui ne produirait alors que des beautés tout aussi isolées, comme c'est le cas si l'on considère l'utilité des objets : celle-ci répugne en effet à se voir unifiée dans un concept commun puisqu'elle ne se fonde précisément que sur des relations contingentes et sporadiques.

Il semblerait alors que la meilleure façon de satisfaire à ces requêtes, qui soit aussi la plus simple, fût le concept obscur de quelque Éternel ou Inconditionné. Du point de vue de la connaissance, ce concept semblera réunir en lui les caractères définitoires d'une existence qui se répartit équitablement entre pensée et réalité, ignorant leurs limites (*übergreifend*), l'unité maintenue sans rupture entre les manifestations phénoménales les plus diverses; en même temps, du point de vue du sentiment et de sa dimension axiologique (*werthsetzend*), la marque d'une suprême dignité. Ainsi la beauté apparaîtrait comme l'un des traits par lesquels cet

---

[2] *Erfolg* désigne manifestement la forme vivante, « réussite » téléologique à laquelle contribuent « forme et conformation » – grâce à quoi il devient alors plus compréhensible de lui attribuer la « félicité » dans la relative, sinon énigmatique. L'adjectif « téléologique » est un ajout à des fins de clarification, rien n'y renvoie dans le texte original (*N.d.T.*).

inconditionné s'exprimerait sans se perdre lui-même en se disséminant en tous sens, adoptant néanmoins des formes d'une infinie diversité – et ce qu'il faut à cette pensée, avant tout, c'est fonder sa possible validité et écarter les difficultés que la connaissance formule à l'encontre d'un concept de ce genre. Toutefois il n'est pas nécessaire de mentionner ici toutes ces difficultés, car il apparaît aussitôt que cet inconditionné, en tant que rapporté à la beauté, ne pourrait être conçu ni comme un étant infini qui aurait adopté une forme matérielle, ni comme une propriété intrinsèque, et pas même comme une force agissante et vivifiante. Partout, le beau se montre non comme advenir en lui-même, mais comme la forme d'un advenir, à moins que ce ne soit l'événement lui-même qui surgisse sous nos yeux, encore en son devenir même, ou qu'en les saisissant nous ramenions à une série temporelle en mouvement un ensemble de rapports [309] parvenus à leur point d'équilibre et de repos, ou que ces mêmes rapports nous engagent à retracer en pensée les strates dont le déroulement a laissé ses vestiges sur le miroir paisible de la manifestation des phénomènes. Cette idée atténue les difficultés de notre tâche. Cet archétype unique du beau, cette beauté même, éternellement identique à elle-même quoiqu'infiniment dissemblable dans la diversité qui peut être celle du bel objet, ne sera elle-même ni un objet, pas plus qu'une propriété, une force : mais un événement ou un destin qui peut affecter de manière extrêmement dissemblable ce qui est lui-même dissemblable, sans pourtant jamais se voir altéré en ce qui fait sa nature propre, dans son sens et dans la signification qui lui échoit dans la série des événements. Dans la nature les substances les plus variées sont toutes soumises aux mêmes lois communes du mouvement sans que cela vienne contredire leur essence propre : c'est de la même façon que cette beauté Une peut couvrir la variété illimitée de choses qu'aucune similitude ni dans les caractères définitoires ni dans les rapports de proportion ne nous permet pourtant de confronter directement – et ce sans être entendue comme un destin, un destin qui consisterait à garder et protéger (*hegen*) en son sein les contradictions qui restent irrémédiablement attachées à toute autre configuration. Si donc on cherche à rapprocher l'essence de la beauté de la perspective de la connaissance, on doit songer que cette essence réside dans sa signification. C'est pourquoi il n'y en aura aucun concept qui présenterait par des caractères définitoires, et leurs enchaînements, une loi infaillible de description : car les caractères définitoires sont pour elle indifférents ; il n'y en aura nulle représentation qui continuerait à faire d'elle une configuration factuelle inaltérable à la façon dont d'autres représentations subsistent immuablement, par exemple celles des couleurs sensibles, car tout arrière-plan qui sert à sa manifestation lui est indifférent ; on ne la trouvera pas elle-même dans l'intuition d'un rapport, car elle défie tous les rapports calculables. Elle ne peut être saisie que comme *pensée ;* par ce nom, la langue allemande désigne, mieux que par le nom d'*idée* qu'elle a emprunté au-dehors, un contenu dont le seul noyau cohésif (*zusammenhaltend*) consiste dans le sens, la signification ou la valeur qui peuvent être amenées à s'exprimer dans des phénomènes infiniment variés, qu'à nouveau [310] rien dans leur aspect extérieur ou dans leur genèse ne permet de rapprocher ; un contenu qui en outre n'est pas une existence en repos, non plus qu'une relation établie avec un état de fait inaltérable, mais un destin ou un événement dont l'essence propre fait la valeur intrinsèque sans recevoir sa signification de l'élément qu'il rencontre. C'est ainsi que nous-mêmes pouvons séparer la pensée de Dieu de son concept : dans la pensée de Dieu nous récapitulons le sens, la valeur et la signification des motifs qui peuvent faire que notre cœur s'élance vers l'instance suprême pour la saisir en sa présence, qui pénètre tout, et dans a valeur de sa signification ; tandis que dans le concept de Dieu il s'agit d'étayer ce qui en fait la teneur par les ressources propres à la connaissance, de façon à en faire émerger le genre de réalité qui est le sien et le tout solidement établi des propriétés inaltérables dans lequel il consiste.

Ce qui a donné lieu à ces réflexions était le besoin d'assurer à la beauté une réalité plus large que celle dont elle jouit en tant que phénomène dans l'esprit d'un individu. Nous ne pouvons chercher un Beau en soi, ou la beauté même, sous la forme d'un donné hors de nous: tout au contraire cet Un qui ne se perd jamais dans l'infinité du divers ne pouvait être que le sens d'un advenir, une pensée. À cette esquisse encore vide de contenu, propre seulement à repousser les présupposés trop étrangers au sujet, il nous faut maintenant ajouter la recherche de ce qui en fait la teneur spécifique. L'événement placé au fondement de la beauté ne peut être indifférent : il doit s'agir d'un événement dont la pensée même occupe une place pleinement signifiante (*bedeutungsvoll*) parmi les archétypes de tout advenir qui forment l'ultime et suprême degré de toute notre connaissance. Cherchons à montrer comment les belles formes, les beaux épisodes ont pour vocation de porter à leur accomplissement l'une de ces fins cosmiques (*der ganzen Welt gestellt*) et qu'ainsi le beau et le bon peuvent former collusion (*Zusammenschliessung*) d'une autre manière encore qu'on ne l'a fait jusqu'ici : dans cette signification cosmique, le beau possédera cette réalité et cette validité sans limites qu'une existence extérieure et séparée n'aurait pas suffi à lui assurer.

*

[311] En un temps qui comme le nôtre, nourri des conceptions de l'Antiquité et s'élevant lui-même par la puissance de son propre développement artistique, est aussi entièrement pénétré de l'effort

scientifique pour appréhender la signification de la beauté, les réflexions esthétiques nécessitent une double indulgence. D'une part n'attendons pas qu'elles nous ouvrent une contrée aux trésors encore insoupçonnés : sur un chemin qu'une fréquentation assidue nous aura déjà fait apprécier par ailleurs, elles doivent au contraire se contenter de ménager sur l'objet une perspective neuve qui toutefois ne pourra s'ouvrir qu'à ceux qui voient déjà. Car voici le second point qu'un examen scientifique du beau nous demande encore d'accorder : qu'on ne confonde pas sa tâche et sa fonction avec celles de l'art même. Toutes les tentatives faites pour déterminer un concept de beauté atteindront leur but lorsqu'elles permettront de conduire, ou nous permettront d'envisager de nous diriger, de toutes sortes de côtés différents, vers cette position surplombante d'où pourra se découvrir d'un seul coup d'œil la signification propre à la beauté. Mais ces concepts ne renferment en aucune manière ce qui fait la valeur tout intérieure de la beauté, puisque cette valeur même outrepasse tout concept : exactement comme, pour ce qui de son côté reste situé sous le concept, ce n'est pas seulement en dénombrant la série des conditions de phénoménalisation qui permettent à l'objet de l'intuition sensible d'apparaître, par exemple les couleurs, que nous sommes en mesure d'expliciter ce concept même – en sorte qu'autrui soit aussi en position de réengendrer dans sa propre intuition interne ce qui resterait sans cela de l'ordre de l'incommunicable.

Si notre réflexion se tourne maintenant vers la façon dont l'étant peut tenir sa beauté de son implication dans une unique et universelle impulsion, celui de destins cosmiques (*weltbeherrschend*), l'étant lui-même est semble-t-il renvoyé à une question antérieure, celle d'une corrélation des choses, et du contenu d'un tel destin. Et ici nous partons alors de la conviction suivante : il est impossible de concevoir avec une pleine conséquence un étant qui ne renvoie à rien d'autre qu'à lui-même[3], ou bien une pluralité d'essences réelles dont la nature, présente

---

[3]   « *einem schlechthin Seienden* », « *wirklicher Wesen* » : j'ai essayé d'éclairer l'un par l'autre dans une traduction qui nécessite pourtant une interprétation de l'ontologie sous-jacente à ce passage. M. Wentscher, commentant ce passage, interprète la première expression comme « donné sur le mode d'un *fatum* ». Plus précisément, l'opposition commune des *schlechthin Seiende* et des *wirkliche Wesen* à ce qui satisfait les conditions d'une « réalité inconditionnée » énoncées immédiatement après fait comprendre que : 1°/ l'étant ne peut être détaché d'un plan de transcendance (donc ne peut pas être *schlechthin*) 2°/ celle-ci ne peut pourtant pas non plus se ramener à un doublet de la phénoménalité (*wirklicher Wesen*), qui écraserait en même temps la dimension par laquelle le phénomène ne peut pas se réduire à l'expression de l'essence. En d'autres termes l'étant (mieux que le phénomène) reste à la fois indépendant et pourtant corrélé au plan de transcendance. C'est aussi la raison pour laquelle Lotze substitue le *sens* à l'*essence* pour ce plan de transcendance. On peut penser que cette conception de 1845 est une prémisse, certes encore lointaine, de la thèse marquante de la *Logique* de 1874, dans le chapitre III, 2 consacré au « Monde des Idées » : en effet les « essences » se voient critiquées dans la mesure où elles seraient « réelles », au sens

une fois pour toutes, suffirait à expliquer tous les phénomènes, qui n'en seraient alors que de simples suites ; et que bien plutôt on ne sera en droit de conférer la dignité d'une position et d'une réalité inconditionnée qu'à ce qui satisfait conjointement ces deux exigences : se trouver face à nous, [312] indépendant de nous, comme étant ; mais aussi voir cette position précédée d'une pensée qui possédera une valeur en soi, en tant qu'intermédiaire indispensable de son passage à la réalité effective. Étant donc animés de la conviction que toute réalité s'ordonne explicitement à des fins applicables à l'ensemble de l'être et qui possèdent une valeur en soi et pour soi, nous voyons dans toute existence et dans tout advenir un accomplissement téléologique ; et quand bien même notre penser, lorsqu'il se déprend de toute implication, peut former le concept d'une existence dépouillée de toute relation d'ordre supérieur, réduite dès lors à un pur mode de présence factuel, toutefois les motifs du jugement d'appréciation, qui eux ne relèvent pas de ce penser, nous interdisent d'attribuer une validité à un tel concept. Cet accomplissement téléologique a par ailleurs trois dimensions : premièrement, celle du sens de la pensée avec sa valeur propre, qui tend à passer dans la réalité effective, sans jamais que celle-ci ne lui échappe d'ailleurs entièrement ; deuxièmement la série des causes efficientes par lesquelles ce sens se déploie ; troisièmement le règne des lois universelles, indifférentes à toute forme qui aurait atteint une réussite particulière, et que seule une certaine ordonnance des forces efficientes qui lui sont subordonnées peut infléchir vers ce but qu'est l'apparition d'un phénomène doté de sens. Pour réaliser une fin, notre penser peut certes fort bien en arrêter les conditions nécessaires, sans concours extérieur ; mais lorsqu'il s'agit que la fin se déploie dans la réalité, elle, ne pourra employer toutes les propriétés des moyens dont elle dispose, mais au contraire ceux-ci présenteront des aspects qui ne s'intégreront pas dans la relation téléologique, qui bien plutôt lui sont indifférents et qu'on ne peut cependant les empêcher de se résoudre, selon le commandement pur des lois universelles, en effets secondaires contingents. Or, que les choses obéissent à ces lois universelles ou bien encore qu'elles se montrent réellement soumises à la relation téléologique par toutes celles de leurs propriétés qui sont appelées à y prendre une part effective (*wirken…in*), nous ne leur en savons pourtant aucunement

---

ontologique ; c'est plutôt une autre forme de *Wirklichkeit* qu'il faudra leur conférer, en tant que contenus idéaux de signification. Mais il est tout aussi intéressant de constater que cette nouvelle forme de *Wirklichkeit*, la validité ou *Geltung*, ne s'identifie pas non plus au plan de transcendance identifié ici : ce n'est pas encore la « validité » (*Geltung*) de l'« idée », mais la « valeur » (*Wert*) de la « pensée » qui est mise en avant. Ici, le beau est renvoyé à ce qui en 1874 devient le second des plans et sens de la « réalité » parmi les quatre distingués : celui de l'*Ereignis*, de ce qui « advient » (*Geschehen*). L'enjeu serait alors plutôt de saisir comment l'un des plans de réalité (l'advenir) se met en relation avec l'autre (celui de la signification au sens d'une idéalité (*N.d.T.*).

gré ; tout au contraire c'est *justement* cet accord observé entre matière et pensée que nous présupposons en tout premier lieu pour que le monde ne nous apparaisse pas absurde et dénué de sens. Là où ces propriétés, forces et événements indépendants de la relation téléologique, c'est-à-dire tout le déploiement collatéral du contingent s'adjoignent à la conduite et à l'issue de cette dernière, au sens de ces plus hautes pensées [313], nous trouvons partout la libre jouissance d'une beauté surpassant la nécessité. Dans cette beauté la contradiction entre matière et pensée en est venue à se dominer entièrement, ce qui nous indique que là même où le monde pouvait supporter le dilemme (*Zwiespalt*) qui court entre le domaine de l'étant et de ce qui doit être (*das Sollende*), s'est pourtant formée entre eux une conciliation plus intime encore. Par conséquent, si pour passer à la réalité effective toute pensée nécessite de fait la médiation d'un étant indépendant d'elle, c'est alors la beauté qui vient voiler la faiblesse de cette dépendance, et transfigure tout ce sur quoi s'appuie cette réalisation effective par le sens propre à la pensée ; elle en donne à voir la réussite la plus aboutie sous la forme d'une pulsion de développement qui sourd sans résistance de son propre fonds, d'une forme trouvant son repos en elle-même. On le sait, l'architecture ne renie pas les entablements que l'érection de l'ouvrage rend nécessaires, tout au contraire elle les souligne allusivement, mais en les transfigurant dans une telle liberté de créations formelles (*Gebilde*), déliées de toute finalité, que l'ensemble prendra l'apparence d'un développement vivant, évoquant une croissance végétale : c'est de la même façon que toute beauté prise en elle-même ne nous deviendra sensible que si nous ne nous attachons pas seulement à l'harmonie de ses proportions, mais gardons aussi le souvenir du danger auquel nous exposerait le dilemme subsistant entre les moyens qu'elle se subordonne, si celle-ci n'était pas surmontée.

Ainsi notre conception du beau apparaît-elle fondée sur la reconnaissance de principe d'une opposition inconditionnée entre être et pensée, opposition qui en raison même de son immédiateté rendra nécessaire de voir s'opérer une conciliation toute particulière.

Conséquences téléologiques de l'équilibre à préserver entre esprit et matière, ordre des causes et ordre des fin

[315] En effet notre activité de connaître peut bien soulever des questions telles que : les fins sont-elles vraiment l'élément premier qui précède la matière et ses relations ? D'où vient que la pensée pénètre la matière ? Comment ? Et en définitive pourquoi reporter encore sur la forme de l'univers le rapport qui en ferait un ensemble de corrélations, alors que ce rapport est d'abord emprunté à des fins humaines, dans toute l'impuissance qui peut être la leur ? Résoudre des questions de cet ordre

impliquerait de s'entendre sur ce qui touche à la création du monde : mais en suivant l'idée ici proposée, c'est la beauté elle-même qui y donne une réponse en soulignant la profonde valeur, la valeur sainte de ces rapports. Or il serait impossible d'y voir une valeur si n'étaient donnés le dilemme et dans le dilemme la conciliation ; si toute pensée, si toute fin se déployait dans le monde de soi-même et sans résistance et qu'ainsi tout se résolut dans le mouvement cyclique auto-suffisant d'une fin et d'un concept réalisés de toute éternité, sans qu'il fût plus besoin d'un déploiement progressif de l'histoire non plus que d'un monde diffracté par le divers du monde phénoménal. La beauté est ainsi présage de la conciliation escomptée, entrevue entre les membres d'une relation dont notre connaissance semble faire des ennemis, et qu'on ne peut pourtant cesser d'opposer sans anéantir du même geste la source de la félicité qui surgira de leur entente.

Si, maintenant, dans notre quête vers l'essence de la beauté, nous gardons en tête toute la complaisance qui, dans la (316) jouissance esthétique, peut affecter l'esprit vis-à-vis d'elle, nous pourrons pourtant bien dire que nous ne nous trouvons pas face à l'une de ces solutions si répandues par lesquelles on a réponse à toutes les énigmes, mais qu'elle nous donne d'abord le réconfort d'envisager avec certitude qu'il existe bel et bien une solution, quand bien même elle nous reste en grand partie inconnue.

Qu'il y ait une racine commune à la matière et à la pensée, lieu de leur amalgame intime et suprême, c'est là une des espérances les plus chères à l'esprit humain, les moins susceptibles d'être totalement éradiquées, et à son tour elle ne repose pas sur une nécessité qui serait donnée dans le cours de notre connaissance pure : une telle nécessité se donne dans ces sentiments où s'originent les valeurs, et que l'on pourrait comparer à une révélation immédiate car ils peuvent encore condamner un point de vue qui aurait pourtant fait droit à toutes les exigences du pur penser. Toutefois cette espérance n'est pas la partie la plus distincte de notre connaissance – bien au contraire, ainsi que de nombreux besoins de l'esprit, elle est encore en attente de sa satisfaction, et celle-ci ne peut être trouvée dans la simple assurance qu'une telle unité supérieure existe.

*

Limites du téléologique ; nécessité du laid ?

[319] Jusqu'ici nous avons considéré la fonction que doit remplir la beauté en tant que l'une des pensées éternelles qui règlent l'ordonnance du monde. Mais cette façon, ce à quoi elle est destinée se voit enserré dans le cadre d'un simple concept, tandis que son passage à la réalité

effective a sa valeur dans la félicité débordante qui en fait, précisément, plus qu'un concept. C'est précisément parce que la beauté n'est pas un phénomène, mais le sens d'un événement de portée universelle, qu'on ne peut en épuiser toute la richesse, la profondeur, qu'en contemplant l'infinie diversité des formes qui l'extériorisent. De même que toute circonstance extérieure, lorsqu'elle contraint l'âme à développer une activité, ne change pas cette âme mais néanmoins l'enrichit de la réalité et de la réminiscence d'un acte dont elle portait la possibilité à l'intérieur d'elle-même ; de même, si l'on nous autorise à parler ainsi, le beau de la beauté ne consiste pas tant dans le simple concept de ce à quoi elle se destine que dans la diversité infinie dans laquelle elle se confirme dans l'épreuve d'elle-même (*Bewährung*) et provoque une aimantation du cours des phénomènes.

*

Admettons donc maintenant que la beauté a pour fonction de donner à voir une conciliation entre les caprices de la matière et la domination de la pensée : on verra que cette destination peut aussi être amenée à se réaliser dans une ample série de formes progressivement ascendantes, très variables dans leur intensité et leur accomplissement. [320] Lorsque nous parlons du beau, nous estimons d'ordinaire que des frontières d'une parfaite netteté permettent de le signaler comme quelque chose d'unique, en accord intérieur (*zusammengehörig*) ; seul un examen plus attentif révèle qu'il constitue plutôt le point suprême et culminant d'une série qui, sur différents versants, s'étend et se perd sur le terrain limitrophe du bien et du simple agrément. Et effectivement, si, embrassant mentalement toutes les formes dans lesquelles elle est amenée à se montrer dans la réalité, nous considérons la beauté comme l'une des missions que le monde réel aura pour tâche d'accomplir, l'une des premières choses rencontrées sur ce terrain incertain sera les sensations simples des couleurs et des sonorités, avant toute composition des impressions. Un point est certain : ces deux sensations tantôt épousent favorablement les conditions de la vie corporelle, tantôt s'y montrent contraires ; et cependant c'est à bon droit que l'impression que produit en nous une couleur pure, lumineuse et saturée lorsqu'aucun tracé ne vient l'enfermer dans un espace déterminé, pourra valoir pour davantage qu'une chose simplement agréable. Dans de tels cas toutefois, l'effet que le bleu pur du ciel, par exemple, pourra produire sur notre âme et notre sensibilité semblera moins tenir à ce qu'est l'objet en lui-même qu'à la réminiscence qu'il évoque ; même dans le chant des oiseaux, ce qui nous séduit est l'expression de l'élan vital (*strebende Lebendigkeit*) plus que la beauté intrinsèque des sons – qui justement, la plupart du temps, n'ont aucun attrait en eux-mêmes. Sans aucun doute, c'est déjà dans cette splendeur de la sensibilité que réside le premier triomphe par lequel le règne de la pensée, au sens le plus large, en vient à surmonter la matière morte – seulement ces ressentis, qui ne présentent que le plus simple moyen par lequel cette même matière peut se voir soumise à la vie de l'esprit, restent trop intimement engagés dans la matière même, trop amalgamés en elle pour pouvoir éveiller le sentiment d'une beauté sans conteste, en nous montrant distinctement les opposés qu'il s'agit de concilier.

Or il y a, dans toute réalité, trois plans que notre enquête doit prendre en considération. Tout d'abord ces intuitions générales de l'espace, du temps et du mouvement qui circonscrivent tout l'advenir des phénomènes en tant que nous pouvons le percevoir. Elles se révèlent déjà une matière raffinée face aux pensées qui dans le monde sont dotées d'une valeur véritable, et dans la mesure où le mode de liaison qui unit leurs parties [321] sait reproduire les relations de ces pensées, elles seront elles aussi susceptibles de beauté–à savoir de cette beauté libre qui, sans se voir contrainte à une fin déterminée, prend plaisir au jeu riche et changeant de son adéquation à l'expression de toute pensée supérieure. Pourtant la nature n'a pas seulement pour socle ce qui est commun à tous les phénomènes ; au contraire elle y fait entrer les formes déterminées des espèces prises isolément, mais qu'unissent secrètement d'intimes parentés ; si bien que leurs rejetons seront tout à la fois hommage rendu à cette beauté libre qui en tous sens déploie le jeu de ses allusions, mais en même temps devront correspondre à la place qu'occupe leur concept essentiel dans la série évolutive (*Entwicklungsreihe*) de tous les étants. Ainsi se forme la beauté adhérente, pour reprendre une expression élémentaire de *Kant*. Or au final le monde ne pourra pas se constituer en accumulant ces espèces sur un mode anhistorique – mais le noyau véritable qui constitue leur valeur se situera dans le tout des événements qui sans cesse surviennent entre elles, comme issus d'une source intarissable ; et c'est ce qui donnera à la beauté un troisième motif et occasion de se déployer. Distinguer ces différents vecteurs (*Träger*) de la beauté nous permettra aussi de distinguer aisément par avance les relations qui les unissent à tel ou tel ordre du beau, et même à différents ordres de la création artistique.

Pour Kant, ce sont les beautés libres qui constituent la beauté véritable, celle qui ne souffre aucune interférence de la faculté de juger par l'entendement – beautés libres au nombre desquelles il comptait d'ailleurs aussi les motifs floraux. Ci-dessus nous avons restreint ce concept pour n'y retenir les formes spatiales et les modes de liaison temporels que lorsqu'aucun concept générique ne les ramène encore à tel membre déterminé de la série évolutive de l'étant telle que nous entendons la constituer – et qu'ainsi elles ne font que donner à voir la capacité infinie de ces intuitions à servir l'expression des plus hautes pensées. Si, dans quelque entreprise humaine de grande ambition, nous trouvons réunis quelques expédients, quoiqu'encore informes et sans qu'ils n'aient encore de lien ordonné qui puisse nous faire intuitivement sentir l'usage réel qui pourra immédiatement lui être donné, notre imagination a pourtant plaisir à embrasser fugacement, à anticiper les possibles résultats que ces expédients nous laissent entrevoir, et, sans même voir clairement le but et la fin poursuivie, [322] nous nous sentons pourtant dans un monde où toujours, et fondamentalement, les moyens abondent pour laisser entrevoir les fins. Avant d'entonner un chant, quelques sons émis pour se mettre en voix (*Griffe*) nous convainquent d'emblée qu'il existe un royaume de sons où ceux-ci sommeillent, bien ordonnés, en attente d'une richesse infinie d'expression : et c'est de la même manière que la beauté libre, jouant des formes dans l'espace et des enchaînements temporels, nous apporte le réconfort et l'assurance d'une conciliation générale des fondements et des fins.

Dans l'espace, les dessins peuvent aussi nous retenir pour une raison analogue, lorsqu'en leur forme propre ils se donnent comme présentations figurées (*bildliche Darstellungen*) de ces relations sans lesquelles aucune pensée d'ordre supérieur ne pourrait même venir à la manifestation (*Erscheinung gewinnen*) ; et nous pourrons alors les utiliser pour l'essentiel comme images simples du non sensible. Cependant cette signification est trop dépendante des réminiscences et des associations de pensées contingentes qui peuvent venir diriger le cours de notre âme et sa sensibilité pour s'identifier encore davantage à la forme représentée sur le dessin. C'est pourquoi, dans son ensemble, la beauté libre ne donnera pas à voir l'empire qu'une loi déterminée exerce sur la matière, mais plutôt, par le seul jeu de la proportion et de la régularité, l'empire de la loi en général.

[…]

Fonction esthétique de la régularité

L'exégèse de […] toute autre forme de proportion régulière passe nécessairement par les phénomènes du mouvement temporel, et ils constituent pour l'art comme pour la nature l'un des moyens les plus hauts de déployer la beauté libre. Que toute fin, tout advenir puisse se réaliser nécessite toujours l'écoulement du temps, éternel et muet, dans la mesure où l'instant présent, dans son évanescence, est la réalisation effective d'une partie de l'infinité du futur et [324] circonscrit le règne du passé : c'est de la même façon que toute genèse et toute disparition en tant que telles renferment cette tendance à préfigurer (*Hindeutung*) tous les aspects que pourra adopter la marche du monde, avec son lot de félicité et de douleurs. Liant leurs courses dans l'espace et leur alternance dans le temps, la nature revêt notre monde terrestre de toute la fééric rayonnante des corps célestes : leur lumineux éclat qui point et décline peu à peu, leur éternelle course poursuite, elle drape notre monde de teintes splendides se faisant écho l'une à l'autre – ou bien encore, lors de plus longues périodes de latence dont seule la réminiscence permettra de dégager la périodicité, elle dirige tout le cycle saisonnier de la floraison et de la germination des plantes. Et sur ce terrain l'art n'a pas pu la suivre, non qu'une telle chose est impossible en soi, mais irréalisable de par les contraintes qu'il faudrait surmonter. Tout juste la danse contient-elle la faible tentative de donner à voir tous les charmes dont nos mouvements sont susceptibles, et qu'ils nous laissent entrevoir même ramassés sur eux-mêmes (*verschlungen*) ; toutefois même notre art devrait pouvoir se faire aussi pleinement signifiant lorsqu'il joue avec les couleurs, que lorsqu'il joue avec les sons : pour cela il faudrait qu'il donne à voir, non des couleurs qui s'attachent à quelque matière indifférente et qui viennent prendre dans l'espace une forme tout aussi extrinsèque, mais, comme dans nos feux d'artifice, des lumières multicolores auxquelles aucune forme ne sera imposée, qui viendront naître, enfler, et dont l'écho finira par dépérir dans l'obscurité – selon tous ces rapports, assignables aussi bien aux couleurs qu'aux sonorités, par lesquels une harmonie se cherche. Mais, chose impossible à la musique, ce jeu se verrait ici renforcé par celui, tout aussi sensé et ingénieux, des trajectoires fusant en tous sens. La nature n'utilise pas les sons dans le but de faire s'épanouir une beauté libre ; néanmoins, avec la richesse d'un phénomène qui apparaît comme un tout (*Gesamterscheinung*), les voix bruissantes émanées d'un feuillage suffisent à éveiller nos sentiments. Tout au contraire l'art s'empare des sons et, exploitant leurs affinités, leurs progressions montantes ou descendantes, toutes ces transitions vives ou hésitantes et la magie des ressemblances (*Ähnlichkeiten*) qui reviennent régulièrement ponctuer leurs enchaînements, la musique s'entend à rendre phénoménalement manifeste la libre beauté de la vie de l'esprit. Assurément bien des événements qui revêtent une grande valeur pour la vie de l'esprit ne pourront être compris que là où une certaine empathie (*mitgedenken*) porte l'homme à méditer non sur sa seule existence propre mais également sur la place déterminée qui est la sienne par rapport à toute extériorité. Toutefois, les contours de notre propre espèce tels qu'ils sont nettement dessinés, le contour déterminé de nos conditions d'existence, autant qu'ils nous procurent [325] des jouissances spécifiques, nous empêchent à raison égale de pouvoir jouir nous aussi par empathie (*mitgeniessen*) de celles qui peuvent se former dans d'autres sphères de vie, déconcertantes et étrangères. Quel bonheur que celui du poisson dans le fond des mers ? Nous n'en savons rien ; et tout l'horizon dans lequel d'autres créatures déploient leurs efforts et leur visée[4] selon leur conformation physique déterminée, avec sa coloration propre, nous reste à jamais impénétrable. Mais la musique sait briser ce sort. Le caractère général des moyens qui sont les siens la rend incapable de peindre un événement déterminé, dans son contexte déterminé, mais d'un autre côté elle nous délivre du caractère borné de la vie – dont les limites irrévocables tiennent aux concepts génériques – et dans la beauté libre elle nous enseigne à connaître félicité et douleur, et la façon dont toutes deux, tel un esprit universel qui vient s'amalgamer à toutes choses, trament tous les domaines de l'existence, et au lieu de nous attacher au monde humain comme à un pré carré aux limites absolument tranchées (*scharfkantig begrenzte*), elle nous introduit plutôt avec d'infinies variations à la vie de tout vivant – nous invitant même nous aussi à éprouver, par empathie (*mitfühlend*), les sourds frémissements de ce qui n'accède pas à la conscience. Cependant la nature ne crée pas seulement ces libres beautés, dans le domaine de la vie elle crée également des beautés adhérentes – quand bien même il n'est pas toujours possible de dégager par un concept théorique, de façon suffisamment autonome, l'archétype auquel elles correspondent.

[...]

La série ascendante des formes du vivant. Leur expression dans les différents arts

[330] Au monde des mouvements et à celui des événements, doit venir s'ajouter un monde qui soit celui de la douleur et de la délectation, et jamais on n'évitera ce passage du sublime à l'effroyable là où ce monde simple, celui du concept et de l'existence, fait figure de réel ultime, qui n'aurait hors de soi-même aucun but – un but qu'il doit servir avec tout le sublime qui est en lui. Car nous avons raison de frémir à l'idée que n'importe quel étant, n'importe quelle loi, n'importe quelle froide pensée puisse à lui seul être l'alpha et l'oméga [331], au fondement de toute dimension du monde, et à y devenir réalité effective ; dans la crainte d'une clôture dernière, désormais indépassable, nous préférerions de loin donner à l'existence un but étranger qui réside encore en dehors d'elle-même, afin qu'à proportion de la somme de l'élan mobilisé pour s'approcher de ce but, elle se voie conférer une valeur qui ne peut résider en elle-même.

Nous avons déjà précédemment accordé que tout ce qui est beau se rapporte à la faculté qu'a notre esprit de ressentir plaisir ou déplaisir. Cependant nous aurions cru pécher contre le beau et toutes les pensées

---

[4]   L'allemand *Dichten und Trachten* est une formule biblique luthérienne (*Genèse* 6, 1) (*N.d.T.*).

au monde qui possèdent une valeur en considérant ce résultat favorable comme la fin que poursuivrait la beauté, et si nous avions restreint son office à la satisfaction du désir qui nous est propre. Ce faisant peut-être nous sommes-nous montrés trop zélés et avons-nous méconnu quel aspect légitime revient aux sentiments. Imaginons un univers qui, [au travers de] la variation des phénomènes la plus diverse, suivrait cette marche sublime et inébranlable, réglée par des lois universelles et éternelles, qui dans toutes les formes qui peuvent en résulter correspond sans coup férir à une unique pensée ; supposons pourtant en même temps que par sa pensée un esprit puisse récapituler le divers de ces relations dans l'unité d'une image – sans qu'il soit pourtant au monde aucun cœur pour qui le tout se meuve de façon vivante : dans ce monde de vérité, comment se pourrait-il que la beauté trouvât encore une place ? L'identification entre être et pensée serait telle qu'un entendement paresseux en viendrait peut-être à entrevoir la possibilité d'une altérité, sans toutefois pouvoir exacerber cette diversité en une véritable opposition (et cette fois ce concept n'inclut pas seulement l'écart tel qu'on l'a reconnu, mais encore l'amertume ressentie face à cette différence). Le monde de l'étant présuppose l'esprit – et celui-ci par le mouvement de conviction qu'il donne à la vie (*selbstbewusstes Weben und Leben*)[5] récapitule les relations éparses en une intuition claire et constante, ce qui seul leur confère leur réalité : tout comme la beauté présuppose aussi en tout lieu l'esprit sentant : et ce non comme s'il devait la reconnaître, en retrouver la trace comme si elle était déjà présent, mais pour qu'elle s'engendre à son contact. Si la beauté n'est rien d'autre que la conciliation de la pensée et de l'étant, la beauté suprême, la beauté véritable sera la conciliation de l'étant et de la pensée libre et vivante de l'esprit sentant. Mais ce à quoi s'adresse tout ce qui est beau n'est pas l'âme sensible dans sa naturalité, car le beau n'a de rapport qu'extrinsèque aux [332] inclinations et passions innées, ce n'est pas non plus l'âme sensible dans son universalité, avec les caractères génériques invariables qui la définissent – mais l'âme, la sensibilité réelles qui d'une part ressent bien l'énergie spécifique aux tendances psychiques passionnelles, mais d'autre part sent aussi, à même sa propre activité, la présence (*gegenwärtig*) du contenu et de la valeur suprême, comme si elle en était entièrement pénétrée. Si bien que, dans la mesure où l'âme sensible se sait être une partie du monde dans toute sa valeur, elle peut exiger que l'existence se plie à ses voeux, et que ce qui se montre comme le but ultime, le cœur de la sublimité inhérente au cours des choses ne soit pas le concept de quelque consonance, de quelque équilibrage qui compensera certains aspects par d'autres – mais la félicité riche de tout son contenu procédant de l'harmonie entre la nécessité d'un ordonnancement du monde et nos

---

[5]   Formule biblique luthérienne, *Actes des apôtres*, 17, 28 (*N.d.T.*).

désirs ou tendances psychiques qui jouissent d'une totale légitimité dans la sensibilité de l'âme. Tout à l'encontre de cette sublimité, nous n'irons pas assimiler n'importe quoi au contenu ultime du monde, dès lors que cela n'aurait pas sa valeur en soi-même, rendant vain et inutile de se mettre en quête d'un but encore supérieur. Ce contenu, nous ne penserons pas le trouver dans quelque pensée qui, comme en rêve, se déploierait seulement dans le monde de l'étant : il consiste dans l'heureuse fortune voir se concilier cet étant et le cœur vivant. Nous passerons ici sur de nombreuses questions bien incidentes, dans l'espoir que nulle part notre âme sensible n'aille confondre cette heureuse fortune et le charme éphémère de ce qui n'est qu'agréable ; nous sommes aussi convaincus que bien des cœurs ne souhaitent atteindre à quelque chose de supérieur encore à la félicité que pour avoir été surpris, dans la jouissance même, par la réminiscence ténue que cette fortune est impure – ou bien encore parce qu'ils oublient qu'en marge de la contemplation du beau courent encore d'autres voies de la pensée, pour lesquelles le même but apparaît revêtu peut-être d'un plus grand sérieux encore, quoiqu'il ne cède rien du côté de la valeur. La conciliation véritable, suprême, de l'existence et de la pensée ne s'accomplit pas dans la nature extérieure, mais dans l'esprit – et c'est l'esprit qui célèbre cette conciliation, en jouissant de la beauté – tout autant qu'en la créant. On l'a souvent dit, l'un comme l'autre exige une faculté spécifique de l'esprit, laquelle s'annonce par allusion, auréolée de tout un halo de mystère. Ce mystère paraît s'offrir à tous les yeux et s'ancre dans la totale fusion des sentiments dans lesquels s'originent les valeurs et des concepts de la connaissance – une fusion qui souvent nous prend de court, là même où nous croyions être dans la pensée pure, [333] et déploie encore plus intensément les effets habituels de l'imagination esthétique (*die schöne Einbildungskraft*). Dans l'espace, des mouvements contraires ne se concilient pas, ils s'équilibrent, et néanmoins l'intuition introduit déjà dans le concept de l'opposition la détermination incidente d'une hostilité, qui ne relève que du sentiment. Toutefois l'activité de cette imagination esthétique se distingue des procédés propres à la faculté commune du même nom et se trouve au service de l'entendement et de l'intuition sensible. Lorsque cette dernière cherche à penser l'univers, elle relie le divers en l'ordonnant sous des lois pour lui donner l'unité d'une image globale ; mais là où l'imagination esthétique crée elle aussi des formes intuitives, elle ressent en même temps la douleur et le plaisir propres à l'activité créatrice, répète dans la formation même de l'image l'énergie de ces puissances s'élançant pour déployer leur activité dans le réel et lorsque, comme ces mêmes puissances, elle met le singulier en relation, elle éprouve par empathie (*mitfühlen*) la pression et la charge que toute relation fait peser sur ces choses singulières, la tension de l'unité, le plaisir du déploiement jamais épuisé, l'âpreté des opposés, la félicité à les surmonter. C'est ainsi que, par renvois et reflets (*zurückgespielte*), se forme dans l'esprit un monde archétypal, un monde dans lequel l'âme sensible a équilibré tous les besoins éternels et inaliénables et la marche si reconnaissable de la sublime nécessité ; et cette vision du monde n'est pas seulement l'éclairage propre à nous procurer la jouissance de telle beauté donnée, mais aussi la source vivante dont procèdent toutes les œuvres immortelles de l'art créateur.

Traduit de l'allemand par Charlotte Morel

Notices biographiques

Jocelyn Benoist est professeur de Théorie de la Connaissance à l'Université de Paris 1 Panthéon Sorbonne, membre statuaire des Archives Husserl de Paris et membre de l'Institut Universitaire de France. Il s'est d'abord imposé comme l'un des principaux spécialistes de Husserl, dont il a analysé dans plusieurs ouvrages les décisions inaugurales dans le contexte de la philosophie autrichienne de la fin du XIXe et du début du XXe siècle. Ses champs actuels de recherche sont le contextualisme en philosophie du langage et de l'esprit, langage et perception, le réalisme, sujets auxquels à consacré ces derniers travaux, *Éléments de philosophie réaliste. Réflexions sur ce que l'on a*, Paris, Vrin, 2011 ; *Le bruit du sensible*, Paris, Éd. du Cerf, 2013.

Federico Boccaccini, ancien élève de La Sapienza, Université de Rome, docteur en philosophie de l'Université Paris I Panthéon-Sorbonne, est actuellement Chargé de recherches du Fonds national belge de la recherche scientifique. Ses recherches portent sur l'histoire de la métaphysique et de la connaissance, particulièrement sur la phénoménologie de tradition brentanienne dans son rapport avec la philosophie analytique naissante.

Arnaud Dewalque enseigne l'Histoire de la Philosophie contemporaine à l'Université de Liège. Ses travaux portent sur la philosophie allemande des XIXe et XXe siècles, l'interface néokantisme et phénoménologie, l'interface phénoménologie et philosophie de l'esprit, la tradition phénoménologique et l'école de Brentano. Auteur de nombreux articles et de plusieurs ouvrages, il a également traduit un certain nombre de textes allemands, dont le célèbre chapitre de la *Logique* de Lotze sur « Le monde des Idées ».

Denis Fisette est professeur titulaire au département de philosophie de l'Université du Québec à Montréal. Reconnu comme l'un des meilleurs spécialistes de Husserl et de Stumpf, ses recherches portent principalement, d'une part, sur les grands débats philosophiques au XIXe et début du XXe siècle en Allemagne et en Autriche, et d'autre part, sur des questions plus contemporaines en philosophie de l'esprit sur la nature de la pensée et des phénomènes mentaux en général. Il est l'auteur de très nombreux ouvrages de référence comme *Lecture frégéenne de la phénoménologie*, Paris, Éditions de l'éclat, 1994 ; (dir.), *Husserl's Logical Investigations Reconsidered*, Dordrecht, Kluwer, 2003 ; (dir.), *Philosophy from an Empirical Standpoint. Essays on Carl Stumpf*, Amsterdam, Rodopi, 2015 (en collaboration avec R. Martinelli).

Maria Gycmant cst doctcurc cn philosophie de l'Université Paris 1, agrégée de philosophie et membre de la Société roumaine de Phénoménologie. Elle est actuellement chercheuse post-doctorale auprès des Archives Husserl de Paris. Ses dernières recherches portent sur les origines de la phénoménologie husserlienne dans la philosophie allemande de la fin du XIXe siècle et sur le rapport entre cette tradition et la découverte freudienne de l'inconscient. Elle a dirigé l'ouvrage *Psychologie et psychologisme*, Paris, Vrin (en préparation).

Charlotte Morel (Coulombeau jusqu'en 1999), ancienne élève de l'École Normale Supérieure (Ulm), docteur en philosophie allemande, est actuellement chargé de recherche du CNRS/UMR 5037-ENS de Lyon. Son parcours de recherche commence par le XVIIe siècle (Lessing) et aboutit actuellement à Lotze en passant par Schlegel et Fichte. Sa constante est le lien de l'esthétique et de la logique.

Stefano Poggi est professeur d'Histoire de la Philosophie à l'Université de Florence. Spécialiste de la philosophie scientifique allemande de renommée internationale, il est l'auteur de plusieurs ouvrages dont *I sistemi dell'esperienza : Psicologia, logica e teoria della scienza da Kant a Wundt*, Bologna, Il Mulino, 1977 ; *Romanticism in Science : Science in Europe*, 1790-1840, Dordrecht-Boston-Londres, Kluwer Acad. Publ., 1999 (dir. avec M. Bossi) ; *Il genio e l'unità della natura : La scienza della Germania romantica, 1790-1830*, Bologna, Il Mulino, 2000.

Denis Seron est Maître de recherche du Fonds national belge de la recherche scientifique et maître de conférences à l'Université de Liège, où il dirige un centre de recherches en phénoménologie. Ses domaines de recherche sont la théorie de la connaissance, la métaphysique, la théorie du jugement, la théorie de la perception, la phénoménologie et la philosophie de la psychologie. Il est l'auteur de *Objet et signification*, Paris, Vrin, 2003, et *Ce que voir veut dire*, Paris, Éd. du Cerf, 2013.

Michele Vagnetti étudie à l'Université de Florence. Sa recherche porte sur le lien entre la philosophie allemande (XIXe et XXe siècle) et la philosophie américaine. Sa dissertation (TFC) a pour sujet la présence des thèses logico-psychologiques de Lotze chez le jeune Heidegger, jusqu'à son tournant (*Kehre*).

Bibliographie

Textes de Lotze

Lotze, R. H., « Leben und Lebenskraft », (1842) in Wagner, R. (Hrsg.), *Handwörterbuch der Physiologie*, Braunschweig, Vieweg, p. IX-LVIII. 1842-1853 ; republié in Lotze R.H., *Kleine Schriften*, Leipzig, Hirzel, 1885-1891.

–, *Logik*, Weidmann'sche Buchhandlung, Leipzig, 1843a.

–, « *Seele und Seelenleben* », (1846) in Wagner, R. (Hrsg.), *Handwörterbuch der Physiologie*, (*op. cit.*) ; republié in Lotze R.H., *Kleine Schriften* (*op. cit.*), p. 1-204.

–, *Medizinische Psychologie oder Physiologie der Seele*, Leipzig, Weidmann'sche Buchhandlung, 1852 ; *Psychologie médicale : principes généraux de psychologie physiologique* (1876), traduit de l'allemand par A. Penjon, Paris, l'Harmattan, [2]2006, avec une introduction de Serge Nicolas.

–, *Mikrokosmus. Ideen zur Naturgeschichte und Geschichte der Menschheit. Versuch einer Anthropologie*, Leipzig, S. Hirzel, vol. 1, *Der Leib, die Seele, das Leben*, 1856 ; 1re éd. complète, Leipzig, Hirzel, [1]1864 ; 6e éd., Leipzig, Meiner, [6]1923.

–, « Mittheilung an C. Stumpf in Betreff der Lehre von den Localzeichen », in Stumpf, C., *Über den psychologischen Ursprung der Raumvorstellung*, Leipzig, Hirzel, 1873, p. 315-324.

–, « De la formation de la notion d'espace », *Revue philosophique de la France et de l'étranger*, IV, 1877, p. 345-365 ; repris dans ce volume.

–, *Metaphysik. Drei Bücher der Ontologie, Kosmologie und Psychologie* (= *System der Philosophie*, 2. Teil), Leipzig, Hirzel, 1879.

–, « L'infini actuel est-il contradictoire ? Réponse à Monsieur Renouvier », *Revue philosophique de la France et de l'étranger*, tome IX, 1880, p. 481-492.

–, *Grundzügen der Psychologie. Diktate aus den Vorlesungen*, 2e éd., Leipzig, Hirzel, 1881.

–, *Grundzüge der Metaphysik. Diktate aus den Vorlesungen*, Leipzig, Hirzel, 1883.

–, *Logik. Drittes Buch. Vom Erkennen* (1874 : *System der Philosophie*, 1. Teil) ; rééd. Hamburg, Meiner, 1989 ; trad. fr. partielle A. Dewalque, « Le monde des Idées », in *Philosophie*, 2006a/3, n° 91, p. 9-23 (une version révisée de cette traduction verra prochainement le jour dans un recueil intitulé *Platon néokantien*, A. Dewalque éd., Paris, Vrin, à paraître) ; « La délimitation des concepts », dans ce volume.

–, *Logik*, Hamburg, Felix Meiner, 1989.

–, *Briefe und Dokumente*, Pester, R. ; Orth, E. W. (hrsg.), Würzburg, Königshausen & Neumann (*Studien und Materialien zum Neukantianismus* 20), 2003.

Autres textes cités

Ackerknecht, E., *Theorie der Lokalzeichen*, Tübingen, Mohr, 1904.

Albertazzi, L., *Immanent Realism. An Introduction to Brentano*, Dordrecht, Springer, 2006.

Ayer, A. J., *The Foundations of Empirical Knowledge*, MacMillan, London, 1947.

Bamberger, F. *Untersuchungen zur Entstehung des Wertproblems in der Philosophie des 19. Jahhunderts, I. Lotze*. Halle, Niemeyer, 1924. III : « Lotze », p. 40-91 ; not. p. 72-83.

Bauch, B., « Lotzes Logik und ihre Bedeutung im deutschen Idealismus », in *Beiträge zur Philosophie des deutschen Idealismus*, n° I/2, 1918, p. 45-58.

Bäumler, A., *Das Irrationalitätsproblem in der Ästhetik und Logik des 18.ten Jahrhunderts bis zur Kritik der Urteilskraft*. Halle, Niemeyer, 1923 ; tr. fr. Cossé, O., Baeumler, A., *Le problème de l'irrationalité dans l'esthétique et la logique du XVIIIe siècle, jusqu'à la Critique de la faculté de juger*, Strasbourg, Presses universitaires, 1999.

Beiser, F. C., *Late German Idealism. Lotze and Trendelenburg*, Oxford, Oxford University Press, 2013.

Bell, J., Bonneman, C., « Investigating Husserl's Newly Discovered Manuscript, 'On the Task and Historical Position of the *Logical Investigations*' », in *The Journal of Speculative Philosophy*, *New Series*, 25, n° 3, 2011, p. 306-321.

Benoist, Jocelyn, *L'a priori conceptuel, Bolzano, Husserl, Schlick*, Paris, Vrin, 1999.

–, *Intentionnalité et langage dans les* Recherches logiques *de Husserl*, Paris, PUF, 2001.

–, « Contribution à l'histoire de la notion de concept : à la lumière de Cassirer », *Giornale Critico della Filosofia Italiana*, 85, 2006/1, p. 5-24.

Bergmann, H., *Das philosophische Werk Bernard Bolzanos mit Benutzung ungedruckter Quellen kritisch untersucht*, Halle/Saale, Niemeyer, 1909 ; républié Hildesheim-New York, Olms, 1970.

Besoli, S., « Il valore della verita. Studio sulla "logica della validità" nel pensiero di Lotze », Firenze, Ponte alle Grazie, 1992.

Beyer, Ch., *Von Bolzano zu Husserl. Eine Untersuchung über den Ursprung der phänemenologischen Bedeutungslehre*, Dordrecht, Kluwer, 1996.

Bolzano, B., *Wissenschaftslehre* (1837), Leipzig, Meiner, 2e éd., 1929.

Boring, E. G., *A History of Experimental Psychology*, 2e éd., Appleton-Century-Crofts, New York, 1950.

Brentano, F., *Psychologie vom empirischen Standpunkt*, Hamburg, Meiner, 1973.

–, « Vom Sinnesraum », in *Untersuchungen zur Sinnespsychologie*, Hamburg, Meiner, 1979, p. 164-175.

–, *Briefe an Carl Stumpf 1867-1917*, Graz, Akademische Druck- und Verlagsanstalt, 1989.

Brett, G. S., *A History of Psychology*, vol. 3 : *Modern Psychology*, London, Allen & Unwin, 1921.

Cassirer, E., *Substance et fonction : éléments pour une théorie du concept*, tr. fr. Pierre Caussat, Paris, Éd. de Minuit, 1977.

Cavell, S., *The Claim of Reason : Wittgenstein, Skepticism, Morality, and Tragedy*, Oxford – New York, Oxford University Press, 1979; trad. fr. S. Laugier et N. Balso, *Les voix de la raison : Wittgenstein, le scepticisme, la moralité et la tragédie*, Paris, Le Seuil, 1996.

Centi, B., *L'armonia impossibile. Alle origini del concetto di valore in R. H. Lotze*, Milano, Guerini, 1993.

Dastur, F., « Husserl, Lotze et la logique de la "validité" », in *Kairos*, 1994, 5, p. 31-48.

–, *La phénoménologie en questions*, Paris, Vrin, 2004.

Dewalque, A., *Présentation* (Lotze, « Le monde des Idées »), in *Philosophie*, n° 91, 2006, p. 3-8.

–, « Validité du sens ou idéalité des significations ? Rickert et Husserl : deux variétés de logique pure », in *Les Études philosophiques*, 2008/1, p. 97-115.

–, « L'autonomie des catégories syntaxiques (Husserl, Heidegger, Pfänder) », in A. Dewalque, B. Leclercq et D. Seron (eds.), *La Théorie des catégories. Entre logique et ontologie*, Liège, PULg, Coll. « Philosophie », 2011, p. 119-147.

–, *Être et Jugement. La fondation de l'ontologie chez Heinrich Rickert*, Hildesheim, Olms, 2010.

–, « Le sens de l'idéalisme platonicien selon Lotze », in S. Delcomminette et A. Mazzù (eds.), *L'Idée platonicienne dans la philosophie contemporaine*, Paris, Vrin, 2012a, p. 71-95.

–, « Idée et signification : le legs de Lotze et les ambiguïtés du platonisme », in B. Collette-Ducic et B. Leclercq (eds.), *L'Idée de l'idée. Éléments de l'histoire d'un concept*, Louvain-Paris, Peeters, 2012, p. 187-214.

Dufour, É., *Introduction* in Wilhelm Windelband, *Qu'est-ce que la philosophie ? et autres textes*, Paris, Vrin, 2002.

Erdmann, B., *Logik. Logische Elementarlehre*, E. Becher (ed.), Berlin-Leipzig, De Gruyter, 1923.

Evans, G., *The Varieties of Reference*, Oxford, Oxford University Press, 1982.

Falckenberg, R., *Hermann Lotze, sein Verhältnis zu Kant und Hegel und zu den Problemen der Gegenwart*, Leipzig, Barth, 1913.

Fisette, D., « Carl Stumpf (1848-1936) », in *Stanford Encyclopedia of Philosophy*. http://plato.stanford.edu/entries/stumpf/ (02.03.2009), 2008.

–, « Stumpf and Husserl on Phenomenology and Descriptive Psychology », *Gestalt Theory* 31, 2, 2009a, p. 175-190.

–, « Fenomenologia e fenomenismo in Husserl e Mach », *Scientiæ Studia*, 7, 4, 2009b, p. 535-76.

–, « Husserl à Halle (1886-1901) », *Philosophiques*, 36, 2, 2009c, p. 277-306.

–, « Descriptive Psychology and Natural Sciences. Husserl's early Criticism of Brentano », in C. Ierna, H. Jacobs, F. Mattens (eds.), *Edmund Husserl 150 Years : Philosophy, Phenomenology, Sciences*, Berlin, Springer, 2010, p. 135-167.

Fisette, D. (ed.), *Carl Stumpf. Renaissance de la philosophie*, Paris, Vrin, 2006.

Fisette, D.; Martinelli, R. (eds), *Philosophy from an Empirical Standpoint. Essays on Carl Stumpf*, Amsterdam, Rodopi, 2015.

Fechner, G., *Nanna oder über das Seelenleben der Pflanzen*, Leipzig, 1848.

–, *Zend-Avesta oder über die Dinge des Himmels und des Jenseits. Vom Standpunkt der Naturbetrachtung*, 3 vols., Leipzig, 1851.

–, *Elemente der Psychophysik*, vol. 1, Leipzig, Breitkopf und Härtel, 1860.

Fréchette, G., « L'intentionnalité et le caractère qualitatif des vécus. Husserl, Brentano et Lotze », in *Studia phaenomenologica*, vol. X/2010, p. 91-117.

Frege, G., « Compte rendu de *Philosophie der Arithmetik*, I, de E.G. Husserl », tr. fr. C. Imbert in Frege, F., *Écrits logiques et philosophiques*, Paris, Seuil, 1971.

Freuler, L., *La crise de la philosophie au XIXe siècle*, Paris, Vrin, 1997.

Gabriel, G., « Lotze und die Entstehung der modernen Logik bei Frege », in Lotze, R. H., *Logik*, Hamburg, Meiner, 1989, p. xi-xxxv.

–, « Frege, Lotze, and the Continental Route of Early Analytic Philosophy », in Reck, E. (ed.), *From Frege to Wittgenstein*, Oxford, Oxford University Press, 2002, p. 39-51.

Gadamer, Hans-Georg, « Das ontologische Problem des Wertes » [1971], in *Kleine Schriften* IV, Tübingen, Mohr, 1977, p. 205-217.

Gaukroger, S., *The Collapse of Mechanism and the Rise of Sensibility. Science and the Shaping of Modernity 1680-1760*, Oxford, Oxford University Press, 2010.

Glockner, H., « Lotzes Deutung der Platonischen Ideen », in *Die Pädagogische Hochschule*, n° 2, 1930, p. 7-17.

Gregory, F., *Scientific Materialism in Nineteenth Century Germany*, Dordrecht, Reidel, 1977.

Grice, H. P., « The Causal Theory of Perception », in *Proceedings of the Aristotelian Society*, Supplementary Volume, 35, p. 121-52, 1961.

Hatfield, G., « Psychology Old and New », in Baldwin, T. (ed.), *Cambridge History of Philosophy, 1870-1945*, Cambridge, Cambridge University Press, 2003, p. 93-106.

Hartung, G., « Le *Mikrokosmos* de Hermann Lotze et le discours anthropologique en Allemagne au XIXe siècle », in *Revue Germanique Internationale*, n° 10/2009, p. 97-110.

Hauser, K., « Lotze and Husserl », in *Archiv für Geschichte der Philosophie*, 85, p. 152-178.

Heidegger, M., *Sein und Zeit* (1927), Tübingen, Niemeyer, [17]1993.

Heidegger, M., *Logik. Die Frage nach der Wahrheit*, in *Gesamtausgabe* (= *GA*), Bd. 21, Frankfurt/Main, Klostermann, 1995.

Helmholtz, H. von, *Handbuch der physiologischen Optik*. 3 Bde. Leipzig, L. Voss, 1867.

Herbart, J. F., *Psychologie als Wissenschaft, neu gegründet auf Erfahrung, Metaphysik und Mathematik*, vol. I, Königsberg, 1824.

Hering, E., *Die Lehre von binoculären Sehen*, Leipzig, Engelmann, 1868.

–, *Zur Lehre vom Lichtsinne. Sechs Mitheilungen*, Wien, Akademie der Wissenschaften in Wien, 1878.

Hofmann, H., « Untersuchungen über den Empfindungsbegriff », *Archiv für die Gesamte Psychologie*, 2, 1913, p. 1-136.

Holt, E. B. ; Marvin, W. T. ; Montague, W. P. ; Perry, R. B. ; Pitkin, W. B. ; Spaulding, E. G., *The New Realism : Cooperative Studies in Philosophy*, New York, The Macmillan Company, 1912.

Husserl, E., manuscrit K I 59/4a-24a, « Lotze – Mikrokosmos », 1897.

–, *Logik. Vorlesung 1902/03*, in *Husserliana Materialien*, Bd. II, Dordrecht, Kluwer, 2001.

–, « Entwurf einer "Vorrede" zu den *Logischen Untersuchungen* » (1913), in *Tijdschrift voor Philosophie*, n° 1, 1939, p. 106-133, 319-339 ; trad. fr. J. English, « Esquisse d'une Préface aux *Recherches logiques* », in E. Husserl, *Articles sur la logique*, Paris, PUF, 1975 ([2]1995), p. 352-407.

–, *Phänomenologische Psychologie. Vorlesungen Sommersemester 1925*, *Husserliana* Bd. IX, Den Haag, Nijhoff, 1962.

–, *Philosophie der Arithmetik*. Husserliana Bd. XII, Den Haag, Nijhoff, 1970.

–, *Ideen zur einer reinen Phänomenologie und phänomenologischen Philosophie. Drittes Buch* : *Die Phänomenologie und die Fundamente der Wissenschaften*, The Hague, Martinus Nijhoff, 1971.

–, *Formale and transzendentale Logik. Versuch einer Kritik der logischen Vernunft*, The Hague, Martinus Nijhoff, 1974.

–, *Studien zur Arithmetik und Geometrie. Texte aus dem Nachlass (1886-1901)*, Strohmeyer, I. (Hrsg.), *Husserliana* Bd. XXI, Nijhoff, Den Haag, 1983.

–, *Logische Untersuchungen*, 2e édition allemande, Halle, Max Niemeyer, Band II/1, 1913, Band II/2, 1921, tr. fr. H. Elie, A. Kelkel, R. Schérer, tome I, *Prolègomènes à la logique pure*, Paris, PUF, 1959, tome II/1, *Recherches logiques I et II*, Paris : PUF, 1961, tome II/2, *Recherches logiques III, IV et V*, Paris, PUF, 1962, tome III *Recherche logiques VI*, Paris, PUF, 1963.

–, « Recension du livre de Melchior Palagyi : *Le conflit des psychologistes et des formalistes dans la logique moderne* », *Zeitschrift für Psychologie und*

Physiologie der Sinnesorgane, 31 (1903), p. 287-294, in Husserl, E., *Articles sur la logique*, Paris, PUF, 1975 : 211-221.

Jaensch, E., « Die psychologie in Deutschland und die inneren Richtlinien ihrer Forschungsarbeit », *Jahrbücher der Philosophie*, 3, 1927, 93-168.

James, W., « What the Will Effects », *Scribner's Magazine*, 3, February, n° 2, p. 240-250. [Traduction française : « Ce que fait la volonté », *Critique Philosophique*, 4ᵉ année, 1, n° 6, juin 1888, p. 401-420.]

–, *Principles of Psychology*, (1890), New York, Dover, 1950.

–, *A Pluralistic Universe*, (1909), Cambridge, MA, Harvard University Press, 1977. [Traduction française : *Philosophie de l'expérience : Un univers pluraliste*, Paris, Les empêcheurs de penser en rond, 2007.]

–, *Collected Essays and Reviews*, New York & London, Longmans, Green, & Co., 1920.

–, *The Will to Believe and Other Essays in Popular Philosophy*, (1897), Cambridge, MA and London, Harvard University Press, 1979. [Traduction française : *La volonté de croire* (p. 24-52), Paris, Flammarion, 1916.]

Kant, I., *Kritik der reinen Vernunft*, in *Gesammelte Schriften*, Akademie-Ausgabe (Ak.), Bd. III (B = 1787) et Bd. IV (A = 1781), Berlin-Leipzig, De Gruyter ; trad. fr. J. Barni, A. J.-L. Delamarre et F. Marty, *Critique de la raison pure*, Paris, Gallimard, 1980.

–, *Logique*, Paris, Vrin, ⁵1997.

Katz, D., « Die Erscheinungsweisen der Farben und ihre Beeinflussung durch die individuelle Erfahrung », *Zeitschrift für Psychologie*, Ergänzungsband, 7, 1911, p. 6-31.

Kraushaar O. F., « Lotze's Influence on the Psychology of William James », *Psychological Review*, XLIII, 1936, p. 235-257.

–, « What James's Philosophical Orientation Owed to Lotze », *Philosophical Review*, XLVII, 1938, p. 517-526.

–, « Lotze as a Factor in the Development of James's Radical Empiricism and Pluralism », *Philosophical Review*, XLVIII, 1939, p. 455-471.

–, « Lotze's Influence on the Pragmatism and Practical Philosophy of William James », *Journal of the History of Ideas*, I, 1940, p. 439-458.

Krestoff, K. K., *Lotze's metaphysischer Seelenbegriff*, Halle, E. Karras, 1890.

Lange, F. A., *Geschichte des Materialismus und Kritik seiner Bedeutung in der Gegenwart*, vol. 2, 7ᵉ éd., Leipzig, Baedeker, 1902.

Lask, E., *Die Logik der Philosophie und die Kategorienlehre* (1910), rééd. in *Gesammelte Schriften* II, Tübingen, J. C. B. Mohr (Paul Siebeck), 1923 ; trad. fr. Courtine J. F., de Launay M., Pradelle D. et Quesne P., *La logique de la philosophie et la doctrine des catégories*, Paris, Vrin, 2002.

–, *Die Lehre vom Urteil*, Tübingen, J. C. B. Mohr (Paul Siebeck), 1912 ; rééd. in *Gesammelte Schriften* II, Tübingen, J. C. B. Mohr (Paul Siebeck), 1923.

–, « Y a-t-il un primat de la raison pratique en logique ? » [1908]. trad. fr. M. de Launay in Cohen, H. *et al.*, *Néokantismes et philosophie de la connaissance*, trad. fr. sous la direction de M. de Launay, Paris, Vrin, 2000, p. 295-307.

–, *Fichtes Idealismus und die Geschichte* [1902], in *Gesammelte Schriften*, I. Tübingen, J.C.B. Mohr/ Paul Siebeck, 1923.

Liebert, A., *Das Problem der Geltung*, Berlin, Reuther & Reichard, 1914 (*Kant-Studien Ergänzungshefte* 32).

Linke, P. F., *Die Grundfragen der Wahrnehmungslehre*, Munich, Reinhardt, 1918.

Mach, E., *Erkenntnis und Irrtum. Skizzen zur Psychologie der Forschung*, Leipzig, Barth, ^{2}1906.

Martinelli, R., « Origine dei concetti e logica pura. Herbart, Lotze e Husserl », in Poggi, S. (a cura di), *Le leggi del pensiero tra logica, ontologia e psicologia. Il dibattito austro-tedesco (1830-1930)*, Unicopli, Milano 2002, 173-202.

Marty, A., *Untersuchungen zur Grundlegung der allgemeinen Grammatik und Sprachphilosophie*, Halle, Niemeyer, 1908.

Milkov, N., « Hermann Lotze's *Microcosm* », in Tymieniecka, A.-T. (ed.), *Islamic Philosophy and Occidental Phenomenology on the Perennial Issue of Microcosm and Macrocosm*, Dordrecht, Springer, 2006.

Michaltschew, D., *Philosophische Studien. Beiträge zur Kritik des modernen Psychologismus*, Leipzig, Engelmann, 1909.

Misch, G., « Einleitung », in R. H. Lotze, *Logik. Drei Bücher vom Denken, vom Untersuchen und vom Erkennen*, Leipzig, Meiner, 1912, p. ix-xcii.

Morel, C., « Lotze : l'esthétique comme logique du sens », in C. Morel (ed.), *Esthétique et logique*, Lille, Presses du Septentrion, 2012, p. 375-397.

Morscher, E., « Von Bolzano zu Meinong », in R. Haller (ed.), *Jenseits von Sein und Nichtsein*, Graz, Akademische Druck- u. Verlagsanstalt, 1972, p. 69-102.

Orth, E. W., « Rudolf Hermann Lotze : Das Ganze unseres Welt- und Selbstverständnisses », in Speck J. (Hrsg.), *Grundprobleme der Großen Philosophen. Philosophie der Neuzeit IV*, Göttingen, Vandenhoeck & Ruprecht, 1986, p. 9-51.

Pastore, N., *Selective History of Theories of Visual Perception : 1650-1950*, New York, Oxford University Press, 1971.

Pester, R., *Hermann Lotze : Wege seines Denkens und Forschens. Ein Kapitel deutscher Philosophie- und Wissenschaftsgeschichte im 19. Jahrhundert*, Würzburg, Königshausen & Neumann, 1997.

–, « Lotzes Verhältnis zu Kant und zum Neukantianismus », in *Kant und die Berliner Aufklärung : Akten des IX. Internationalen Kant-Kongresses*, Volker, G., Horstmann, R.-P., Schumacher, R. (Hrsg.), n° 193, Bd. V, Berlin/New York, W. de Gruyter, 2001, p. 297-307.

Piché, C. « Hermann Lotze et la genèse de la philosophie des valeurs », in *Études philosophiques*, 4, 1997, p. 493-539.

Poggi, S., *Il genio e l'unità della natura. La scienza della Germania romantica 1790-1830*, Bologna, Il Mulino, 2000.

Poggi, S., Bossi, M., van Straalen, B. (eds.), *Romanticism in Science* : *Science in Europe, 1790-1840*, Boston Studies in the Philosophy and History of Science, Dordrecht/Boston/London, Kluwer, [1]1993, [2]2010.

Powers, J. H., *Kritische Bemerkungen zu Lotzes Seelenbegriff*, Göttingen, Kästner, 1892.

Proust, J., *Questions de forme. Logique et proposition analytique de Kant à Carnap*, Paris, Fayard, 1986.

Putnam, H., *Realism with a Human Face*, (James Conant, ed.), Cambridge, MA, Harvard University Press, 1990, (traduction française : *Le Réalisme à visage humain*, Paris, Seuil, 1994 (trad. C. Tiercelin-Engel), réédition, Paris, Gallimard, 2011).

–, *The Collapse of the Fact/Value Dichotomy and Other Essays*, Cambridge, Mass., Harvard University Press, 2002.

Reid, T., *An Inquiry into the Human Mind on the Principles of Common Sense*, 1764[1], (ed.) Derek R Brookes, Edinburgh, Edinburgh University Press, 1997.

Renouvier, C., « L'infinité de l'espace et du temps dans la métaphysique de M. H. Lotze », *Critique philosophique*, vol. 17, 1880.

–, « L'infini actuel est-il contradictoire ? Réponse de M. Renouvier à M. Lotze », *Revue philosophique de la France et de l'étranger*, tome IX, 1880, p. 665-674.

Reinhardt, E., « Hermann Lotze, sa vie et ses écrits », *Revue philosophique de la France et de l'étranger*, n° 6, 1877, p. 345-365.

Ribot, T., *La psychologie allemande contemporaine*, Paris, Alcan, 1879.

Riedel, W., *« Homo Natura »* : *Literarische Anthropologie um 1900*, Berlin, De Gruyter, 1996.

Rollinger, R., « Hermann Lotze on Abstraction and Platonic Ideas », in *Poznani Studies in the Philosophy of the Sciences and the Humanities*, n° 82, 2004, p. 147-161.

Russell, B., *The Problems of Philosophy*, Oxford University Press, Oxford, 1912.

Santayana, G., « Lotze's Moral Idealism », *Mind* 15, (58), 1890, p. 191-212.

–, « Three Proofs of Realism », in Drake, D, (ed.), *Essays in Critical Realism* : *a Co-operative Study of the Problem of Kknowledge*, London, Macmillan, 1920, p. 163-84.

– *Egotism in German Philosophy*, New York, Scribner's, 1915.

– *Scepticism and Animal Faith. Introduction to a System of Philosophy*, New York, Scribner's ; London, Constable, 1923.

– *The Realm of Essence*, dans *Realms of Being*, vol. 1, New York, Scribner's ; London, Constable, 1923.

– *Lotze's System of Philosophy* (1899), P. G. Kuntz (ed.), Bloomington, Indiana University Press, 1971.

Scheerer, E., « Motor Theories of Cognitive Structure. A Historical Overview », in W. Prinz and A. F. Sanders (eds.), *Cognition and Motor Processes*, Berlin, Springer, 1984, p. 77-98.

Schillers Werke. Nationalausgabe, Petersen, J. (Hrsg.), Weimar, Böhlau, tome 26 [*Schillers Briefe 1790-1794*], 1972.

Schnädelbach, H., *Philosophie in Deutschland* 1831-1933, Frankfurt, Suhrkamp, 1983.

Schoen, H., *La Métaphysique de Hermann Lotze, ou la philosophie des actions et des réactions réciproques*, Paris, Fischbacher, 1901.

Seron, Denis, « The Fechner-Brentano Controversy on the Measurement of Sensation », in Tanasescu, I. (ed.), *Franz Brentano's Metaphysics and Psychology*, Bucarest, Zeta Books, 2012, p. 344-367.

Sluga H., « Frege and the Rise of Analytic Philosophy », *Inquiry*, 18, 1975, p. 471-87.

–, *Frege*, London, Routledge, 1980.

–, « Frege : the Early Years », in Rorty, R., Schneewind, J.B., Skinner, Q. (eds.), *Philosophy in History*, Cambridge, Cambridge University Press, 1984, p. 329-356.

Solies, D., « Fechners und Lotzes Projekt. Einer "Induktiven Metaphysik" », in Kozljanic, R. J. (ed.), *Jahrbuch für Lebensphilosophie*, vol. 4, *Lebensphilosophische Vordenker des 18. und 19. Jahrhunderts*, München, Albvnea Verlag, 2008, p. 103-114.

Spitzer, L., *Classical and Christian Ideas of World Harmony. Prolegomena to an Interpretation of the Word* « Stimmung », Baltimore, Johns Hopkins Press, 1963.

Ssalagoff, L., « Vom Begriff des Geltens in der modernen Logik », in *Zeitschrift für Philosophie und philosophische Kritik*, n° 143, 1911, p. 145-190.

Stumpf C., *Über den psychologischen Ursprung der Raumvorstellung*, Leipzig, S. Hirzel, 1873.

–, « Psychologie und Erkenntnistheorie », *Abhandlungen der Königlich Bayerischen Akademie der Wissenschaften*, München, Franz, 19, 2, 1891, p. 465-516.

–, « Zum Begriff der Lokalzeichen », *Zeitschrift für Psychologie und Physiologie der Sinnesorgane*, 4, 1893, p. 70-73.

–, « Antrittsrede », *Sitzungsberichte der Königlich-Preußischen Akademie der Wissenschaften*, Berlin, Reimer, 1895, p. 735-738.

–, « Zur Einteilung der Wissenschaften », in *Abhandlungen der Königlich-Preußischen Akademie der Wissenschaften*, philosophish-historische Classe, Berlin, Verlag der Königliche Akademie der Wissenschaften, 1906b, p. 1-94 ; trad. fr. D. Fisette, « Classification des sciences », in C. Stumpf, *Renaissance de la philosophie. Quatre articles*, Paris, Vrin, 2009, p. 169-254.

–, « *Die Wiedergeburt der Philosophie* », Berlin, Francke, 1907, (tr. fr., *La renaissance de la philosophie*, in Fisette, 2006 : 115-132).

–, « Zum Gedächnis Lotzes », *Kant-Studien*, 22, 1918, p. 1-26.

–, « Carl Stumpf », in Schmidt, R. (Hrsg.), *Die Philosophie der Gegenwart in Selbstdarstellung*. V. Leipzig : F. Meiner, 1924, p. 1-57 (trad. fr., *Autobiographie*, in Fisette, 2006 : 255-307).

–, *Die Attribute der Gesichtsempfindungen*, Berlin, Köninglich Preussischen Akademie der Wissenschaften, 8, 1917.

–, « *Erkenntnislehre* », Bd. I, Leipzig, J. A. Barth, 1939.

–, « *Erkenntnislehre* », Bd. II, Leipzig, J. A. Barth, 1940.

Sullivan, D., « Hermann Lotze », in *The Stanford Encyclopedia of Philosophy* (éd. sept. 2010), http://Plato.Stanford.edu/entries/Hermann-Lotze/.

Thomas, E. E., *Lotze's Theory of Reality*, London, Longmans, Green & Co, 1921.

Twardowski, K., *Zur Lehre vom Inhalt und Gegenstand der Vorstellungen*, Alfred Hölder, 1894, tr. fr. English, J., *Sur la théorie du contenu et de l'objet des représentations*, in *Husserl-Twardowski, Sur les objets intentionnels (1893-1901)*, Paris, Vrin, 1993, p. 85-200.

Turner, R. M., *In the Eye's Mind : Vision and the Helmholtz-Hering Controversy*, Princeton, Princeton University Press, 1994.

Wahl, J., *Les philosophies pluralistes d'Angleterre et d'Amérique*, (1920) ; rééd. avec préface de T. Trochu, Les Empêcheurs de la penser en ronde, 2005.

Waldschmitt, L., *Bolzanos Begründung des Objektivismus in der theoretischen und praktischen Philosophie*, Würzburg, Triltsch, 1937.

Weber, E.-F., « Tastsinn und Gemeingefühl : über die Umstände, durch welche Man geleitet wird, Manche Empfindungen auf äußere Objekte zu beziehen », in Wagner, R. (Hrsg.), *Handwörterbuch Der Physiologie*, III, 2, 1846, p. 481-588.

Wentscher, M., *Hermann Lotze I : Lotzes Leben und Werke*, Heidelberg, C. Winter, 1913.

Windelband, W., *Die Lehren vom Zufall*, [1870], Tübingen, J.C.B. Mohr/ Paul Siebeck, 1916.

–, *Lehrbuch der Geschichte der Philosophie*, H. Heimsoeth (Hrsg.), 14e éd. augmentée, Tübingen, J.C.B. Mohr (Paul Siebeck), 1950.

Woodward, W.R., « Lotze, the Self, and American Psychology », in *Annals of the New York Academy of Sciences*, 291, 1977, p. 168-177.

–, « From Association to Gestalt. The Fate of Hermann Lotze's Theory of Spatial Perception, 1846-1920 », *Isis*, 69, 1978, p. 572-582.

Wundt, W., *Grundzüge der physiologischen Psychologie*, Leipzig, W. Engelmann, 1874.

Varga, P. A., « The Missing Chapter from the *Logical Investigations* : Husserl and Lotze's Formal and Real Significance of Logical Laws », *Husserl Studies*, 29, n° 3, p. 181-209.

Index nominum

Collection « Philosophie & Politique »

Ouverte aux penseurs de tous pays et de toutes cultures qui ne se contentent pas d'analyser le fonctionnement des institutions sociales mais s'interrogent sur leur sens et leur but, cette collection se propose de contribuer au renouveau de la philosophie politique.

Par delà les diverses disciplines des sciences sociales, les engagements idéologiques et les préjugés des « écoles nationales », la philosophie se doit de poursuivre une recherche aussi universelle que possible du sens et de la sagesse de la vie humaine dans un monde entraîné chaotiquement vers son unité.

Directeurs de collection :

Gabriel FRAGNIÈRE, Docteur en Philosophie de l'Université de Maastricht (Pays-Bas) et ancien Recteur du Collège d'Europe (Bruges).

Hendrik OPDEBEECK, Président du SPES Forum, Université d'Anvers.

Ouvrages parus

Confiance réflexive et institutionnalisme. Des théories libérales du choix rationnel à la gouvernance du fait social monétaire, Benjamin SIX, n° 25, 2013, 226 p., ISBN 978-2-87574-092-2

A Study in Transborder Ethics: Justice, Citizenship, Civility, Geneviève SOUILLAC, No. 24, 2012, 221 p., ISBN 978-90-5201-824-9

Creative Crises of Democracy, Joris GIJSENBERGH, Saskia HOLLANDER, Tim HOUWEN & Wim DE JONG (eds.), No. 23, 2012, 444 p., ISBN 978-90-5201-797-6

Philosophical Essays. Critic Rationalism as Historical-objective Transcendentalism, Giulio PRETI, edited by Fabio MINAZZI, No. 22, 2011, 326 p., ISBN 978-90-5201-778-5

Regards éthiques sur l'Union européenne, Ignace BERTEN, Gabriel FRAGNIÈRE, Philippe D. GROSJEAN, Peter KNAUER, Daniel SPOEL et Frank TURNER, n° 21, 2011, 251 p., ISBN 978-90-5201-737-2

Responsibility and Cultures of the World. Dialogue around a Collective Challenge, Edith SIZOO (ed.), No. 20, 2010, 243 p., ISBN 978-90-5201-670-2

Between Enlightenment and Disaster. Dimensions of the Political Use of Knowledge, Linda SANGOLT (ed.), No. 19, 2010, 171 p., ISBN 978-90-5201-631-3

Variations sur la confiance. Concepts et enjeux au sein des théories de la gouvernance, Claire LOBET-MARIS, Robin LUCAS & Benjamin SIX (dir.), No. 18, 2009, 206 p., ISBN 978-90-5201-525-5

La cosmodémocratie. Un principe de gouvernance pour la société technologique et mondialisée, René NGAMBELE NSASAY, No. 17, 2008, 310 p., ISBN 978-90-5201-463-0

Un droit, des morales. Valoriser l'État laïque, Paul LÖWENTHAL, No. 16, 2008, 156 p., ISBN 978-90-5201-442-5

Robert Schuman: Neo Scholastic Humanism and the Reunification of Europe, Alan FIMISTER, No. 15, 2008, 284 p., ISBN 978-90-5201-439-5

Science and Ethics. The Axiological Contexts of Science, Evandro AGAZZI & Fabio MINAZZI (eds.), No. 14, 2008, ISBN 978-90-5201-426-5

Rôles, action sociale et vie subjective. Recherches à partir de la phénoménologie de Michel Henry, Raphaël GÉLY, n° 13, 2007, 205 p., ISBN 978-90-5201-347-3

Identités et monde commun. Psychologie sociale, philosophie, société, Raphaël GÉLY, n° 12, 2006 (3ᵉ tirage 2008), 206 p., ISBN 978-90-5201-416-6

Feminists Contest Politics and Philosophy, Lisa N. GURLEY, Claudia LEEB & Anna Aloisia MOSER (eds.), No. 11, 2005, 272 p., ISBN 978-90-5201-252-0

The Importance of Ideals. Debating Their Relevance in Law, Morality, and Politics, Wibren VAN DER BURG & Sanne TAEKEMA (eds.), No. 10, 2004, 274 p., ISBN 978-90-5201-226-1

Social Sciences and Political Change. Promoting Innovative Research in Post-Socialist Countries, Robin CASSLING & Gabriel FRAGNIÈRE (eds.), No. 9, 2003, 297 p., ISBN 978-90-5201-168-4

Working-Class Women in Elite Academia. A Philosophical Inquiry, Claudia LEEB, No. 8, 2004, 220 p., ISBN 978-90-5201-979-6

L'autonomie éthique. Débat démocratique et vérité, Giuseppe G. NASTRI, n° 7, 2002, 200 p., ISBN 978-90-5201-972-7

Plus est en l'homme. Le personnalisme vécu comme humanisme radical, Vincent TRIEST, n° 6, 2000 (4ᵉ tirage 2004), 214 p., ISBN 978-90-5201-922-2

Enlightenment and Genocide, Contradictions of Modernity, James KAYE & Bo STRÅTH (eds.), No. 5, 2000, 278 p., ISBN 978-90-5201-919-2

Les défis du nationalisme moderne. Québec, Catalogne, écosse, Michael KEATING, n° 4, 1997, 298 p., ISBN 978-90-5201-705-1

www.peterlang.com

Imprimé en France
FROC011753090720
24455FR00016B/261